S.c.

8º R
S279

ESSAI
SUR L'HOMME.

IMPRIMERIE D'AD. LE CLERE ET Cᴵᴱ.

ESSAI
SUR L'HOMME,
OU
ACCORD
DE LA PHILOSOPHIE
ET DE LA RELIGION.

PAR ÉDOUARD ALLETZ,
EX-PROFESSEUR DE PHILOSOPHIE MORALE
A LA SOCIÉTÉ ROYALE DES BONNES LETTRES.

PARIS.
LIBRAIRIE D'ADRIEN LE CLERE ET Cie,
QUAI DES AUGUSTINS, N° 35.

1826.

AUX
JEUNES GENS
QUI M'ACCORDENT LEUR AMITIÉ!

A vous, mes anciens camarades, et à vous que j'ai trouvés sur le chemin de la vie, animés des mêmes sentimens que moi, je dédie cet ouvrage! Recevez-le; c'est le fruit d'une conviction pure. Je me rends cette justice en face de vous : vos ames servent de garans à la mienne. Il en est parmi vous qui échappent aux tristes réalités d'un monde froid et positif, et qui tournent en secret les yeux vers ce monde meilleur où la vie de l'ame se trouve dans sa plénitude. Ceux-là comprendront l'effort que j'ai tenté; ils examineront la route que j'ai suivie, et peut-être ensemble trouverons-nous l'asile de ce repos qu'ils cherchent, et qui ne réside pas là où est le scepticisme. Former ce vœu pour mes amis, n'est-ce pas leur dire combien je les aime!

PRÉFACE.

La philosophie nous avertiroit en vain qu'elle veut demeurer étrangère à l'examen de la question religieuse. Dès qu'elle se proclame capable de rendre l'homme parfaitement bon et parfaitement heureux, elle prétend satisfaire aux deux seuls besoins de l'homme, et par conséquent elle se regarde sur la terre comme la vérité. Dès-lors, la religion est inutile; car la religion n'est pas vraie si elle n'est pas indispensable.

Toute philosophie complète est forcée implicitement de rejeter ou d'adopter le principe de la vérité chrétienne, puisque toute philosophie est obligée de se reconnoître suffisante ou insuffisante pour donner la vertu parfaite et le bonheur complet. Il est donc inexact de dire que la philosophie n'a rien à démêler avec la révélation. Platon lui-même avoit reconnu d'avance la nécessité du christianisme en marquant le vide que son absence laissoit dans l'explication de la destinée humaine.

Le temps est venu où les hommes religieux doivent se guérir des peurs que leur a causées la philosophie. Celle-ci est obligée de nier la religion pour subsister; mais la religion n'en est que plus vigoureuse lorsqu'elle reconnoît la philosophie; car elle peut s'en servir pour se faire reconnoître soi-même.

On ne verra point dans mon *Essai* le christianisme appuyé sur une discussion théologique de l'authenticité des livres saints, de la certitude des miracles et de l'accomplissement des prophéties. Mais, dans la série des recherches que j'expose avec fidélité dans l'ordre où mon esprit les a faites naturellement, on voit les principes de la vérité religieuse s'élever graduellement, et se lier, comme inévitables conséquences, à l'analyse rigoureuse de nos pensées et des besoins de notre ame.

Les *Considérations générales* dont l'ouvrage est précédé offrent un résumé sommaire de la partie philosophique; c'est un coup-d'œil jeté d'avance sur l'ensemble du système.

Je ne me suis pas conformé à l'opinion généralement reçue aujourd'hui dans le monde philosophique, sur les caractères du langage à employer dans les ouvrages de cette nature. J'ai évité avec le plus grand soin toutes les formes scholastiques. J'ai cherché à mettre dans le style tout l'agrément et toute la chaleur dont il m'a paru susceptible; et j'invoque dans mon néant l'exemple des Platon et des saint Augustin, qui n'ont pas craint de se servir de leur ame pour peindre avec éloquence les vérités entrevues par leur raison.

J'ai à craindre qu'une production si grave ne paroisse étrangère à la nature de mes premiers essais. Toutefois je ne manque point de respect envers le public, jusqu'au point de m'aventurer dans un ouvrage si important, sans avoir consumé dans les études qu'il réclame une portion de ma vie. Le premier, le plus cher objet de toutes mes veilles a été la recherche d'un accord logique entre la philosophie et la religion. Voyant les preuves de cette dernière sortir de l'examen seul des facultés de l'esprit et des besoins du cœur, je suis arrivé au christianisme par la voie du raisonnement. Ce travail, fruit des réflexions de dix années, est l'ouvrage que je vais publier. Je ne me dissimule pas les préventions défavorables et les dispositions sévères avec lesquelles me jugera une partie de la société; mais la nature du motif qui me dirige peut seule me donner une confiance que me refuse le sentiment de ma foiblesse.

ESSAI SUR L'HOMME.

CONSIDÉRATIONS GÉNÉRALES.

PREMIÈRE PARTIE.

Nos sentimens et nos pensées font partie d'un monde commun, invariable, universel. L'ame, substance immatérielle, créée avec le sentiment de son individualité, ne peut avoir connoissance de sa propre vie que dans un rapport simultané avec deux mondes, savoir le monde de l'intelligence et le monde de la matière. Toutes les ames se reconnoissent une vie personnelle, mais n'obtiennent ce sentiment qu'à des conditions égales et par une relation commune avec Dieu et la nature.

Ainsi, lorsqu'on s'examine seul, on examine en même temps tous les autres. L'homme qui, protégé par le calme de la solitude, s'observe dans un point quelconque de la durée, évoque en un moment tous les siècles. Il est à lui seul, pour lui-même, la race mortelle depuis le premier homme jusqu'au dernier.

O étude simple et dépourvue de tout l'appareil que traînent à leur suite les autres sciences! Ici, notre seul livre, c'est nous. L'homme n'est au-dessus de l'insecte que parce qu'il se connoît et que l'insecte s'ignore. Leur création a également coûté une pensée à l'ordonnateur suprême. La prééminence de l'espèce humaine est donc moins attachée à sa nature qu'à la connoissance de cette nature. L'homme qui abandonne l'usage de sa raison abdique sa supériorité. Il ne se conduit plus, il est conduit, et il tombe dans la destinée de la brute, qui n'est encore au-dessus de l'arbre et de la pierre que parce qu'elle peut souffrir.

Cependant, lorsque le nom de la philosophie retentit à nos oreilles, nous sommes en droit de nous alarmer. Elle marche accompagnée de souvenirs sinistres. Une foule d'idées lamentables se réveillent, et nous nous la représentons comme cette machine funeste qui portoit dans ses flancs la ruine de Troie, et qui se disoit consacrée à la sagesse. La philosophie! à ce nom prononcé, le dix-huitième siècle nous apparoît tout entier. C'est une parole prononcée au milieu des ruines pour évoquer les esprits rebelles. Nous voyons s'avancer tous ces hommes qui ont soumis la France entière à la tyrannie des paradoxes impies, ces sophistes plus orgueilleux que pervers qui, s'érigeant en précepteurs du genre humain, eussent volontiers instruit les rois à les combler d'honneurs et de richesses; ces contradicteurs d'eux-mêmes qui se déclaroient les apôtres du néant pour obtenir l'immortalité, qui faisoient de leurs attaques contre Dieu un moyen d'illustration personnelle, et qui eussent consenti, dans l'intérêt de leur orgueil, à la destruction de l'univers, s'il n'eût pas fallu que le monde existât pour les admirer.

Il importe d'examiner comment la philosophie du dix-huitième siècle a été si puissante et si dangereuse.

On peut regarder la propagation du système emprunté à Epicure et à Gassendi par Voltaire, d'Holbach, Helvétius et Diderot, comme l'une des principales causes qui ont amené la chute de la religion et le renversement du trône. La doctrine grossière qui établit en principe que le seul but de la vie est le bonheur des sens, doit nécessairement propager l'incrédulité dans une religion austère qui fonde sur le spiritualisme la sublimité de sa morale.

Il ne faut pas se le dissimuler : pour corrompre ou pour épurer, pour détruire ou pour relever, le pouvoir de la philosophie est sans bornes. S'occupant d'expliquer l'intelligence à l'intelligence elle-même, elle imprime ainsi à la raison humaine le mouvement qui produit toutes les actions de la vie ; elle est responsable des actes de chaque individu ; elle corrompt ou épure la source de toutes nos déterminations, et, préparant la direction des esprits, exerce une influence irrésistible sur la morale et sur la religion. On pourroit parcourir les annales des peuples, et ouvrir un champ nouveau à des observations sérieuses sur l'accord étroit qui unit à chaque époque la doctrine philosophique en vigueur avec le calme ou l'agitation des esprits, la pureté ou la corruption des mœurs, la stabilité ou la ruine des gouvernemens.

Dirons-nous qui nous osons regarder comme l'un des hommes qui ont le plus contribué à préparer de loin le renversement de la plus antique monarchie de l'univers, et ce changement d'un royaume qui a été plus remué en cinq ans que durant huit siècles? Cet homme est un philosophe anglais, qui exerçant son génie, dans le silence de la retraite, à étudier le mystère de la pensée naissante, ne se doutoit point qu'il travailloit à soulever les peuples et à ébranler les trônes. Honneur à son génie! respect à sa mémoire! paix à ses cendres! loin de nous l'idée injuste et absurde d'inquiéter un seul grain de sa poussière! L'*Essai sur l'entendement humain* est un monument admirable. Locke décrit avec une merveilleuse exactitude le mécanisme organique de l'acquisition de nos pensées; il révèle les secrets de l'impression corporelle et de la méditation de l'âme : mais en indiquant la sensation comme l'unique source de nos idées, il pose un principe dont la conséquence est qu'il n'y a pour l'homme que plaisir et douleur, et cette doctrine incomplète a engendré le monstrueux système de morale qui légitime la souveraineté exclusive du principe de l'égoïsme.

Il est nécessaire d'entrer dans un éclaircissement sur le principe de la doctrine de la sensation. On perd de vue l'importance qui doit être attachée, dans une nation, à l'empire de tel ou tel système métaphysique, si l'on n'aperçoit pas le nœud qui rattache à la philosophie de Locke la doctrine flétrissante de l'intérêt personnel.

Le nom de *sensation* est donné à l'impression faite sur nos organes par le contact d'un objet quelconque. La sensation de la froidure ou de la chaleur n'est rien que le toucher de l'air froid ou chaud; c'est encore l'air qui, agité par les vibrations d'un corps sonore, frappe ce tissu léger dont le tympan est revêtu comme un tambour délicat. Nous ne respirons le parfum des fleurs que parce que l'atmosphère est remplie de molécules embaumées ; il en est de même à l'égard des autres sens. Le cerveau, par un travail merveilleux, mais inexplicable, convertit les différentes sensations en images et les présente aux yeux de l'ame. Mais la comparaison que l'ame établit entre ces diverses impressions, et les jugemens, résultats de cette comparaison, ne peuvent venir des impressions elles-mêmes. Or, les idées ou les jugemens, c'est la même chose. L'animal ne compare ni ne juge : il n'a pas d'idées. Ses sensations, comme les nôtres, pénibles ou douloureuses, impriment sur son cerveau une trace qui se change en souvenir; mais le rapprochement des impressions semblables, la diversité des corps qui affectent son organisme, la combinaison des objets dont l'ensemble s'offre à la fois devant ses yeux, la douceur des sons qui frappent ses oreilles, le spectacle des phénomènes de cette nature extérieure qui l'environne, et enfin les divers mouvemens auxquels le détermine la recherche du plaisir ou la fuite de la douleur, ne lui inspirent aucune idée, ni celle de l'égalité, ni celle de l'ordre, ni de la convenance, ni de la majesté, ni de la grandeur, ni de la mélodie, ni de la beauté, ni de la vertu.

J'insiste sur cette opinion essentielle, que toute idée est un jugement, parce qu'on établit alors toute la distance du ciel et de la terre entre les mouvemens de l'organisation physique, et les intuitions immatérielles de l'intelligence. L'image d'une tour, d'un jardin, d'un site que l'on aura vu, n'est pas une idée, mais une image purement matérielle, comme celles qui sont imprimées sur le cerveau de la brute; mais dès que l'ame s'applique à ces images, les associe et les compare, alors naissent les idées, ces vrais titres de la grandeur de l'ame, auxquels il faut toujours en appeler, lorsqu'on veut nous dégrader au point de nous assimiler à l'animal qui se trouve tout entier dans l'homme, mais dans lequel nous chercherions en vain la plus sublime partie de nous-mêmes.

Tenez : entendez-vous Socrate, sur son lit de mort et de gloire, chercher à prouver à ses disciples, qui l'entourent, l'avenir immortel réservé à son ame? Leur montrant que toutes nos pensées tirent leur origine d'un autre monde que l'univers physique, il demande à Simmias, l'un d'entre eux, qui professoit déjà la doctrine embrassée par le métaphysicien anglais, comment, par exemple, l'idée d'égalité peut naître de la sensation produite par la simple vue de deux bâtons égaux. L'œil voit chaque bâton, et en fournit l'image à l'esprit, voilà tout ce que donne la sensation; mais l'idée de leur égalité, d'où sort-elle? Dieu le sait, car elle vient de lui. — J'affirme, répond Simmias, que les deux bâtons sont égaux, parce que j'ai mesuré leur longueur respective. — Oui, reprend le sage condamné, l'action de déterminer leur grandeur est, en effet, la condition nécessaire pour savoir si cette grandeur est la même; mais, afin d'avancer dans tel cas déterminé, que deux choses sont égales, ne faut-il pas savoir auparavant ce qu'est, en général, l'égalité? L'égalité appartient si peu à chacun des objets déclarés égaux, que, comparés séparément à d'autres objets, ils peuvent réveiller l'idée d'inégalité. Ainsi, l'idée d'égalité est indépendante de la sensation; et, à quelque temps qu'on remonte, elle se trouvera toujours antérieure à la première application qu'on en fera. Il faut donc que l'ame la tire d'une autre source que les impressions matérielles, qui ne doivent être considérées que comme les occasions du réveil de cette idée.

La *pensée* se considère ordinairement sous trois rapports, et on ramasse, sous ce même nom, trois phénomènes très-distincts. On nomme *pensée* la faculté qui réfléchit. On appelle aussi *pensée* l'état de la raison pendant qu'elle médite; et cette même expression est encore appliquée au fruit de l'intelligence qui étoit en travail, c'est-à-dire, à l'idée qui résulte de l'action de penser.

Cette commune dénomination produit une confusion très-préjudiciable à la clarté d'une analyse. Pour éclaircir les termes, nommons *raison* la substance éclairée par la pensée; appelons *réflexion* l'état de cette faculté pendant qu'elle est éclairée, et désignons enfin sous le vrai et seul nom de *pensée* le rayon de lumière qui vient du monde intellectuel.

Toutes nos idées, dit Locke, ont pour sources uniques la sensation et la réflexion; mais je pense, en m'appuyant sur le principe de Socrate, que toutes nos idées naissent à l'occasion des sensations, et se produisent pendant l'état de réflexion : ce qui est très-différent. Nos idées ne viennent pas des sens, mais par les sens : cette distinction est capitale. A ceux qui me demanderont d'où elles viennent, je demanderai à mon tour d'où part la voix de la conscience. Peut-être faudra-t-il reconnoître qu'il y a un autre monde que l'univers physique, et que de cet univers, où habite la vérité même, descend une lumière qui éclaire l'intelligence de tout homme venant en ce monde. Or, les idées ne sont que les rayons de cette clarté divine. Les sensations représentent les matériaux d'un monument; la réflexion, le temps pendant lequel l'architecte les examine; et la pensée, le trait de génie qui les place dans l'édifice. Lorsque les pierres, tirées des entrailles de la terre, sont accumulées devant la place qui attend le monument futur, ne faut-il pas que l'image du palais tout construit existe déjà dans l'esprit de l'architecte, pour qu'il puisse ranger ces pierres dans l'ordre qui leur convient, les faire monter en colonnes, les arrondir en voûtes, et dessiner les proportions de l'ordre ionique ou corinthien? Deux pierres élevées l'une au près de l'autre dans les airs, et formant un angle, annoncent une idée. Le temple ne pourroit pas être construit sans les pierres; mais ce ne sont pas les pierres qui font le temple, c'est la pensée.

Il est maintenant facile de s'expliquer comment la doctrine de Locke a enfanté cette morale qui, secondée par la disposition des esprits, a renversé, en France, le trône et l'autel.

La philosophie, après avoir posé en principe que toutes les connoissances humaines avoient la sensation pour unique source, a jeté l'homme à la morale, en lui disant : « Je te le livre; le voici décomposé; use de mes observations, et tires-en sa règle de conduite. » La morale est accourue, représentée, au dix-huitième siècle, par Helvétius, d'Holbach, Diderot et autres esprits forts. Elle a saisi l'homme tel que la métaphysique le lui avoit fait.

PREMIÈRE PARTIE.

Si toutes nos connoissances, a dit la morale, viennent de la sensation, la règle de notre conduite doit également dériver de nos impressions sensibles. Or, ces impressions sont agréables ou douloureuses, et le mouvement naturel du corps tend à fuir les unes et à chercher les autres : donc la loi unique de l'homme est cette impulsion involontaire de nos organes. La vertu et le vice, le contentement intérieur et le remords, voilà ce qu'on nomme morale. Eh bien ! regardons la satisfaction de l'ame comme un plaisir qui rentre dans l'ordre des jouissances physiques, le remords comme un mal compris dans la classe des douleurs corporelles; traitons la vertu comme une combinaison de félicité, le vice comme une chance de malheur, et nous absorberons ainsi la morale dans la sensation.

S'il est vrai que la morale découle de ce principe, l'homme est à soi-même son tout et sa fin; l'égoïsme est sa loi suprême, et toutes ses actions n'ont d'autre but que son bonheur individuel. Le mouvement qui nous porte à voler au secours des malheureux nous est suggéré par le désir de nous assurer, dans une pareille situation, la réciprocité du soulagement; et l'aspect malencontreux de la souffrance qui trouble la joie de notre vie nous pousse seul à ouvrir notre bourse à l'infortuné.

Toutes les actions qui honorent l'exercice de la volonté humaine partagent cette honte d'être rangées parmi les mouvemens inspirés par un amour-propre réfléchi.

Tel est le système moral qui dérive, avec ses conséquences, de ce qu'on peut appeler le *lockisme* et le *condillacisme*. Helvétius l'a développé dans toute son étendue, et a exploité les trésors d'un système si riche en résultats favorables à la licence et à l'impiété. Dévoré par la soif de la célébrité, il envia la réputation que donnoient alors l'habileté à manier le sophisme, et l'audace à combattre tout ce qui étoit consacré par la majesté de l'âge et de la religion. Il résolut d'appliquer les forces de son esprit à matérialiser la vie, et à expliquer tous les dévoûmens qui brillent dans les annales de l'histoire, en les rapportant aux considérations d'un égoïsme épuré.

Helvétius cherche ainsi à convaincre de

duperie la postérité qui révère les ames généreuses; et son système, dégradant pour la nature humaine, non-seulement dépouille de leur titre à l'admiration de tous les hommes les hauts sacrifices et les résolutions désintéressées qui ont immortalisé, depuis l'enfance du monde, le sublime caractère des héros de la morale; mais il flétrit d'avance, dans leur plus noble principe, toutes les inspirations vertueuses qui animeront le cœur humain jusqu'au dernier jour de la terre; et le dernier homme, accomplissant, avant d'expirer, un devoir moral, aura trouvé consignée d'avance dans les pages du sophiste l'incrédulité dans son dévoûment et la flétrissure de sa vertu.

Mais il n'en va pas ainsi : l'espèce humaine toute entière se récrie contre ce paradoxe humiliant. Nous proclamons tous, dans le fond de nos cœurs, que la vertu mérite hommage, respect et admiration, parce qu'elle est une victoire et le fruit d'un noble sacrifice. Nous reconnoissons si bien qu'une action n'est sublime qu'à ce titre qu'elle est désintéressée, qu'il suffiroit, pour glacer notre enthousiasme, de nous prouver que l'égoïsme en est le principe secret. Or, ce sentiment est la réfutation instinctive et unanime du système que veut faire prévaloir Helvétius. Si nous sentons que l'action, pour être admirée, doit consacrer un triomphe sur l'intérêt, c'est qu'il y a dans notre cœur autre chose que l'intérêt; et, puisque la philosophie décompose les sentimens de l'homme pour en tirer les lois de sa nature, pourquoi Helvétius a-t-il négligé de rendre compte d'un sentiment si fort, qui révèle le mépris de l'égoïsme et l'enthousiasme pour l'abnégation de soi-même?

Nous venons de voir quels ont été les fruits en morale de la métaphysique de Locke et de Condillac : il est un autre ouvrage qui jouit du triste avantage d'être immortalisé par l'audace avec laquelle l'auteur a poussé, jusqu'à leurs dernières limites, les conséquences du système de la sensation. C'est ici que la doctrine se développe et grandit, prête à enfanter toutes les maximes effroyables qui ont passé dans la langue des Marat et des Robespierre. Pacifique métaphysicien! honnête philosophe! viens voir ton *Essai sur l'entendement humain* produire sa génération la plus reculée, et frémis de la naissance et de la vie trop active que vont prendre les idées qu'a engendrées ta métaphysique !

L'athéisme le plus intrépide se déploie avec tout l'appareil d'une logique impie. — Si toutes nos connoissances, dit l'auteur du *Système de la nature*, sont contenues entières dans la sensation, comment l'idée d'un Dieu infini et immatériel, d'une intelligence sans bornes, de l'omni-science, de la toute-sagesse, de l'ordre éternel, peut-elle sortir de l'impression passagère, bornée, variable, accidentelle, successive, que nous fait éprouver l'action de la nature extérieure ? Dieu n'est qu'un mot, c'est la négation de l'homme, puisque, pour nous représenter son essence, nous sommes forcés de nous la peindre comme opposée à la nôtre, et de dire ce qu'il n'est pas pour exprimer ce qu'il est. — Il faut malheureusement avouer que le principe métaphysique porte en germe cette conséquence monstrueuse. Ce n'est point, en effet, dans la pure connoissance des objets extérieurs, qui sont tous matériels, limités et variables, que nous pouvons puiser la notion d'un être inaccessible à nos sens, invisible, illimité; d'un être plus durable que la durée, puisqu'il l'a créée, et plus grand que l'espace même, puisqu'aucun lieu ne le renferme. Mais de même que cette voix singulière, que nous appelons conscience, nomme chaque action qui se présente du nom de juste ou d'injuste, sans que nous puissions savoir d'où elle part, et sans qu'il nous soit permis de la confondre avec aucun mouvement de l'organisation, ainsi les notions d'infini et d'éternel se développent dans notre esprit à l'occasion d'une impression bornée et passagère, sans que nous en puissions conclure autre chose, sinon que nos idées viennent si peu des sens, qu'elles contiennent beaucoup plus que nos sens ne peuvent nous donner. Remarquons ce singulier phénomène : nous ne pouvons même avoir la conception des bornes et des imperfections qui terminent les choses humaines, sans porter déjà, dans notre esprit, la pensée de quelque chose de parfait et d'illimité. Concevoir un royaume comme partie du monde, c'est concevoir en même temps le monde dont il fait portion ; de même quand nous disons de tout ce que renferme l'univers et de l'univers lui-même qu'ils ont des limites, il faut bien que nous les opposions dans notre esprit à quelque chose qui ne soit pas limité. En un mot, je ne pourrois pas comprendre l'idée de partie, c'est-à-dire, de ce à quoi il manque quelque chose, si je n'avois pas d'idée du complet, c'est-à-dire, de ce à quoi il ne manque rien. Pour décider de la vérité ou de la fausseté d'une proposition particulière, je dois la rapporter nécessairement à un principe général, pour juger de combien elle s'en éloigne ou s'en rapproche. Les actions des hommes ne peuvent être regardées comme plus ou moins justes, sans qu'il existe l'idée d'une justice à laquelle on les compare. Il en est de même de cette beauté complète, une, éternelle, dont les arts cherchent à reproduire l'image sous les formes positives destinées pour chacun d'eux à exprimer la pensée du génie. L'artiste, livré au transport d'enthousiasme qui élève sa pensée dans un monde plus riche que le monde réel, sent bien qu'elle existe cette beauté qu'il appelle, qu'il implore, et dont il semble entrevoir de loin quelques traits; son âme, dans ce moment d'exaltation, se rapproche du type invisible sur lequel il brûle de former ses ouvrages. Plus est profond le sentiment qu'il a de cette perfection existante vers laquelle il tend toujours, plus amèrement il reconnoît l'impuissance de l'homme d'y atteindre dans cette vie; et l'on conçoit le mouvement qui porta Virgile et Le Tasse à vouloir livrer aux flammes leurs poèmes immortels, si supérieurs pour nous, mais si inférieurs à leur propre pensée.

Et nous-mêmes, lorsque nous sommes appelés à prononcer sur les œuvres du génie, ne reconnoissons-nous pas au mouvement plus ou moins vif de l'admiration qui nous transporte, le degré auquel le sculpteur, le peintre ou le poète se sont élevés dans cette échelle mystérieuse des arts, qui a pour dernier terme cette beauté entière dont nous sommes tous faits pour juger les images parce que nous sommes tous faits pour l'adorer?

Nous avons donc l'idée d'une justice, d'une intelligence et d'une beauté sans bornes; et comme un seul être peut avoir l'infinité en partage, il est donc encore vrai que nous avons la conception d'un même Dieu qui rassemble en soi tous ces attributs sublimes.

Poursuivons l'examen d'une autre conséquence que l'auteur du *Système de la nature* a tirée avec une dialectique rigoureuse du même principe.

Si le plaisir et la douleur sont les deux ressorts qui communiquent l'impulsion à tous les mouvemens de notre être, aucun devoir ne peut nous imposer l'obligation de souffrir; car d'où naîtroit l'idée de ce devoir? La sensation, quelque pressée qu'elle soit par la métaphysique la plus subtile, ne fournira jamais la connoissance d'une autre loi que celle du bien-être physique. Ainsi, dès que nos concitoyens ne remplissent pas envers nous les conditions du pacte social, qui consistoient à nous rendre plus heureux que nous ne l'aurions été seuls, ce traité devient nul; et, privés du seul objet de la vie, nous sommes en droit de la quitter.

Bien que cette conclusion paroisse liée avec assez de rigueur au système d'où elle est tirée, cependant la notion de devoir poursuit si obstinément les sophistes impies qui veulent l'anéantir, que s'ils la chassent d'un côté, elle rentre de l'autre, et finit par s'introduire, à leur insu même, dans leurs propres raisonnemens. Ainsi, le coryphée de l'athéisme, contraint d'assigner un principe quelconque à la durée de l'état social, l'attribue à une convention tacite par laquelle tous les citoyens s'obligent à se rendre mutuellement heureux ; et il ajoute que, dès que la convention est violée à l'égard de l'un de ses membres, celui-là redevient libre, et peut briser d'un seul coup le lien qui l'attache à la vie et à la société. Mais le sophiste ne s'est pas aperçu que l'idée de pacte entraîne toujours celle de devoir, et que tous les autres membres de la société ne peuvent pas se reconnoître une obligation envers moi sans m'en imposer une envers eux-mêmes. Toute convention emporte l'idée d'un devoir mutuel, et il faut nécessairement céder une partie de sa félicité dans l'intérêt du bonheur général.

Ainsi, fût-on parvenu au comble de l'infortune et du désespoir, cette même convention, dont s'autorise l'apologiste du suicide, nous retiendroit encore sur le bord de l'abîme, et nous commanderoit de supporter notre malheur pour être en état de travailler au bonheur commun. D'ailleurs nos misères ont-elles toujours la société pour unique auteur, et ne sommes-nous pas, au contraire, le plus souvent, les artisans de notre propre infortune? pourquoi donc commettre l'injustice de la rendre responsable d'un mal qui peut être notre ouvrage?

Quand même nous nous croirions fondés à élever une plainte contre la société, comment oserions-nous décider si tous les bienfaits dont elle nous a comblés jusqu'au moment de l'injustice ne forment pas un contre-poids suffisant à la disgrâce subite que nous avons éprouvée? N'est-ce pas la société qui nous a fait goûter, dès le berceau, tous les avantages de la civilisation, et qui nous a garantis de tous les périls auxquels nous eût exposés la nécessité de lutter seuls contre la nature? Comment nous constituer juges du point où elle commence de perdre tous ses droits à notre reconnoissance? savons-nous d'ailleurs quel sort les jours à venir nous tiennent en réserve, et pouvons-nous décider une question fondée sur un malheur ou sur une injustice que le temps peut adoucir ou réparer?

Cependant la doctrine de l'égoïsme sera toujours la plus favorable à ceux qui tenteront de défendre le suicide. Rousseau l'a si bien compris, que toute la lettre écrite par Saint-Preux à milord Edouard repose uniquement sur la prétendue vérité de cette maxime morale : le droit de la nature est de faire ce qui, nous étant salutaire, n'est nuisible à personne.

Mais la manière dont nous venons d'envisager la question aide à réfuter clairement un pareil sophisme. Le suicide, dans toute situation, est nuisible aux autres. Quel que soit l'état d'inutilité où un désespoir momentané nous réduise, nous ignorons si les années ne verseront point un baume sur notre blessure. Tous les argumens en faveur du suicide se briseront toujours contre cette seule réponse : l'homme a des devoirs; quels qu'ils soient, la première condition pour les remplir, c'est de vivre; et mourir, c'est les violer tous d'un seul coup, même avant de les connoître.

Mais si les défenseurs de la doctrine métaphysique de Locke, absorbant entièrement le principe intellectuel et moral dans l'organisation sensible, ouvrent, à leur insu, une porte si large aux doctrines de l'athéisme et de la fatalité, il est digne d'intérêt de remarquer que le suicide peut servir à détruire le système dont on s'appuie pour le défendre, et qu'il prouve en nous l'existence d'un être intérieur tout-à-fait différent de ce corps, objet passif de la souffrance et du plaisir.

Observons-nous au moment où une sensation désagréable nous affecte, et nous verrons qu'au sentiment physique de cette impression douloureuse est joint un mécontentement moral qu'elle fait naître, mais qui n'a rien de commun avec elle dans sa nature. Nous sentons quelque chose en nous qui observe la douleur extérieure, qui s'en plaint et en murmure. Cette vérité est si incontestable, qu'un des plus touchans bienfaits de la religion est non-seulement de nous instruire à supporter courageusement nos souffrances, mais de nous fournir même un sujet de nous en réjouir. Si l'homme étoit renfermé tout entier dans la sensibilité extérieure, qu'est-ce qui pourroit donc en lui mépriser la douleur du corps, et y insulter même par une joie sublime? L'animal jouit et souffre, sans éprouver un sentiment double ; il est tout entier dans la sensation actuelle, il ne connoît ni la crainte ni l'espérance, il ignore la division intérieure et les combats de l'incertitude : aussi ne le voit-on jamais mettre un terme à sa vie. Mais l'homme malheureux sait qu'il est malheureux, et c'est à la fois la preuve de sa grandeur et la cause de son désespoir. Se reconnoissant destiné au bonheur, il s'irrite d'une souffrance qui le lui ravit. S'il n'a pas appris à placer ce bonheur en soi-même, il devient furieux contre l'existence qui lui faisoit espérer la félicité. Quelquefois même sa folie l'emporte jusqu'à vouloir punir la vie d'avoir manqué à sa promesse ; et le suicide prouve si bien notre double nature, qu'il est comme une vengeance d'une partie de nous-mêmes contre l'autre.

Il est temps de rentrer en possession des titres de noblesse de la nature humaine ; il est temps de séparer profondément le domaine de l'organisme et l'empire de l'ame. Dans un moment où l'on travaille à reconstruire l'édifice tout entier de la religion et de la morale, il ne faut point négliger de mettre le mouvement philosophique des esprits en harmonie avec ce retour vers l'ordre et le devoir. La philosophie du christianisme porte en soi tous les caractères de cette haute spiritualité à laquelle paroît si entièrement opposé le système de Locke et de Condillac. Ceux-là rendront peut-être le plus éminent service à leur pays, qui sauront y ramener les esprits vers la métaphysique sublime de Platon, et qui pourront y affermir les hautes idées du christianisme, en les fondant sur une explication de la vie humaine.

Pascal, génie placé hors des proportions habituelles de l'entendement humain, qui, à l'âge de douze ans, avoit pénétré le secret des mathématiques transcendantes, et découvert, par la seule force de son intelligence, la solution des premiers problêmes d'Euclide; Pascal avoit conçu le projet admirable d'établir une alliance entre les vérités de la religion et les principes mêmes d'une philosophie analytique qui auroit tiré de l'examen de nos sentimens, de nos foiblesses, de nos besoins et de notre destinée actuelle, les preuves irrécusables d'une vérité que son génie avoit aperçue après être parvenu au faîte des connoissances humaines, comme s'il ne fût plus resté que le ciel à connoître à cette vaste intelligence qui avoit épuisé l'aliment de la curiosité des hommes. La mort est venue l'interrompre dans sa pieuse entreprise, et ne nous a laissé que les débris de ce trésor qu'il a emporté avec sa pensée dans la tombe. L'ouvrage tout entier étoit contenu dans son esprit, et n'existoit que pour lui seul. Il falloit que ses idées, pour se révéler à l'esprit des autres hommes, prissent une forme ; mais la maladie les a tenues prisonnières dans le cerveau de Pascal, et l'ouvrage et l'auteur ont expiré ensemble.

Le but que regardoit un esprit si profond doit attirer les yeux de quiconque est fermement persuadé que la plus sûre préparation aux vérités du christianisme est une métaphysique opposée à la doctrine de la sensation. Il faut commencer par une explisation satisfaisante de tous les phénomènes qui composent la vie sensible et organique de l'animal ; montrer la limite à laquelle nous devons borner leur instinct aveugle et leur prétendue intelligence; et, après avoir fait remarquer qu'une partie de nous-mêmes est entièrement soumise à toutes les lois et à toutes les affections corporelles de ces machines animées, s'élever à l'observation de cette autre portion de l'homme qui vit en nous, enveloppée par la première, et qui semble captive dans le temps et dans l'espace. Le moment sera venu de prouver alors que les plaisirs et les souffrances de l'être intérieur ne sont point les mêmes que ceux de l'animal, et de faire voir cet étrange spectacle d'un être qui, formé pour adorer le beau, le bien et le vrai, exerce encore le besoin de sa nature à travers les organes qui le captivent, et saisit l'objet de son amour sous les formes passagères, variables et successives de la matière. Il sera curieux de démontrer que toutes les passions, pourvu qu'elles ne rentrent point dans les mouvemens purement physiques, ne sont autre chose que cette ardeur de l'ame cherchant son but, courant vers son objet, et adorant toujours une image quelconque de la vérité, de la puissance, de la grandeur, de la gloire et de la beauté.

Nous essaierons nous-mêmes de montrer d'avance que la plupart des jouissances épurées de la raison et des sentimens délicats de la vie se composent de respect pour la morale et de croyance à la vie future. Ouvrez toutes les affections intimes du cœur, et vous y trouverez cette semence commune. A commencer par les émotions du théâtre, pour peu qu'on les examine de près, on les verra mêlées au sentiment profond des devoirs de la vie et des nobles sacrifices qu'impose la vertu. Nous y courons voir l'homme aux prises avec la destinée : notre ame s'y repaît de grandeur et d'héroïsme ; un transport d'enthousiasme et d'amour nous entraîne vers ces héros qui foulent aux pieds la douleur, les passions et la crainte de la mort; nous jouissons de leur voir terrasser nos ennemis communs, et nous sentons qu'ils accomplissent la plus haute loi de la nature humaine.

Toutes les émotions du noble plaisir occasionné par le sentiment des beaux-arts, tiennent toujours, par un lien quelconque, à l'action secrète d'un principe moral. Le succès d'un livre impie se fonde sur les apparences d'une fermeté philosophique qui délivre les hommes des abus de la superstition. La réussite d'un ouvrage licencieux s'explique par l'art funeste de déguiser la laideur du vice, et de prêter un charme d'élégance et de délicatesse à des tableaux corrupteurs. L'éloquence turbulente et orageuse des tribuns populaires n'a jamais pu corrompre toute une assemblée qu'en trompant les passions mêmes de cette foule tumultueuse. C'est toujours une idée morale qui sert à détruire d'autres idées du même ordre. L'ame ne peut changer de nature : elle ne sauroit aimer ni ce qui est mal, ni ce qui est faux; les passions ne dénaturent point l'objet de son attachement, mais le déplacent.

Quel aliment nourrit cet instinct aventureux, cette passion pour les voyages, dont les hommes supérieurs sont quelquefois tourmentés? C'est le désir d'observer le spectacle de la destinée des peuples et l'image multipliée du sort de l'homme. Les vicissitudes de ces grands évènemens qui changent la face d'une nation agrandissent les proportions de la scène. L'intérêt du drame augmente, quand le héros est un peuple, et que le dénouement concerne une partie du monde. On voit, dans cette haute région, la fortune travailler à découvert. Notre ame, destinée peut-être à contempler, au sein de Dieu, le cours des univers qui roulent dans l'espace, semble s'essayer ainsi à sa grandeur future, en observant le mouvement des empires.

Toutes les idées les plus austères ne fortifient-elles point la jouissance mélancolique et réfléchie du voyageur qui se promène au milieu des ruines du Pnyx ou du Forum? La pensée du terme inévitable marqué à la vie des nations comme aux jours de l'homme se réveille, inspirée par les tombeaux de la Grèce et de Rome. On admire en frémissant le pouvoir du temps, qui n'est qu'un autre nom donné à Dieu; on respecte chaque débris comme un enseignement de haute morale. La mousse qui verdit les ruines du Parthénon ou du Capitole fait rêver plus profondément que les pages philosophiques de Platon.

N'est-ce point encore le sentiment de l'immensité et la pensée de l'infini que nous allons chercher sur les bords de l'Océan? L'ame s'étend; elle va, elle court, réjouie de ne point se sentir arrêtée; on diroit qu'elle s'agrandit à mesure que l'horizon recule, et qu'elle veut envelopper l'Océan tout entier : les bornes qu'elle ne voit point sont comme si elles n'étoient pas. Tout objet positif retient la pensée dans le sentiment du fini et du limité; mais, dans la rêverie causée par le spectacle de l'Océan ou d'une haute montagne, comme dans l'extase religieuse inspirée par la prière, l'ame ne conserve plus aucun rapport avec les objets extérieurs; elle est, pour ainsi dire, sur le seuil d'un autre monde; le sujet de ses méditations n'a plus de nom : toutefois elle tient encore à la vie par le plaisir qu'elle éprouve. Si elle rompt ce dernier lien, elle se sépare d'elle-même; alors les conditions de la vie sont rompues, et ce dernier degré de la rêverie est un apprentissage de l'immortalité.

O vous qui avez survécu à l'objet d'une profonde et légitime affection, répondez, n'avez-vous pas foi dans cette immortalité? Qui a jamais perdu un ami sans refuser à la mort la puissance de nous séparer éternellement? Comme on sent par sa douleur qu'on existe encore, on ne peut pas s'imaginer que la vie manque à une ame qui faisoit partie de la nôtre, et il seroit aussi facile de se croire mort soi-même que de se persuader que son ami est détruit tout entier.

Quel cortège d'idées morales accompagne l'amitié vraiment digne de ce nom! L'amitié est remplie de dogmes et de croyances: elle se nourrit de dévoûment, de confiance, de respect à la foi jurée. Le châtiment de l'immoralité est de ne pouvoir pas aimer.

Ces observations générales nous conduisent à exprimer d'avance quelques idées sur la doctrine du beau.

On voit le lien étroit qui rattache à toutes les pensées sérieuses, et à toutes les réflexions sur le but de la vie, la plupart des sentimens les plus forts et les plus élevés du cœur humain. Or, la beauté n'est autre chose qu'un nom donné à tous les objets qui nous font éprouver une impression de cette nature. Le beau, c'est le bien et le vrai admirés par l'homme. Il faut s'élever plus haut que les principes exposés dans les théories composées sur les arts: L'ame a déjà le sentiment de son avenir, lorsque le spectacle d'une action généreuse, ou la vue d'un site pittoresque, ou les sons d'une musique harmonieuse nous font tressaillir d'une joie indéfinissable.

La distinction entre la beauté physique et la beauté morale est fausse : toute beauté est morale. D'où vient que l'Océan est beau? Ce ne sont pas les différentes parties de cette surface humide qui, étant belles, forment un bel ensemble. L'eau n'a en soi aucune beauté; mais l'image d'une étendue illimitée devient belle par son rapport avec l'infini. De même, la beauté d'une action héroïque ne vient ni du lieu ni du temps où elle est faite, mais de sa relation avec la justice. Le visage humain ne nous séduit que parce que la combinaison des traits réveille l'idée de l'ordre et de l'harmonie, ou parce que l'expression de l'ame, animant la physionomie, fait respirer l'image de la douceur, de l'intelligence, du courage ou de la majesté. C'est encore l'idée de proportion, de convenance et de noblesse qui prête le caractère de la beauté aux formes et aux mouvemens du corps; et enfin les beaux-arts, dont le but est de réveiller, par l'imitation de la nature, les impressions qu'elle a fait naître; les beaux-arts ne doivent leur triomphe qu'à une seule idée, savoir, celle de la vérité.

L'objet beau peut donc être défini : ce qui réveille une idée quelconque des attributs de Dieu, et ce qui fait briller à nos yeux un éclair de la félicité céleste. Voilà comment le sentiment des arts est un mouvement religieux. L'admiration et l'enthousiasme sont de véritables révélations, et le plus grand poète doit être, parmi les hommes, le mieux convaincu de notre destinée future.

CONSIDÉRATIONS GÉNÉRALES.

SECONDE PARTIE.

Il en est de la méditation du philosophe comme de l'enthousiasme du poète : c'est toujours quelque chose d'extérieur, d'étranger, de supérieur à l'artiste, qui se montre à sa pensée, féconde ses inspirations, et le porte vers un but qu'il atteint sans l'avoir prévu. Telle est la véritable situation où il doit entrer pour composer des ouvrages dont il puisse s'étonner lui-même, comme s'il sentoit que le souffle divin qui les anime n'a fait que choisir son ame, et qu'il y a en lui un auteur inconnu de ses chefs-d'œuvre. Cet abandon de l'esprit aux mouvemens de l'enthousiasme se retrouve dans la soumission de l'homme de bien aux inspirations de sa conscience ; c'est une espèce de renoncement à notre volonté. Le juste se laisse gouverner par la règle du bien, et le poète par le sentiment du beau. Toutes les fois que, prenant la lyre ou le pinceau, l'artiste dirige uniquement sa pensée vers le résultat de ses travaux et vers le jugement des autres hommes, il renonce aux secours de l'inspiration, et redoute ce mouvement spontané qui le force de s'oublier lui-même : alors c'en est fait de son originalité, de sa verve, de sa hardiesse. Si l'on s'attachoit à rechercher la cause de cet esprit d'imitation qui nuit en France à la vigueur et à l'individualité des ouvrages de l'art, et quelquefois même au développement naturel du caractère, dans les relations positives de la vie, on pourroit trouver cette cause dans un tact si fin et si délié de toutes les convenances, que le souvenir des rapports de la société nous poursuit jusqu'au milieu des mouvemens de l'inspiration, et jusque dans les conseils que nous avons à prendre de nous-mêmes, lorsqu'une haute circonstance de la vie sociale nous expose au jugement des hommes. Notre prévoyance de l'opinion d'autrui se fonde sur une connoissance si délicate de la société, que la crainte du ridicule ou du blâme arrête trop souvent en nous l'impulsion d'une nature généreuse : trop occupés des défauts ou des erreurs qu'il nous importe d'éviter, nous ne marchons plus avec autant d'assurance, et nous nous roidissons contre l'élan primitif qui nous auroit emportés plus loin dans la route du beau et du bien.

Cette remarque peut s'appliquer aux spéculations de la philosophie. Si elle cherche la nouveauté des systèmes, si la gloire de se faire un nom par l'originalité d'une découverte tourmente l'esprit du philosophe, au moment où il cherche à expliquer le mystère de nos impressions et de nos pensées, il rejette alors les données simples et naïves que lui fournissent les lumières du bon sens, il spécule sur la vérité; ne l'aimant plus pour elle-même, il veut la tourner au profit de sa gloire; et cette seule préoccupation de son esprit, pendant qu'il médite, suffit pour diviser son attention et l'empêcher de considérer pleinement son objet. La philosophie entière doit se trouver dans l'ensemble des opinions populaires. L'instinct droit et naïf de toutes les raisons humaines produit un certain nombre d'idées vulgaires qui renferment, sous leur grossière écorce, les plus hautes et les plus sublimes vérités. Platon n'étoit que l'interprète éloquent des pensées de l'artisan d'Athènes.

Le véritable but du philosophe doit donc se borner à établir sa science sur le développement des principes les plus généraux : il doit commencer son ouvrage par l'examen attentif de toutes les croyances instinctives, spontanées et naïves de l'espèce humaine; il faut ensuite qu'il revienne à lui-même, et que, s'observant avec le calme d'une recherche impartiale et désintéressée, il confronte le résultat de ses recherches extérieures avec les produits de l'examen de sa nature interne; il faut qu'il s'oppose à l'univers, et qu'il voie s'il retrouve en lui seul tous les autres hommes. C'est après une investigation aussi exacte et aussi sévère, que le moraliste peut poser les fondemens de son édifice. Il n'y travaille point seul : il est aidé par le reste du genre humain; il ne fait que traduire dans une langue plus noble et plus claire nos pensées à tous ; il se borne à développer et à conclure : les prémices du raisonnement ne lui appartiennent point. Toute doctrine philosophique qui heurte le bon sens et le mouvement naturel de nos croyances est convaincue de fausseté. Quand nous approuvons la vérité d'un système, si profond qu'il nous paroisse, c'est qu'il nous offre un édifice construit avec les matériaux que l'esprit de chacun de nous lui a fournis. Le danger attaché à la propagation d'un système de morale ne peut donc naître de l'invention d'une loi étrangère à la nature humaine. Le philosophe ne peut rien ajouter : son erreur seroit constatée tout à coup par le refus de tous les hommes de reconnoître dans son ouvrage un principe qu'aucun d'eux ne retrouveroit en soi-même; mais il peut omettre, et investir des droits de l'unité le principe vrai qu'il adopte.

Ainsi les disciples de l'école d'Epicure,

les sectateurs du système péripatéticien, et les fondateurs de la doctrine morale qui a prévalu au dix-huitième siècle, ont élevé leur doctrine sur un principe vrai, savoir que les actions de l'homme ont pour mobile le désir du bonheur; mais ils ont érigé cette maxime en loi souveraine, et l'ont constituée seule dans le gouvernement de notre conduite. Ils ont gardé le silence sur cette autre loi qui préside aussi à la destinée humaine, sur cette loi du devoir qui lutte contre l'amour du bien-être, qui nous apparoît supérieure aux suggestions de l'intérêt, et qui, par son triomphe ou par sa défaite, prouve la nécessité d'une seconde destinée où les deux lois se trouveront confondues et où la paix naîtra du combat.

Les hommes, se reconnoissant dévorés, en effet, par la soif de la félicité, ont proclamé la justesse de la doctrine morale qui assignoit l'intérêt pour but à leurs actions, ignorant si le philosophe avoit omis quelque autre partie d'eux-mêmes également réelle : ils ressembloient à l'homme naissant qui, échappé des mains du Créateur, se mire dans une source, et trompé par la fidélité de l'image partielle réfléchie dans l'onde, croit s'admirer tout entier dans une portion de lui-même.

Je passe à une autre considération sur le langage ordinaire de la science philosophique. Qui ne s'étonneroit des formes arides et pédantesques de cet idiome spécial affecté à l'étude la plus intéressante qui soit au monde? Il faut apprendre à soulever beaucoup de voiles avant de pénétrer jusqu'au fond de la doctrine du métaphysicien. Il se crée un vocabulaire nouveau, comme s'il avoit à décrire un pays inconnu dont les productions n'eussent aucune désignation équivalente dans les langues humaines; et ce pays toutefois est le monde que nous portons en nous-mêmes, et ses fruits sont nos sentimens et nos pensées! Pourquoi donc prendre plaisir à s'éloigner de l'intelligence, lorsqu'on traite de l'intelligence même?

Tournons les yeux vers cette nature qui brille au-dessus de nos têtes ou fleurit sous nos pas. Son langage diffère-t-il, soit qu'elle parle à la raison du philosophe et du mathématicien, ou qu'elle s'adresse à l'imagination du peintre et du poëte? N'est-ce point le feu des éclairs, le bruit des flots et le murmure des vents qui révèlent aux sciences physiques les lois matérielles du monde, et qui inspirent à la fois l'enthousiasme de l'artiste dont l'ame comprend la beauté de ce langage? N'est-ce point le même ciel qui ouvre un champ lumineux aux calculs de l'astronome, en même temps qu'il attire les regards amoureux du poëte? La matière étant la forme sensible de la vérité, nous trouvons la pensée de Dieu cachée sous les images de l'univers. La substance du vrai s'y révèle à nous sous les traits du beau. La nature offre à la fois dans son fonds l'objet de la science, et dans sa forme le principe des arts.

Pourquoi donc séparer dans l'imitation les élémens confondus dans le modèle? Plus les ouvrages de l'art tendront à exprimer l'objet de la science, plus ils se rapprocheront de la nature, qui n'est que la parure brillante et colorée de la vérité; et plus l'objet des spéculations de la science se rendra compréhensible sous les formes de l'art, plus cette profondeur, revêtue des caractères de l'éloquence, ressemblera au type divin que nous offrent la loi sage et le mouvement brillant de l'univers.

Telle se présente à notre admiration la philosophie qu'enseignoit, je dis mal, que chantoit l'auteur du *Phédon*, se promenant au bord des flots, sur la rive poétique du cap de Sunium. Ainsi notre enthousiasme obéit, depuis tant de siècles, à ces ouvrages d'un Phidias inconnu, à ces sculptures qui, maîtresses du temps, conservent, sous un marbre insensible, l'image d'une pensée si profonde. La science pourroit encore se priver du secours de la beauté, plutôt que l'art ne pourroit dédaigner le soutien de la vérité. Le rapport des méditations du savant avec la vérité peut soutenir l'édifice qu'il élève; mais quelle ressource conserveroient les beaux-arts, s'ils méprisoient leur relation avec l'objet de la pensée?

Je ne voudrois pas toutefois qu'on donnât une trop grande latitude à l'opinion que je viens d'exposer. Le vif plaisir des sens est partout l'ennemi du plein exercice de la raison. L'homme est partout l'homme, et nous sommes obligés de diviser nos jouissances et notre instruction, comme la nature nous a partagés nous-mêmes. La science qui doit instruire la raison ne peut s'appliquer, avec la même ardeur, à charmer notre imagination; ni l'art, dont l'intention est de nous plaire, ne doit sacrifier son but au désir de nous convaincre.

Au moment d'entrer dans la décomposition des élémens de notre organisation physique, et dans la peinture de leur rapport avec les phénomènes du monde intellectuel, on se sent arrêté par une difficulté qui se rapporte à l'ordre dans lequel nous avons à développer l'enchaînement de nos idées. On veut attacher quelque part le premier anneau de la chaîne qu'il faut dérouler, et l'on ne sauroit trouver la place où elle doit être suspendue. Ainsi, après avoir pris la résolution de choisir telle idée fixe et fondamentale comme point de départ, on s'aperçoit, en l'examinant de plus près, qu'elle s'appuie sur une idée antérieure, que la rigueur logique nous fait un devoir de connoître. Cette seconde idée nous paroît, à son tour, découler d'une autre qui résulte aussi d'une précédente : de sorte qu'en remontant ainsi de la conséquence au principe, on s'élève toujours, par une suite non-interrompue de générations, vers une première notion créatrice qui recule sans cesse devant nos recherches sans qu'on puisse entrevoir, dans l'échelle de cette filiation indéfinie, cette idée non enfantée, cette *race sans mère* qu'il nous importe de trouver. Qui n'a pas éprouvé avec plus ou moins de force le sentiment amer de cette impuissance à laquelle nous sommes condamnés? qui n'a pas connu cette surprise et ce malaise d'esprit, que donne l'enchaînement indissoluble des vérités? On s'épuise à la recherche d'un principe, qui, sans rien laisser au-dessus de lui, commence logiquement notre ouvrage.

Nous tâcherons de donner une explication de cette mystérieuse difficulté.

Toutes les vérités qui nous apparoissent à travers les ombres de cette vie ne peuvent s'offrir aux yeux de notre intelligence que par l'intermédiaire des formes matérielles et des images extérieures. Les sensations fournissent les matériaux sur lesquels s'exerce la raison, et qui, rapprochés entre eux, servent à construire l'édifice de nos connoissances. Tout jugement quelconque, tiré de la comparaison de deux images, devient une pensée, comme tout ordre assigné dans un monument à deux pierres voisines devient un trait d'architecture. Une vérité, soit particulière, soit générale, est découverte par la raison qui compare entre elles un nombre plus ou moins étendu de sensations, ou même un nombre plus ou moins étendu d'idées : car, après avoir commencé, dans l'enfance de nos facultés, par réfléchir seulement sur les images de la nature extérieure, et après en avoir tiré quelques premiers jugemens, nous appliquons ensuite à ces jugemens eux-mêmes les lumières de notre réflexion; nous les comparons entre eux, comme nous avions d'abord comparé les images matérielles, et nous en tirons de nouvelles idées plus générales d'où peuvent sortir de nouvelles notions plus collectives et plus abstraites encore, lorsqu'elles sont comparées et jugées à leur tour par notre raison plus exercée, plus hardie et plus élancée vers le monde immatériel. C'est ainsi que s'étend la masse des vérités et que s'accroît le patrimoine intellectuel de l'espèce humaine.

Voyez cette progression successive et illimitée entre les degrés de l'intelligence ; les reflets de la lumière, la respiration des odeurs, le retentissement des sons, le toucher des formes, et l'éclat des couleurs, telles sont les uniques sources de ces premières impressions qui ébranlent le cerveau, soit de la brute, soit de l'homme. Mais aussitôt que deux images sont comparées et qu'il en résulte un jugement, voici la raison qui est née ; je reconnois l'intelligence : salut à la pensée !

Les moins spirituels d'entre les hommes obéissent le plus instinctivement à la loi de leurs impressions, et réfléchissent le plus rarement sur leurs sensations diverses. Plus nous saisissons avec rapidité le rapport et l'opposition des images, plus nous étendons le nombre de nos idées ; et le plus haut degré du génie est la capacité la plus forte de composer et de décomposer, de rapprocher et de séparer. A mesure que les jugemens embrassent une plus grande quantité d'objets, les vérités s'agrandissent et se généralisent; leur forme s'éloigne de la nature sensible, et devient de plus en plus intellectuelle. Comme le caractère de l'univers extérieur est la variété et la multiplicité, le caractère du monde intellectuel est la généralité et la collectivité. O quelle preuve de cette grande unité céleste où sont renfermées, dans un tout indivisible, toutes les vérités qu'ici-bas nous apercevons distinctes et séparées! A mesure que la sphère de nos idées recule ses bornes, nous découvrons toujours un nouveau principe plus vaste et plus fécond, sous la forme duquel nous pouvons généraliser toutes les lois antérieures que nous avions découvertes. Le plus grand effort du génie de Newton est d'avoir forcé le soleil et les astres à lui révéler une loi générale qui gouvernoit leurs mouvemens. Tous les progrès des sciences se bornent à ramasser les notions connues sous une dernière qui les explique, et à simplifier le nombre des faits considérés comme causes. C'est que l'esprit humain conçoit en effet qu'il n'en existe qu'une seule, et qu'il a besoin d'y atteindre.

Cette impossibilité où nous sommes de

trouver une idée qui ne réclame point d'explication, et ne tienne point, par un lien de rigoureuse logique, à une notion antérieure, prouve donc, en dernière analyse, qu'il existe un seul principe éternel et indivisible où tous les autres sont portés. C'est pourquoi tout principe, si général qu'il soit, ne peut se suffire. De là naît cette observation singulière, que si l'on vouloit suivre l'histoire de la génération ascendante d'une idée quelconque, en demeurant fidèle aux lois du raisonnement, et en décomposant en totalité chaque principe, on seroit obligé de parcourir le registre de naissance de toutes les idées réunies qui forment dans les sciences et dans les arts la famille des connoissances humaines, et qu'après avoir ainsi parcouru toutes les sinuosités nombreuses de ce labyrinthe immense, il faudroit encore monter plus haut pour saisir, dans un monde supérieur, le prolongement du fil qui nous auroit conduits.

Quelle que soit notre impuissance à cet égard, nous essaierons de séparer profondément les deux mondes dont la réunion mystérieuse forme la singulière existence de l'homme. Pour atteindre ce but, nous commencerons par interroger scrupuleusement les résultats des recherches physiologiques, et nous étudierons le mystère de la sensation physique dans les principes fondamentaux de l'anatomie. La portion animale de l'homme est assez difficile à distinguer en nous, parce que, ne connoissant rien que par la pensée, il nous est difficile de nous servir de la pensée même pour nous former une idée de ce qui n'est pas elle; et la réflexion tend toujours à trouver son image dans les mouvemens irréfléchis qu'elle observe. Cependant une méditation attentive nous fera distinguer la ligne tirée dans l'homme entre ces natures opposées : nous tâcherons de couper hardiment notre existence en deux parts, et de faire tomber d'un côté le corps tout palpitant d'une vie brutale, et de voir briller, de l'autre, l'ame, substance composée d'amour et de connoissance, rayon de l'intelligence suprême, créature spirituelle formée pour la gloire et l'immortalité.

On ne doit rien négliger, dans une explication de la vie morale, pour faire sentir cette distinction de l'ame et du corps. La plupart des ouvrages qui ont pour objet l'analyse psychologique de la nature humaine noient, en général, sous un amas de divisions et de subdivisions arbitraires le principe de cette distinction de nos deux natures. Cette nomenclature scolastique de tous les noms dont ils surchargent la mémoire de leurs lecteurs, fait perdre de vue l'unité et l'indivisibilité de l'intelligence. L'ame semble avoir des membres dans ces nombreuses facultés qu'on attache à elle : les lecteurs ne l'aperçoivent plus au milieu de ce cortège de perception, d'attention, de conception, de rétention, d'imagination; et il leur devient impossible d'acquérir ce sentiment si précieux et si utile de l'être un et simple qui les constitue. L'ame, c'est l'ange; le corps, c'est l'animal : l'homme, dans cette vie, c'est l'un et l'autre; tout est là. Cette définition bien comprise peut remplacer toute une philosophie.

ESSAI SUR L'HOMME.

PREMIÈRE SECTION.

DU CORPS.

LIVRE PREMIER.

DU POINT DE DÉPART DE LA PHILOSOPHIE.

CHAPITRE PREMIER.

PREMIÈRE QUESTION.

Mettons-nous dans la situation d'un homme résolu d'appliquer enfin ses études à l'examen de sa propre nature. Il ne veut point embrasser d'avance tel ou tel système, épouser la querelle des disciples d'Aristote contre les admirateurs de Platon, ou s'attacher au parti de Locke préférablement à la cause de Descartes. Le but de cet homme est de faire le chemin lui-même. Suivons-le dans ses tâtonnemens successifs ; il devra passer par tous les états du doute et de l'incertitude. Notre nouveau philosophe se dira : Découvrons le véritable sens de toutes ces expressions, dont nous nous sommes long-temps servis sur la foi des autres ; et, pour mettre un peu d'ordre dans une recherche où nous ne savons trop encore ce qui précède ou ce qui suit, ce qui est cause ou ce qui est effet, commençons par le plus simple et le plus naturel des faits de l'ordre physique.

CHAPITRE II.

DE LA SENSATION.

On dit sentir la chaleur, le froid, l'impression de l'air, le goût des alimens, la saveur d'un vin délicat; nous voyons que cette expression se rapporte à une impression quelconque faite sur nos organes.

CHAPITRE III.

ANATOMIE DU CORPS.

Notre homme reconnoît aussitôt la nécessité d'étudier la constitution de ces organes, et les conditions physiques que la nature a mises, dans le jeu de nos sens, à la perception du plaisir et de la douleur.

Pénétrant dans ces amphithéâtres où le scalpel dévoile à l'œil de l'anatomiste l'intérieur du corps humain, il porte un œil avide sur ce cœur qui vient de s'arrêter, sur ces innombrables veines où le sang a cessé de courir, sur ces canaux multipliés qui le faisoient circuler du cœur au cerveau, et du cerveau dans toutes les parties du corps. Il demeure frappé d'admiration à la vue de ce prodigieux spectacle que lui offre l'admirable harmonie de toutes ces fonctions intérieures, qui s'accordoient ensemble pour soutenir l'édifice de la machine humaine. Admirant l'intelligence infinie qui a combiné entre eux tous ces ressorts si délicats et si finement travaillés, il sent bien que cette machine merveilleuse ne s'est pas faite elle-même; que tous ces os, ces artères, ces valvules, ces muscles, ces veines, obéissent à une loi suprême que le corps accomplit sans la connoître. Il s'étonne alors de l'aveuglement de tant de physiologistes et de tant de savans qui, ayant sous les yeux les preuves de l'existence d'une sagesse régulatrice et d'une substance intellectuelle, se perdent dans l'étude des corps, se confondent avec la matière qu'ils examinent, et finissent par refuser de croire dans l'existence de la pensée, lorsque l'examen de ce corps, entr'ouvert devant eux, leur prouve la nécessité de la main qui l'a formé, et de l'intelligence qui, en eux-mêmes, le connoît et l'étudie. Cependant notre disciple dans la science de l'homme s'applique à étudier parmi ces diverses parties de l'organisation celles qui sont spécialement relatives à l'objet qu'il poursuit, et qui peuvent lui révéler le secret de la sensation. Il découvre que toute la surface du corps exposée à l'impression de l'univers extérieur n'est qu'un réseau finement tendu, où viennent aboutir les extrémités de ces espèces de tubes que l'on appelle nerfs; il observe que toute sensation occasionnée par le contact d'un objet étranger doit naissance à l'ébranlement du nerf dont le bout s'épanouit dans la place touchée par cet objet.

Il s'aperçoit ainsi que chacun de nos sens possède son nerf qui lui est propre, et que l'impression des odeurs, des sons, des lumières et des saveurs s'effectue respectivement sur un organe particulier. Quant au sens du toucher, notre philosophe le trouve régnant sur tous les points de la surface de notre corps, et tenant dans sa dépendance un nombre immense de fibres correspondantes à chaque partie de l'épiderme. Curieux de suivre alors l'histoire de la sensation, depuis le moment où le nerf reçoit une impression extérieure et entre en activité, jusqu'au dernier terme nécessaire pour que nous ayons connoissance de cette sensation, il examine le cours de ces canaux par lesquels circule l'avertissement de la sensibilité ébranlée; il parcourt ce labyrinthe de nerfs dans ses détours nombreux, et arrive à la source mystérieuse d'où découlent les impressions douces ou pénibles. A ses yeux attentifs s'offre enfin le cerveau, qui lui paroît le siège véritable de la sensation, la partie du corps où s'accomplit le mystère de la vie animale. Il observe cette tunique déliée et transparente, dans laquelle toutes les fibres viennent se perdre et confondre leur origine.

CHAPITRE IV.

DEUX ESPÈCES DE NERFS :
LES UNS QUI SERVENT A PERCEVOIR LA SENSATION, ET LES AUTRES A FAIRE MOUVOIR LES MUSCLES.

Il aperçoit le cerveau partagé en deux parties, dont la première contient tous les nerfs messagers des sensations de la vue, de l'ouïe, de l'odorat et du goût, et dont la seconde renferme les nerfs relatifs au toucher : ces nerfs lui paroissent dépendre de tous les muscles qui servent au mouvement.

CHAPITRE V.

CORRESPONDANCE DES PREMIERS AVEC LES SECONDS.

Il saisit alors cette correspondance établie entre les cordes fidèles dont l'ébranlement transmet au cerveau l'impression reçue, et les autres fils tendus pour faire jouer les muscles et nous permettre d'agir. Le mouvement qui doit suivre les sensations pour conserver les unes ou pour fuir les autres se révèle à lui par le rapport intime qui unit les nerfs optique, auditif, gustatif et olfactif, avec les nerfs qui sont les moteurs du corps humain. Pour mieux s'assurer encore de la justesse de ses premières observations, il assiste à des expériences faites, dans l'intérêt de la science, sur le corps des animaux vivans, et il acquiert, par la manière dont leur sensibilité s'exerce, la preuve de cette correspondance entre le mouvement et la sensation. Si la pointe du scalpel pique un point quelconque du cerveau de l'animal condamné à souffrir, pour nous révéler les secrets de la douleur, différens organes de cette victime de la science prennent du mouvement; et, semblable à un automate dont les membres obéissent au fil qui les fait mouvoir, le corps de l'animal s'agite en divers sens, selon que son cerveau est piqué en différens endroits.

CHAPITRE VI.

DE LA CAUSE DES RÊVES.

Cette expérience lui découvre encore que l'ébranlement des nerfs du cerveau correspond à l'agitation d'autres parties intérieures du corps, telles que les vaisseaux du cœur, les membranes de l'estomac et les viscères inférieurs. Cette dernière observation lui suggère une importante réflexion. Si le mouvement des nerfs du cerveau se communique à ces différens organes intérieurs, réciproquement l'agitation de ces derniers doit s'étendre jusqu'aux nerfs du cerveau; ce qui explique différens phénomènes relatifs au sommeil. Pendant cette trêve entre le corps et l'action des autres corps sur nous, pendant cette paix conclue entre les nerfs des différens sens et les objets extérieurs, nos sensations se réveillent à notre insu, les images de la nature se représentent, l'impression même du plaisir ou de la douleur surgit en dépit du sommeil, et une espèce de vie nouvelle commence son mouvement malgré l'absence de toutes les causes apparentes des sensations. Qu'est-ce qui réveille donc les impressions assoupies, et produit les songes, suite incohérente de tant d'images renouvelées sans ordre et sans réflexion? C'est le mouvement des viscères intérieurs, qui, ne s'arrêtant jamais, ébranle les différens nerfs de la tête, par suite de la correspondance dont nous venons de parler, et qui fait renaître ainsi les impressions agréables ou douloureuses reçues pendant l'état de veille. Le battement du cœur, le cours de la respiration, la circulation du sang, le travail de la digestion, tout ce mouvement caché qui conserve notre vie, lors même que nous perdons le sentiment de cette vie, tout cela suffit sans doute pour agiter les fibres cérébrales, ces cordes de l'instrument de la sensibilité, et pour en tirer quelques sons variés où le hasard semble établir quelquefois une sorte de suite et de mesure, comme le vent qui, frappant sur une lyre, peut en tirer accidentellement une sorte de motif harmonieux.

CHAPITRE VII.

C'EST AU CERVEAU QUE SE PERÇOIT L'IMPRESSION DU PLAISIR ET DE LA DOULEUR.

Notre homme poursuit toujours le cours de ses observations physiologiques, persuadé que toute métaphysique qui ne s'appuie pas sur les notions précises de l'anatomie s'expose à tomber dans une abstraction inapplicable à la vie humaine et contredite par les faits. Plusieurs preuves irrésistibles achèvent de le convaincre que l'ébranlement des nerfs, perçu dans toute leur étendue et terminé au cerveau, est la condition du plaisir et de la douleur. Il voit le chirurgien, armé du fer qui va retrancher un membre malade, commencer par lier fortement le rameau des nerfs qui y aboutissent, afin d'interrompre ainsi la communication de la partie amputée avec l'organe du cerveau. Il voit la seule ligature d'un tronc nerveux suffire pour suspendre la sensibilité dans l'extrémité du membre qui y correspond ; il voit les effets de la paralysie et des convulsions entraîner la lésion du cerveau, et nous ôter ainsi la douleur en nous privant de l'exercice du sentiment.

C'en est assez pour le laisser convaincu que la perception du plaisir et de la souffrance se fonde sur ces deux faits : le premier, qu'un nerf quelconque doit être doucement ou rudement ébranlé; le deuxième, que cette agitation doit être transmise jusqu'au foyer commun, c'est-à-dire, au cerveau, où s'accomplit alors la sensation agréable ou douloureuse, et d'où part le principe du mouvement nécessaire pour continuer de jouir ou pour cesser de souffrir.

CHAPITRE VIII.

UTILITÉ DE L'ÉTUDE PRÉCÉDENTE.

Animé par cette intéressante découverte sur la sensibilité, notre philosophe s'applique à mieux saisir le rapport établi par la prévoyance de la nature, ou plutôt par la bonté de Dieu, entre les sensations et les mouvemens corporels. Il espère découvrir, par cette étude, le mystère de la nature animale, et les causes qui font agir la brute et qui constituent son instinct. Il veut enfin se former une opinion claire et fixe sur la distance qui sépare l'homme de l'animal, et trancher, pour lui-même, cette question toujours renaissante, si la brute n'a pas une intelligence comme nous, et ne nous cède que de quelques degrés dans une nature semblable. Pour cela, il est déterminé à n'examiner d'abord l'homme que sous le rapport purement organique, afin de retrouver, s'il est possible, l'animal tout entier dans une moitié de nous-mêmes ; et alors, passant avec joie à l'étude de l'autre moitié qui ne pourra plus se confondre avec la première, il lui rendra tout ce qui n'aura pas été trouvé dans le domaine de l'organisme, et rétablira l'ame dans ses droits, en se bornant pour cela à la décrire séparément.

CHAPITRE IX.

DU PLAISIR ET DE LA DOULEUR.

Que sont donc ces deux phénomènes opposés qu'on nomme *plaisir* et *douleur*? comment s'en former une juste idée, autrement que par le sentiment même que la nature nous en donne, et comment définir un double fait qui ne se rapporte à rien qu'à lui-même?

Il y a une juste proportion, un accord déterminé entre les rayons du soleil, la douceur ou l'amertume des alimens, la force ou la suavité du son, la rudesse ou la finesse des corps, avec les fibres que ces diverses impulsions doivent mettre en mouvement. Si cette mesure est passée, le mouvement des nerfs blesse la loi de l'organisation. Le plaisir étoit attaché à un mouvement calculé d'après les proportions établies par le Créateur, et la douleur n'est que le sentiment qui accompagne la rupture de cet accord et la transgression de cette loi bienfaisante. La douleur ramenée à la limite marquée par la nature redeviendroit plaisir, et le plaisir élevé au-dessus de la borne qui lui marque ses droits tourneroit en douleur. Les différens besoins et les divers appétits de notre corps amènent à leur suite une jouissance qui provient de la satisfaction de ces besoins. Il n'existe pas un seul plaisir qui ne tire son origine de l'accord des objets avec nos sens. Ainsi, la douleur n'est pas le sentiment naturel, puisqu'elle ne doit au contraire la naissance qu'à ce qui blesse nos organes. C'est le plaisir qui est la sensation de la vie, et la souffrance n'en est que la privation. Otez la douleur qui n'est qu'un accident, et l'homme redevient heureux par le seul sentiment de l'existence. Souffrir, c'est ne vivre qu'à moitié; la vie toute entière seroit le bonheur complet. L'existence actuelle est donc imparfaite; il ne nous est resté du bonheur que le sentiment de son absence, et la douleur est le grand vide qui laisse deviner ce qui manque aux proportions de l'édifice.

LIVRE SECOND.

DE L'INSTINCT.

CHAPITRE PREMIER.

DE LA LOI ORGANIQUE DE L'HOMME.

INDÉPENDAMMENT de toute réflexion, spontanément, involontairement, notre organisme aspire au plaisir, et cherche à le prolonger, comme il fuit la douleur et tend à s'en garantir.

Pour peu qu'on y fasse attention, combien l'on trouvera de mouvemens irréfléchis qui emportent notre nature, et font mouvoir notre corps avant que nous ayons eu le temps de réfléchir sur la cause de cette irrésistible impulsion! Les nerfs qui servent au mouvement, étant contigus à ceux qui transmettent au cerveau les perceptions des différens sens, à telle impression agréable ou pénible est uni tel mouvement corporel pour en jouir ou pour s'en délivrer; toute la machine s'ébranle, et sans être dirigée par la lumière de la réflexion, obéit à l'impulsion intérieure qui résulte de cet accord secret.

CHAPITRE II.

EXEMPLES D'ACTIONS INSTINCTIVES.

Si la chaleur d'une flamme inaperçue se fait sentir tout à coup à l'un quelconque de nos membres, nous le retirons avec précipitation, et les muscles qui servent à le plier obéissent sur-le-champ à l'avertissement que l'impression douloureuse nous communique dans le sanctuaire du cerveau.

Observons un homme livré au transport de

la colère : son attitude prend tous les mouvemens qui sont imprimés à ses membres par les impressions successives qui ébranlent les nerfs de son cerveau ; il étend les bras, il ferme les poings, il menace, il se forme un bouclier de son coude pour se défendre, ou il lève sa main fermée en guise de massue pour écraser son ennemi : il connoît si peu son action que, sa colère éteinte, il ne s'en souviendra point, et interrogera les autres sur ce qui s'est passé. Cependant la nature, par son impulsion indépendante de lui, le servoit bien pour combattre, pour se garantir des coups de l'ennemi, ou pour assurer sa vengeance. Il faut donc reconnoître ce phénomène que nous avons constaté, et qui est relatif à une correspondance intime entre la sensation et le mouvement. Dès que l'on a reconnu cette loi, qui a coordonné si sagement les mouvemens du corps avec les sensations qui plaisent ou qui répugnent à notre nature, il n'est pas une seule action de la brute qui ne tombe sous la même explication. Examinons, en effet, les passions circonscrites dans les bornes de la vie animale.

CHAPITRE III.

DE LA MÉMOIRE DE L'ANIMAL.

Considérons le cerveau, foyer de toutes les impressions, comme doué de la propriété d'en retenir la trace et d'en faire revivre le souvenir, lorsqu'une circonstance vient à remuer de nouveau les nerfs dont l'ébranlement avoit d'abord produit cette impression. Étonnant phénomène, couvert d'un voile impénétrable à toutes les recherches les plus ardentes et les plus minutieuses de l'anatomie! Comment une image, celle d'un lion, par exemple, rencontré dans quelque désert, vient-elle à se reproduire en l'absence de l'objet réel? Un bruit qui peut ressembler au rugissement, une plante de la nature de celles qui croissent au désert, un site conforme au paysage observé, le moindre rapport enfin avec l'une des plus foibles sensations extérieures réveille l'image toute entière ; et le désert avec ses sables, ses palmiers ou ses montagnes ; le lion avec son rugissement, son air étincelant et sa gueule béante ; mon effroi et mes efforts pour me dérober à sa poursuite, tout renaîtra à la fois dans ma mémoire, et rien ne manquera à l'impression que les objets réels de cette impression.

CHAPITRE IV.

DE LA PEINTURE DES IMAGES SUR LE CERVEAU.

Qu'on explique ce mystère de notre organisation ! Que devient l'image pendant le long intervalle qui s'écoule entre une sensation et le souvenir ? Je vois un lion dans ma mémoire; mais où le vois-je? car voir explique l'œil qui regarde, et le tableau qui est vu. Mais ici, il n'y a ni objet ni peinture au dehors. Je vois cependant, c'est une forme matérielle; et, comme toute figure sensible ne peut se présenter qu'à l'aide de la matière, il faut bien que l'image soit réellement peinte sur mon cerveau. Mais autre difficulté: où est l'œil qui contemple l'image? Ce n'est pas l'organe destiné à voir la nature extérieure qui sert d'instrument à cette vision interne; avons-nous donc un autre œil intérieur? et toutes les conditions de la vue sont-elles remplies au dedans comme elles le sont au dehors? Il faudroit faire la même supposition pour les autres sens; car non-seulement on voit par l'œil du souvenir toutes les images qui se sont présentées à nous sous les formes de la matière, mais encore on entend les sons qui ont frappé nos oreilles, on respire les parfums qui ont flatté notre odorat, et on croit toucher les contours des formes qui ont affecté notre tact. Ainsi, dans l'hypothèse où chaque sens extérieur seroit reproduit au cerveau par un organe interne qui exerceroit sur les impressions reproduites les mêmes fonctions sensitives, il faudroit qu'il y eût dans l'homme un autre homme intérieur, mis en activité par l'homme extérieur, et répétant toutes les sensations qu'éprouveroit ce dernier. Ici nous tombons dans l'explication qu'un célèbre anatomiste a donnée des mystères de l'ébranlement du cerveau et de la reproduction des sensations; il appelle, en effet, l'organe cérébral : *l'homme intérieur.* Il faut se résigner à ignorer éternellement un pareil secret; tout ce qu'il nous est permis de faire, c'est d'établir une différence entre les fonctions de nos sens extérieurs et l'action de ces organes internes qui les imitent.

CHAPITRE V.

DIFFÉRENCE ENTRE LES IMPRESSIONS RÉELLES ET LES IMPRESSIONS REPRODUITES.

Remarquons d'abord que l'impression reproduite par le souvenir n'a jamais la même force que la sensation réelle : les images n'offrent plus la même vivacité de couleur; la lumière pâlit; les sons paroissent plus incertains, les odeurs plus foibles, et les attouchemens plus légers. L'énergie du souvenir et l'éclat de l'image rappelée sont toujours proportionnés au degré de couleur et de force des objets de la sensation passée; mais l'intensité n'est jamais portée au même degré, si ce n'est lorsque la loi de la nature est violée, comme dans le somnambulisme ou dans la folie : alors l'impression reproduite par le cerveau usurpe tous les droits de l'impression réelles; les

DIFFÉRENCE ENTRE LES IMPRESSIONS. 81

souvenirs acquièrent une énergie telle, que l'homme ne les distingue plus des choses présentes, et se laisse gouverner par ces images fantastiques qui se succèdent au gré de ses nerfs ébranlés. Ainsi la première différence entre l'impression extérieure et l'impression renouvelée par la mémoire est un affoiblissement de la sensation, qui se représente plus pâle, comme fatiguée de l'effort qu'elle a employé à reparoître. La seconde différence consiste en ce que les objets aperçus, sentis ou touchés, n'affectent nos organes qu'autant qu'ils existent présens devant nous : si le hasard brise leurs formes, ou si le temps les détruit, ils emportent avec eux les impressions immédiates qu'ils nous faisoient éprouver ; mais au contraire les images et les réminiscences subsistent toujours, tant que nos organes intérieurs conservent leur harmonie et leur intégrité. Aucun pouvoir extérieur ne peut m'arracher l'impression que la mémoire me fait goûter ; j'en jouis heureusement, et je sens que je porte ce bonheur en moi, sans qu'il puisse être altéré par les variations de cette fatalité qui se joue des choses qui m'entourent; qui détruit, transforme, décompose et renouvelle la face mobile de cet univers. Nous goûtons en liberté, et dans le secret de notre être, le plaisir de contempler une image que la foule qui nous environne ne peut apercevoir, et que l'obscurité la plus profonde ne rendroit que plus claire et plus distincte.

Qu'on m'entraîne dans un cachot, qu'on me charge de chaînes, qu'on prive mes yeux de la clarté du jour, ou qu'on me dérobe la vue des êtres qui me sont le plus chers, on n'aura pas d'autorité sur mes souvenirs, et la puissance de la tyrannie ne pourra pas m'enlever l'image d'un père, d'une épouse, ou d'un enfant dont sa cruauté me sépare. Je les vois, je les entends, et je leur parle encore : leur souvenir fait partie de mon ame; et, pour me les faire oublier, il faut m'ôter la vie toute entière. O mémoire! que seroit l'existence, si l'homme étoit dépourvu de ton secours? Grâce à toi, l'exilé voit encore sa patrie, l'esclave échappe à son maître, l'ami s'entretient avec l'ami qu'il pleure, et la mort reconnoît elle-même ta puissance : tu ne lui permets pas d'anéantir.

CHAPITRE VI.

DES PASSIONS DE L'ANIMAL.

Nous avons dit que chaque impression occasionnée par un objet extérieur faisoit naître, si elle étoit agréable, un mouvement instinctif et involontaire pour la conserver, et, si elle étoit pénible, un mouvement contraire. Or, les impressions se reproduisent, comme nous l'avons vu, par le nouvel ébranlement des nerfs qu'elles avoient d'abord frappés la première fois; les images rappelées sont suivies des mêmes mouvemens corporels qui avoient suivi les sensations elles-mêmes. Nous allons examiner en nous les différentes passions que cette liaison fait rentrer dans les affections de la partie animale.

Ces passions sont au nombre de six. Les

voici : l'*amour*, la *haine*, la *jalousie*, le *désir*, la *crainte* et la *colère*. Toutes ces passions peuvent appartenir également, sous un autre rapport, à l'empire de l'intelligence ; mais je ne les considère ici que comme entièrement involontaires et organiques. Nous verrons que telles sont les vraies et seules passions de la brute, de ces machines animées, que l'on n'a pas honte d'élever jusqu'à l'homme pour lui permettre peut-être de descendre jusqu'à elles. Tâchons de nous détacher des habitudes que nous a fait contracter l'union de la pensée et des sensations.

CHAPITRE VII.

DU DÉSIR PHYSIQUE.

Considérons-nous lorsque, pressés d'une faim cruelle, ou consumés par une soif ardente, nous apercevons l'aliment qui doit satisfaire à notre appétit, ou l'eau fraiche qui peut nous désaltérer. Sommes-nous conduits par la réflexion dans le moment où nous nous précipitons vers les objets qui vont apaiser le besoin qui nous dévore? De quel caractère nous paroît marqué le désir qui nous emporte, en ce moment, vers la fontaine jaillissante ou vers l'arbre chargé de fruits? N'est-ce point un désir tout physique, et la force même de la passion ne nous empêche-t-elle point de réfléchir? Preuve que ces mouvemens qui nous conduisent sont opposés à la pensée, puisque la réflexion est d'autant plus foible, que ces instincts sont plus énergiques. Qu'un obstacle se présente à nous, lorsque nous sommes emportés si violemment et si indépendamment de notre pensée vers l'objet de notre passion, nous renverserons cet obstacle, nous le franchirons, insoucians du danger, ne le connoissant pas, ne le voyant pas, entraînés, sans savoir où, par un désir aveugle et ardent qui tend à son but, et nous emporte, comme la loi de la gravitation fait tomber une pierre vers le centre de la terre, ou comme le pôle attire à soi l'aiguille de la boussole par un amour secret et matériel. Un homme entièrement subjugué par une passion quelconque prouve la vérité de cette comparaison ; il va, il court, les yeux fixés sur son objet : ce n'est plus un homme agissant parce qu'il veut agir, c'est la passion elle-même incorporée. La sensation le conduit, et toutes les lois naturelles qui ont attaché tel ou tel mouvement à tel ou tel désir, s'exécutent à son insu. Le feu monte vers le ciel ; la pierre tombe ; l'arbre pousse ; le fleuve coule ; les astres s'attirent, et l'homme, comme l'animal, est entraîné vers le plaisir.

CHAPITRE VIII.

SUITE DES RÉFLEXIONS SUR LE MOUVEMENT INSTINCTIF.

On conçoit donc maintenant comment le désir peut être purement physique, lorsqu'il est excité par le mouvement des organes, et que son but n'a d'autre fin que le plaisir des sens. Lorsque la jouissance de tel ou tel objet, ébranlant les nerfs de notre cerveau, y a laissé une trace profonde, le toucher ou la vue de cet objet suffit pour réveiller l'impression du plaisir déjà éprouvée, et pour communiquer un mouvement aux muscles qui servent à nous faire courir vers l'objet agréable. De même, si l'impression d'un objet, placé dans un lieu quelconque, a été pour nous l'occasion d'une douleur, la vue de ce lieu agira sur les nerfs qui ont conservé l'impression douloureuse, et cet ébranlement disposera tout à coup nos organes à fuir, spontanément et sans réflexion, et la place et l'objet. Est-il besoin de s'appesantir sur la vérité de ces principes physiologiques, et notre expérience journalière ne nous en donne-t-elle pas une notion incontestable? Les personnes dont le système nerveux est exposé par son irritabilité aux agitations les plus fréquentes, connoissent trop bien l'empire que le retour involontaire et imprévu des impressions exerce, malgré leur volonté même, sur leurs sens agités. Les répugnances et les inclinations physiques obéissent, dans leurs phases et dans leur cours variable, à cette loi secrète de l'organisme. Souvent une chose nous déplaît, parce qu'elle se trouve liée à une autre qui nous affecte désagréablement; c'est que, dans ce cas, l'ébranlement douloureux, réveillé par le premier, a absorbé toute notre faculté de sentir, et que l'objet innocent est devenu offensif uniquement par le voisinage du coupable. Telle est la source de toutes ces préventions fatales qui obscurcissent notre raison, nuisent à notre justice et causent ces préférences et ces dégoûts que nous serions embarrassés de nous justifier à nous-mêmes.

CHAPITRE IX.

DE L'AMOUR PHYSIQUE.

Si le même objet qui nous a procuré une sensation agréable, se reproduit plusieurs fois et éveille une série d'impressions douces, cette continuité de désirs et cette réitération de jouissances se rassemblent sous un nom collectif auquel on donne le nom d'*amour*. Mais cet amour ressemble, comme nous l'avons dit, à celui des astres pour le soleil qui les attire.

CHAPITRE X.

DE LA HAINE PHYSIQUE.

Si, au contraire, la série d'impressions causées par le même objet n'est qu'une suite de sensations désagréables, cette continuité de déplaisirs rapportés à la même cause se rassemble sous le nom de *haine*.

CHAPITRE XI.

DE LA CRAINTE PHYSIQUE.

De même que la vue d'une cause extérieure, qui doit naturellement nous donner ou qui nous a déjà donné du plaisir, exerce sur nos sens une attraction involontaire qu'on nomme *désir*, ainsi l'aspect d'une cause extérieure, qui doit naturellement nous occasionner ou qui nous a déjà occasionné de la douleur, inspire aux organes une disposition à l'éviter qu'on appelle *crainte*.

CHAPITRE XII.

DE LA COLÈRE PHYSIQUE.

LA colère est la sensation produite par l'obstacle que les sens rencontrent sur leur chemin, lorsqu'ils courent ardemment vers l'objet qui les attire. La résistance prolongée de cet obstacle donne lieu, de la part des organes, à un effort pour le renverser; et c'est ce mouvement de désir arrêté dans son cours, et ce mélange de l'attente du plaisir et du mécontentement de la douleur qui produisent cette irritation organique connue sous le nom de *colère*.

CHAPITRE XIII.

DE LA JALOUSIE PHYSIQUE.

Enfin il existe également une jalousie purement matérielle, une jalousie physique, involontaire, irréfléchie, qui est une passion de l'animal. Lorsque l'enfant, privé de l'objet qui flatte ses sens, le voit entre les mains de sa mère ou de sa nourrice, l'instinct s'éveille, et le désir le porte vers cet objet : il cherche à s'en approcher et à écarter les obstacles qui l'en empêchent. Un autre enfant se trouve-t-il sur son chemin, il éprouve, à sa rencontre, une sensation pénible. Pour peu que le fait se réitère, l'enfant préféré deviendra pour le premier un obstacle habituel, dont l'aspect seul pourra réveiller l'impression pénible causée par la privation de l'objet désiré; cette série d'émotions douloureuses, de mécontentemens et de colères se rassemblera également sous le nom collectif de la *jalousie*. Il n'y a rien là que des mouvemens physiques et des impulsions matérielles.

CHAPITRE XIV.

UN MOT SUR LA DIFFÉRENCE DE L'HOMME ET DE L'ANIMAL.

Toutes les passions animales ne sont que les habitudes que le cerveau contracte d'imprimer tel ou tel mouvement au corps dont il est le moteur; et, pour se rendre maître de l'animal, il suffit d'imprimer sur sa cervelle les impressions qui doivent le conduire aux mouvemens qu'on attend de la brute. Si je veux l'accoutumer à une action quelconque, je ferai en sorte que tous les objets relatifs à cette action lui causent ou le désir du bien-être, ou la crainte de la douleur : je tiendrai en main son cerveau, et par là je conduirai toute la machine. C'est ainsi que peut seulement s'accomplir en nous le grand mystère de l'union de l'ame et du corps, et de la puissance de la volonté sur les mouvemens de nos membres. Dieu a donné l'empire du cerveau aux jugemens de la pensée. La détermination de l'intelligence, une fois conçue, met en travail les fibres de cette partie-maîtresse; et, dès que l'ame a dit : *je veux*, le désir intellectuel se matérialise; les nerfs s'ébranlent, les muscles fléchissent, le corps se meut, et la pensée prend une forme. Mais l'ame, qui ne commande point au cerveau de l'animal, en laisse l'empire tout entier aux impressions fortuites du plaisir et de la douleur. Dans l'homme, le corps est l'esclave de deux maîtres, de l'ame et de la sensation : leur combat forme la vie humaine; nous avons le pouvoir de résister à l'action de l'univers extérieur qui tâche de nous faire obéir aux lois physiques du monde, et de nous entraîner dans le cours de son mouvement pour faire de nous une pièce aveugle de la nature. Mais l'animal n'a pas été doué de cette puissance glorieuse, il sert de jouet à toutes les impulsions de la matière; sa vertu n'est qu'une image factice de la nôtre : nous attachons tant de prix à la fidélité, à la constance, au dévoûment, que leurs apparences nous trompent; nous attribuons à l'animal les vertus que nous ne trouvons pas, au gré de nos désirs, assez multipliées sur la terre. Cette illusion même résiste aux efforts de la raison; et on n'aime point à se dépouiller d'une sorte d'attachement et d'estime pour l'animal que l'on suppose intelligent, courageux, patient et dévoué : il semble qu'on retranche ainsi le nombre déjà si foible des exemples de ces vertus; et nous aimons souvent à nous consoler de l'injustice ou de l'ingratitude des hommes en retrouvant ailleurs l'image de la reconnoissance et de la fidélité.

Il faut cependant reconnoître la double part faite par Dieu.

Il ne suffit pas de se retrancher à dire que la brute possède moins d'intelligence que l'homme; car, une fois la pensée admise, le degré n'est plus rien, la substance devient semblable, les droits sont les mêmes, et une destinée pareille doit être attachée à des natures égales.

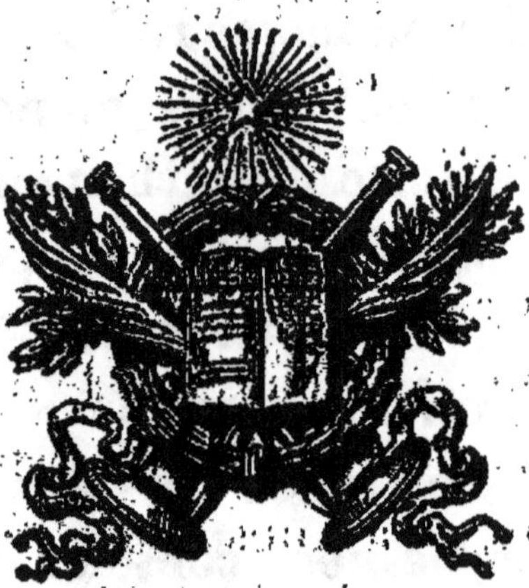

LIVRE TROISIÈME.

DE LA STUPIDITÉ

DE L'ANIMAL.

CHAPITRE PREMIER.

RÉSUMÉ DES RECHERCHES PRÉCÉDENTES.

Nous avons examiné la nature de l'homme sous le point de vue physiologique; nous avons observé la manière dont la sensation se produit sur les organes, et les conditions nécessaires pour que le plaisir et la douleur naquissent dans le domaine de l'organisation physique. En peu de mots résumons : impression faite sur les nerfs de la vue, de l'ouïe, de l'odorat, du goût ou du toucher par le contact du corps extérieur, premier fait; ébranlement des nerfs dans toute leur étendue jusqu'au cerveau où ils aboutissent, deuxième fait; plaisir et douleur attachés à l'impression sur le cerveau, troisième fait; mouvement corporel pour fuir la sensation pénible, ou pour conserver l'impression agréable, quatrième fait. Tel est l'ordre dans lequel les phénomènes de la sensation ont apparu à nos regards; c'est ainsi que nous avons suivi la loi de la nature sensible dans ses degrés divers, et poussé notre déduction jusqu'au terme posé par la physiologie. Considérons donc l'homme sous le premier rapport; partageons-le en deux parties : oublions l'ame; que la pensée soit comme si elle n'étoit pas. L'homme n'est plus qu'un corps qui va, vient, marche, jouit et souffre : c'est l'animal. Nous avons vu les passions qui sont les caractères de cette nature matérielle, et qui sont au nombre de six, savoir, le *désir*, la *crainte*, la *colère*, l'*amour*, la *haine* et la *jalousie*, et nous avons expliqué comment toutes ces passions n'étoient que les résultats du désir du bien-être et de la crainte du mal-être.

CHAPITRE II.

CE QUE C'EST QUE L'ANIMAL.

Qu'est-ce donc que l'animal? Un ensemble d'organes combinés, rapprochés, unis par la nature, se mouvant d'après certaines lois; c'est une portion de matière douée de sentiment.

L'arbre se développe, grandit, étend ses branches, se charge de feuilles, s'embellit de fleurs et se couronne de fruits. Qu'est-ce que l'arbre? De la matière encore, sous une forme qui a reçu plus de vie que la pierre ou que le métal. Le gland, ce germe si foible et si mince, est jeté dans le sein de la terre; on le recouvre et on l'oublie jusqu'à ce qu'on voie, peu de temps après, une tige s'échapper du sol, et s'élever insensiblement par une force inconnue qui pousse du dedans au dehors cette nouvelle production, qui l'étend, l'exhausse, l'agrandit, tant qu'enfin les oiseaux du ciel viennent se reposer sur les branches du gland transformé en chêne, et que le voyageur bénit l'épaisseur et l'étendue de son ombrage. Par quelle métamorphose incroyable ce même objet, ce gland, doué d'une certaine forme, que nous avons tenu entre nos doigts, et que le vent emportoit si facilement, a-t-il changé de figure dans les entrailles de la terre, et acquis cette puissance secrète de dilatation, de gonflement et d'expansion, à ce point qu'il prenne les contours et la hauteur d'un arbre énorme et obscurcisse la lumière du soleil? Que s'est-il passé sous nos pieds? réfléchit-on à l'éternel prodige de ces métamorphoses? La terre a couvé le gland comme un œuf et l'a rendu fécond. Le physicien, avec tout son appareil de science, demeure muet à la vue de ce miracle, et devant ce chêne qui grandit devant lui : que peut-il nous apprendre des lois qui se cachent dans le secret de la terre? Dès qu'un gland tombe dans l'épaisseur du sol, il s'élève un chêne à la même place : donc son image existoit quelque part; une pensée l'a conçue, une intelligence en a dessiné la forme et réglé les proportions; et la nature, exécutrice des idées souveraines de la toute-sagesse, réalise cette image conçue par Dieu, et jette un peu de terre dans ce moule qui doit former un chêne.

Où veux-je en venir? à montrer que ces mêmes lois, qui ordonnent à la plante de pousser et de paroître sous telle ou telle forme, parée de telle ou telle couleur; ces lois, qui font rouler le soleil dans son vaste orbite, qui retiennent les flots de la mer entre leurs limites, et qui nous révèlent enfin l'univers entier comme l'exécution d'une grande pensée; ces lois ont attaché le sentiment à la matière dans l'animal, comme une propriété nouvelle qui est le dernier degré où elle puisse parvenir.

L'arbre languit et tombe dans un dépérissement dont les symptômes caractérisent diverses maladies pour lesquelles il faut des remèdes comme pour les maux de l'humanité. Cependant nous ne plaignons pas la plante, parce qu'elle ne sent point son mal. Il y a donc, outre le mal, le sentiment du mal. Pour nous représenter ce que c'est que l'animal, imaginons-nous une portion de matière semblable à celle qui entre dans la composition de l'arbre, et qui se trouve ici douée de la propriété de sentir, comme ailleurs, de croître et de porter des fruits ou des fleurs. Il est inutile de supposer dans la brute l'existence d'une ame qui perçoive ses impressions : car l'ame n'est pas ce qui sent, mais ce qui connoît; on peut jouir ou souffrir, sans savoir que l'on jouit ou que l'on souffre. L'arbre seroit entièrement semblable à l'animal, si, atteint d'une maladie qui glace la sève dans ses rameaux, il pouvoit secouer la douleur ou fuir le coup de hache; s'il faisoit entendre des sons plaintifs, et qu'une voix gémissante s'échappât de son écorce; alors nous lui attribuerions le sentiment de son mal. Voilà tous les faits auxquels se réduit la sensation de la brute; et, si l'on veut bien l'examiner en soi, l'on se convaincra qu'il n'est pas nécessaire de supposer autre

CE QUE C'EST QUE L'ANIMAL. 103

chose que la matière pour sentir l'impression faite sur la matière.

Evoquons, par le souvenir, l'état où nous sommes, quand une impression affecte nos organes; mettons de côté la connoissance que notre ame prend de cette impression agréable ou douloureuse. Il suffit, pour que la sensation se produise, que le nerf soit ébranlé dans le cerveau. Eh bien! s'il n'y a ni plaisir, ni douleur pour une lyre inanimée, dont la mélodie est troublée par le vif ébranlement de ses cordes, il est entré dans le conseil du suprême ordonnateur de toutes choses qu'il existât certains instrumens où un phénomène étrange s'accomplît, c'est que le mouvement des cordes fît jouir ou souffrir, par l'harmonie ou le désaccord, l'instrument tout entier. Peut-être demanderez-vous : mais en quoi consiste l'animal, si ce n'est qu'un ensemble de parties matérielles disposées dans un certain ordre, et mises en mouvement par des lois qui agissent sur le mécanisme de son organisation ? L'animal existe-t-il dans ses jambes, dans ses parties intermédiaires, dans sa tête? Quand il souffre ou lorsqu'il jouit, de quoi est-il permis de parler selon votre explication? Est-ce le pied, le cœur, ou le cerveau, que l'on peut appeler l'animal, ou bien ce même animal, jouissant ou souffrant, n'est-il que la petite fibre agitée dans son cerveau, et regardée comme l'instrument de la sensation? En un mot, si l'animal n'a pas une ame qui reçoive toutes les différentes impressions faites sur son corps, où donc ces impressions sont-elles reçues? Quel est l'être qui en est affecté? Est-ce tout le corps, ou une partie seulement? Les pieds, les différens muscles, les reins, la tête, souffrent-ils, quand, par exemple, le poumon de l'animal est attaqué? Je réponds en demandant à mon tour: qu'appelez-vous un arbre dans l'arbre? Vous vous entendez bien avec vous-même en donnant ce nom à un objet qui s'élève chargé de feuilles verdoyantes, et étendant ses bras innombrables que le vent balance. Que les feuilles soient dispersées par l'aquilon, que les traits de la foudre brisent ou consument une partie des rameaux du chêne, pour peu qu'il reste encore de vie dans la portion échappée aux efforts des vents et aux coups du tonnerre, vous nommez ce débris du nom de *chêne*, et vous lui conservez son rang dans les productions actuelles de la nature. C'est donc, en général, à cette vie qui se manifeste sous les formes de la matière qu'est attaché le maintien de la désignation que l'homme donne à ces formes.

Eh bien! ce que nous appelons l'animal, c'est une portion de matière disposée dans un certain ordre auquel est attaché le mouvement. L'animal réside dans cet ordre : il expire quand la disposition des parties est trop rompue pour que le mouvement subsiste.

Mais ces réflexions sur l'état de l'animal n'acquerront toute leur force que lorsque nous aurons examiné, dans l'homme, l'action de l'intelligence, et distingué les caractères de la pensée d'avec les phénomènes de l'organisation. Il nous suffira d'appliquer, pour le moment, nos précédentes observations à quelques exemples tirés des preuves d'instinct les plus étonnantes que l'on puisse citer en faveur des animaux.

CHAPITRE III.

DES CHEVAUX DU CORSO, A ROME.

Voyez-vous ce cirque ouvert sous le beau ciel de la ville des Césars? voyez-vous ces innombrables spectateurs, attentifs, les yeux attachés sur l'espace où se célèbrent les jeux? Quel nouveau spectacle excite leur attention? Je cherche les athlètes qui doivent se trouver dans la carrière, et je n'aperçois que ces chevaux, emportés dans le cirque, seuls, libres de tout frein, les crins au vent, et frappant la terre sous la mesure égale de leurs bonds rapides; ils se disputent le prix de la course, et l'ardeur généreuse dont ils semblent animés, la noble sueur qui les mouille, la rapidité de leurs élans que redouble le bruit des applaudissemens de la foule qui les environne, tout semble annoncer qu'ils sont jaloux d'obtenir la couronne, qu'ils aspirent à la gloire, et qu'ils seroient heureux d'exciter l'admiration. Mais le vainqueur a dépassé la borne triomphale : il s'arrête, et son œil étincelant de joie décèle l'orgueil du triomphe; il passe et repasse devant ses juges, et réclame sa couronne.

Qui ne croiroit pas, à ce tableau fidèle, que les coursiers généreux qui rivalisent ainsi de vitesse et de légèreté sont emportés par le même sentiment qui nous anime, lorsque nous briguons les suffrages d'une foule rassemblée ? Leur refuserons-nous l'intelligence ? les déclarerons-nous incapables de comprendre ce que c'est que la gloire, ce que c'est que d'être applaudis et récompensés ?

Il faut se détacher de ces trompeuses apparences, et approprier à cet exemple l'explication antérieure que nous avons donnée des seuls mobiles qui fassent mouvoir l'animal.

Nous avons représenté le cerveau comme le siége de toutes les impressions faites sur leurs organes, et nous avons montré que le plaisir ou la douleur entraînoit à sa suite les mouvemens nécessaires pour jouir encore ou pour ne plus souffrir. Il suffit que la plus légère part de la sensation reçue soit renouvelée par une circonstance ultérieure, pour que les fibres sur lesquelles cette sensation avoit naguère frappé se remettent en mouvement et reproduisent l'impression toute entière. Ces chevaux, qui nous paroissent si intelligens, ont été accoutumés à une course rapide et simultanée. Leurs cavaliers ont éperonné leurs flancs pour accélérer leur vitesse, et ont eu soin de ménager une sensation de plaisir à celui qui atteignoit le premier l'extrémité de la carrière, soit en lui passant légèrement sur la crinière une main caressante, soit en lui faisant offrir un aliment préféré. Punissant, au contraire, par une impression opposée, le cheval plus tardif, ils ont joint ainsi le plaisir à la rapidité et la souffrance à la lenteur. Ces impressions devoient être réveillées par les mêmes circonstances qui les ont fait naître; l'animal, conduit instinctivement à chercher le plaisir et à éviter la douleur dont l'image s'offre à lui en réalité ou par souvenir, s'élance dans la carrière au jour fixé pour la course publique; et, tandis que tous les spectateurs étonnés admirent ces coursiers, qui semblent impatiens de gloire et avides des suffrages de la foule, le cheval cède au mouvement instinctif, et court comme une boule qui, frappée par une autre, roule tant que le ressort qui a été repoussé en elle conserve son élasticité. Ils sont libres, ils se disputent le prix sans être conduits; mais c'est l'impression réveillée en eux qui les pousse, les guide, les anime et leur sert de cavalier.

CHAPITRE IV.

L'ANIMAL OBÉIT A SON INSTINCT, LORSQU'IL PAROIT OBÉIR A L'HOMME.

Dieu ayant attaché les mouvemens corporels aux impressions agréables ou pénibles, l'homme se rend maître de ces mouvemens, à l'aide du plaisir ou de la souffrance; il ne peut renverser la loi première, mais il peut en tourner les effets selon ses desseins, et la brute dressée par nous n'exécute nos ordres qu'en obéissant encore à sa propre nature. L'instinct demeure toujours son seul et vrai maître; mais il dépend de notre volonté de faire naître les circonstances qui développent cet instinct, et l'action de l'animal, fruit de son éducation, seroit l'effet de la nature, si le hasard rassembloit toutes les occasions de plaisir et de douleur que notre art sait réunir.

La brute soumise à notre commandement ressemble aux arbres qui se déploient en rideaux de feuillage, ou se courbent en voûte, ou entrelacent leurs rameaux dans tous les sens où nous voulons faire couler leur sève. C'est ainsi que se développeroient ces arbres; telle est la forme et la direction que d'eux-mêmes ils prendroient, si les accidens fortuits de la nature agissoient sur eux de la même manière que le travail de l'homme.

Chaque espèce d'animaux a reçu du créateur une loi particulière qui imprime à sa vie une détermination fixée par un genre d'instinct particulier; et, outre cette tendance vers des habitudes propres à sa race, il est soumis, comme tous les autres, à la loi générale qui pourvoit à sa conservation, en attachant à l'impression des objets nuisibles le mouvement nécessaire pour y échapper.

CHAPITRE V.

DES FOURMIS ET DES ABEILLES.

La république des fourmis et le royaume des abeilles sont régis par une loi mécanique qui, gouvernant chaque membre de ces sociétés d'insectes et de mouches, produit, par le seul fait de leur réunion, ces résultats si merveilleux qu'on ose attribuer à l'intelligence, à la sagesse et à la prévoyance de ces petits insectes. Elles ne se rassemblent pas pour former une société dont les intérêts, mieux défendus, assurent à chaque citoyen une existence plus heureuse. Une seule abeille-mère, portant une génération immense, enfante à elle seule tout un peuple, et la même heure voit naître la nation entière. La formation de leur société est due à un fait indépendant de leur sagesse supposée; et, comme elles ont toutes le même instinct particulier, l'exercice de cet instinct, dans chacune, donne lieu, par sa fréquente répétition, à un résultat qui paroît l'effet du conseil de leurs volontés.

CHAPITRE VI.

IL Y A DE L'INTELLIGENCE DANS LES ACTIONS DE L'ANIMAL, MAIS NON PAS DANS L'ANIMAL.

L'ANIMAL est aussi invariable dans ses mouvemens que la plante dans sa végétation, ou que la mer dans son flux. La preuve qu'il manque d'intelligence, c'est qu'il ne se trompe jamais. Le caractère de la raison est le doute et l'examen; le titre de notre grandeur est de pouvoir changer et faillir. Il n'y a que Dieu et la matière où se trouve la fixité : Dieu, parce qu'il a toute l'intelligence, la matière, parce qu'elle n'en a aucune. L'homme invente et perfectionne, parce que sa pensée imparfaite peut toujours s'étendre, et la brute reste stationnaire, incapable de se tromper ni de s'améliorer, parce que, dépourvue d'intelligence, elle n'a rien à gagner ni à perdre.

Le soleil ne parcourt-il pas, chaque jour, sa carrière avec une invariable régularité? ne se tient-il pas à une juste distance de la terre pour y verser la chaleur et non pas le feu, pour y faire tout éclore sans y rien consumer? Cette merveilleuse précision réveille l'action d'une pensée, mais on n'attribue pas cette pensée au soleil.

La disposition des parties intérieures d'une grenade surpasse l'harmonie et la régularité des cellules de l'abeille; pourquoi, de ce que l'ordre est une manifestation de l'intelligence, conclueroit-on plutôt que cette intelligence est dans l'abeille que dans la grenade? On oublie que le côté par lequel nous ressemblons à la brute est justement celui par où nous ne sommes point raisonnables. Ainsi, loin de croire l'animal intelligent, parce qu'il nous ressemble, nous devons penser, au contraire que nous lui ressemblons, parce qu'il y a une partie de nous-mêmes qui n'est pas intelligente.

Autant vaudroit-il attribuer la lumière de la pensée à cet automate, chef-d'œuvre de la mécanique, qui parcourt les touches d'un clavecin avec un art d'exécution si flatteur pour nos oreilles. Pourquoi jouissons-nous de son action sans lui en rapporter l'honneur ? parce qu'elle ne lui appartient pas, parce qu'il n'est pas libre, parce qu'il ne pourroit jouer ni mieux, ni plus mal qu'il ne joue, et que, ne le regardant lui-même que comme un instrument mélodieux, nous remontons plus haut pour trouver l'artiste.

Buffon a eu tort de vouloir contester l'intelligence aux actions de l'animal : car on ne peut nier qu'un grand nombre de ces actions ne soient éminemment intelligentes. Il auroit dû les confesser pour telles, en montrant que la raison, dont elles portent l'empreinte, ne réside pas dans l'animal, mais dans le créateur.

Il suffit d'observer le mécanisme ingénieux par lequel la langue et les lèvres de l'enfant nouveau-né sucent le lait des mamelles de sa mère : on aura une idée de l'instinct des animaux. L'enfant forme avec sa bouche une véritable pompe aspirante.

Où le nouveau-né a-t-il puisé ces notions d'hydraulique? est-ce dans le sein de sa mère?

CHAPITRE VII.

DES CHIENS DU MONT SAINT-BERNARD.

Quel est ce bâtiment hardi que mes yeux découvrent sur le haut de la montagne? Quels hommes ont fixé leur habitation au milieu de ces glaces éternelles? Ce sont les religieux du mont Saint-Bernard, qui se consacrent au soulagement et au salut des voyageurs. Les paysans de la vallée m'ont entretenu de l'adresse, de la force et de l'instinct de ces chiens fameux, compagnons et serviteurs de ces vénérables apôtres. Mais n'ai-je pas entendu les sons de l'airain sacré? Quelle étrange impression produit le tintement de la cloche religieuse sur cette montagne solitaire, où les yeux ne rencontrent que la neige et le ciel! L'espèce d'effroi qu'on éprouve au milieu de ces déserts de glace rend plus doux le voisinage d'une maison hospitalière. On aime à se sentir près d'un refuge; l'ame, disposée au recueillement, loin du bruit des hommes et du mouvement des passions, se sent aidée par ce bruit pieux qui rappelle la foi et la charité.

Mais la porte s'ouvre : voici venir les religieux, précédés de leurs chiens qui s'élancent comme animés du même empressement que leurs maîtres. Où courez-vous, dignes apôtres du Christ? Quelle fête vous appelle? quel plaisir vous attend? L'expression sublime de votre visage me répond que vous allez vous exposer à la mort pour des hommes qui vous sont inconnus, et que vous ne verrez peut-être qu'une fois dans votre vie, pour les sauver et pour les bénir. Je les vois s'arrêter devant un précipice : le chien fidèle indique, par ses aboiemens plaintifs, la place où quelque voyageur se trouve enseveli; animé par leur voix, il creuse avec ses pattes agiles un sillon qui les dirige. La joie de l'homme avide qui découvriroit, en fouillant la terre, le plus précieux trésor, ne peut approcher de la leur, en découvrant l'infortuné qu'un souffle de vie anime encore. Ils lui prodiguent les plus tendres secours, et cet étranger leur devient aussi cher qu'un frère, ou qu'un ami, parce qu'il est homme et que la mort le menace.

CHAPITRE VIII.

DE L'HÉROÏSME DE L'HOMME OPPOSÉ A L'INSTINCT DE L'ANIMAL.

Ce tableau du dévoûment des religieux du mont Saint-Bernard rapproche des exemples de l'héroïsme de l'homme ceux de l'instinct et du courage de l'animal; et c'est une heureuse occasion de faire remarquer la différence qui sépare les mouvemens instinctifs du chien des effets d'un dévoûment réfléchi. En effet, voyons comment le chien est déterminé à cette action, qui l'honore tant aux yeux des personnes qui, par une illusion naturelle, confondent le sacrifice avec son image, et le rayon de soleil avec l'éclat du miroir où se réfléchit la lumière.

Cette race d'animaux a été soumise à une loi particulière qui, indépendamment de toute intelligence, les porte à poursuivre, dans les montagnes, la proie destinée à les nourrir. Leur odorat est d'une finesse exquise pour sentir l'émanation des corps animés. Telles sont les seules données que fournit la nature. Voyons comment l'éducation prêtera aux mouvemens organiques de leur appétit matériel l'apparence trompeuse des déterminations de la pensée : car personne n'ignore qu'on les dresse pour les rendre sauveurs d'hommes. Afin de les exercer, sans doute, à retirer de la neige les objets qu'on y place, on les punit, par des coups réitérés, de n'avoir pas exécuté le mouvement qu'on leur demande, ou on les récompense, par un aliment agréable, d'avoir accompli l'intention de leur maître ; et, comme la nature attache forcément les mouvemens corporels aux sensations pénibles ou agréables pour fuir nécessairement les unes ou pour chercher les autres, l'appétit du chien sent déjà le morceau qui lui est préparé, lorsqu'il respire l'odeur qui le guide sur la trace des voyageurs ensevelis. Cette chasse lui étant naturelle, il suit sa propre loi en obéissant à l'homme. L'éducation se borne à se servir de cet instinct, à l'encourager, à le développer, à le tourner au profit de ses pieuses et charitables intentions. Pour qu'il y eût dévoûment et intelligence de la part du chien, il faudroit qu'il sût ce que c'est que d'être en péril et d'avoir besoin de secours; mais il ignore sa propre action : le malheur lui est inconnu, et il retire un voyageur précipité sous la neige, sans connoître ni le danger ni la mort. Il est tellement vrai que l'intérêt matériel est le seul mobile de son action, que si, au lieu de joindre une sensation agréable au mouvement qu'il fait pour sauver le voyageur, on y eût au contraire attaché la sensation d'un châtiment douloureux, il renonceroit à l'exercice de son propre instinct. Il n'accomplit donc aucun sacrifice, et nous ne pouvons lui savoir gré d'un mouvement purement mécanique : l'attrait de la récompense et la peur de la punition le forcent au dévoûment, et l'héroïsme lui est imprimé sur le cerveau à coups de bâton.

Mais voulez-vous voir l'action de l'ame et les effets de l'intelligence, voulez-vous admirer le dévoûment et rendre honneur à l'héroïsme? observez l'homme à côté de cette mécanique vivante, qui n'est entre ses mains que comme la pierre ou les cordes dont il se sert pour retirer du précipice son frère mourant. Il sait que les neiges peuvent l'engloutir lui-même, dans son effort généreux, et il brave la mort pour en préserver ses semblables. Ce n'est donc ni la crainte de la douleur, ni l'appât du plaisir qui le contraignent. D'où vient cet autre mobile qui ne peut partir des sensations corporelles? Il n'y a dans l'organisation physique que l'instinct naturel qui porte à fuir les souffrances et à chercher le bien-être. D'où naît ce principe tellement contraire au mobile sensible, qu'il expose le corps à sa destruction? Sortons, sortons de ce corps et de la matière; ce n'est pas dans les appétits de l'animal que nous trouverons l'explication du motif étrange qui fait agir le religieux du mont Saint-Bernard. L'homme est libre : il sait mieux que l'animal les moyens de satisfaire tous les appétits de ses sens ; et en voici un qui s'impose volontairement la privation du bien-être, et qui se condamne à passer sa vie suspendu dans les airs, loin de toute société humaine, en butte à la rigueur d'un éternel hiver. Je le demande encore, cherchez dans toutes les sensations, les unes après les autres, la source du principe des actions d'un tel homme. Partisans du monde matériel, défenseurs exclusifs des domaines de l'organisme, eh bien ! remuez donc cette terre, travaillez-la dans tous les sens, et demandez à vos fibres, les unes après les autres, si ce sont elles qui produisent le mouvement de l'homme qui gravit, pour la première fois, le Saint-Bernard, sent la rigueur de l'hiver, la méprise, et entre joyeux dans ce monastère où il s'enferme pour s'y rendre aussi froid aux passions que la glace qui l'entoure, et ne plus s'apercevoir qu'il existe qu'au moment où il expose sa vie pour les autres !

ESSAI SUR L'HOMME.

SECONDE SECTION.

DE L'AME.

LIVRE PREMIER.

DE LA MANIFESTATION DE L'AME.

CHAPITRE PREMIER.

NOUS ALLONS PROCÉDER PAR EXEMPLES.

Nous avons examiné l'organisme avec un soin scrupuleux. Nous avons vu que la nature avoit lié un mouvement aveugle à chacune de nos impressions, et que le corps étoit une véritable horloge à ressorts qui marquoit l'heure avec régularité, sans savoir ce qu'est que le temps, ni sa mesure.

Suivons l'action de l'ame dans une suite de manifestations qui nous serviront d'avance à éclaircir les formes abstraites d'une analyse.

CHAPITRE II.

LE MARTYR.

Renonce à ton Dieu. — Fais approcher la flamme et le fer. — Ne crains-tu pas le supplice ? — Je le désire. La foi est plus forte que les tourmens, et Dieu plus puissant que les bourreaux. Tu as pouvoir sur mon corps et non sur mon ame, et en détruisant l'un, tu délivreras l'autre. — Ton orgueil s'imagine que tu portes en toi quelque chose qui doit survivre à la matière, mais tu vas retomber dans la poussière dont tu es sorti; et, confondu avec la terre, tu n'auras plus même assez de vie pour regretter ta folie. Tu vois les apprêts du supplice; la flamme pétille, l'huile bouillonne, le fer étincelle, voici la coupe; abjure ton Dieu et adore Jupiter. — Qu'est-ce qui se réjouit donc en moi? Est-ce mon corps? insensé! et la poussière peut-elle concevoir l'éternité? Oui, mon Dieu m'a ordonné de chercher la joie secrète et intérieure de cette ame qui est son image, et de fuir les plaisirs passagers de ce corps qui est le vrai dieu que tu adores. Comprends donc mieux la félicité du martyr, et apprends à vivre en me regardant mourir. — Voyons si tu soutiendras ce langage en face du supplice. Eh bien! ce fer qui déchire tes entrailles, et cette huile bouillante qui pénètre jusque dans la moelle de tes os te font reconnoître la réalité de la douleur. — Ils me révèlent mieux toute la puissance de l'ame. — Ne sens-tu point que ton corps fait partie de toi? — Je m'en sépare. — Mais tu souffres? — Non, je pense.

Ces mots que nous avons prêtés au martyr dont nous avons retracé la mort, et qui se sont échappés tant de fois avec le dernier soupir des lèvres glacées du chrétien, prouvent, mieux que la plus savante analyse, la réalité de l'ame et la vie d'un être qui se reconnoît distinct de la matière, supérieur aux sens, indépendant du corps, captif pendant la vie et libre par la mort.

Quel phénomène étrange vient de se révéler à nous!

Le corps peut être exposé aux souffrances les plus cruelles, et nous avons le pouvoir, par une force intérieure et immatérielle, de nous détacher de ce corps et de rompre toute alliance avec lui. Que l'on perce les entrailles de l'animal, qu'on le place sur les flammes d'un bûcher, il ne pourra point échapper au sentiment de la douleur; on ne le verra point jouer avec l'instrument de son supplice ou demeurer paisible sur les charbons ardens. Tout son être s'absorbera dans la souffrance et dans les efforts de son organisme agité par le désir d'échapper aux angoisses de la douleur. Mais l'homme est possesseur d'une double nature; deux êtres vivent en lui, l'ame et l'animal. La force de sa volonté peut lui faire rompre le nœud qui unit ces deux mondes; et il peut s'attacher si fortement à l'un, qu'il parvienne presque à ignorer ce qui se passe dans l'autre.

CHAPITRE III.

ARCHIMÈDE.

Les Romains irrités pénètrent dans Syracuse; le pillage, l'incendie et le carnage entrent avec eux. Un bruit effroyable s'élève où les clameurs d'un peuple épouvanté se mêlent aux hurlemens d'une soldatesque effrénée. Au milieu de ce désordre épouvantable se rencontre un homme tranquillement occupé d'étudier les corps célestes. Tout ravi qu'il est par sa méditation, il ignore les malheurs de sa patrie, et ne l'habite pas à cette heure. Un soldat se glisse dans sa maison, le frappe, et la mort achève l'ouvrage de cette ame qui s'étoit détachée de son enveloppe.

Puisque la méditation est déjà l'essai d'une rupture entre l'esprit et la matière, reconnoissons qu'il y a autre chose en nous que la sensibilité physique, et que sentir et penser sont les caractères de deux natures qu'il est impossible de confondre. La pensée est si loin de pouvoir être ramenée à la sensation, que l'une nuit à l'autre. Une organisation trop vive et trop délicate apporte un obstacle à la profondeur de la méditation, comme l'habitude des réflexions spéculatives nous met à l'abri des mouvemens capricieux de la sensibilité.

CHAPITRE IV.

PYTHAGORE.

Nous avons constaté les deux grands phénomènes qui sont comme les deux pôles sur lesquels tourne l'axe de l'univers corporel. Plaisir et douleur, voilà les deux évènemens qui composent à eux seuls toute l'histoire de ce monde extérieur. Nous savons les conditions auxquelles la sensation peut devenir agréable ou douloureuse pour les sens de l'animal; et si nous trouvions dans l'homme une joie et un chagrin qui, plus forts que le plaisir et la douleur physique, nous missent dans l'impossibilité de les rapporter à la même source, nous serions forcés de nous reconnoître composés d'une partie entièrement semblable à l'animal, et d'une autre partie immatérielle créée pour une joie, une souffrance, une vie et une destinée qui lui sont particulières.

Pythagore, en l'absence de tout objet extérieur, contemploit dans son esprit l'image d'un triangle, et puisoit, dans la découverte intérieure et immatérielle des propriétés abstraites de cette figure, un ravissement tel, qu'il couroit offrir aux dieux une hécatombe en actions de grâces : il remercioit d'avoir permis à l'homme de goûter sur la terre cette félicité mystérieuse et indépendante de la matière. Quelle protestation sublime de notre double nature dans ce mouvement de reconnoissance envers l'intelligence suprême dont Pythagore découvroit en soi une divine étincelle! C'étoit l'ame qui se proclamoit elle-même en bénissant les dieux de s'être sentie et reconnue.

Dans le plaisir qu'éprouvoit Pythagore n'entroit aucune des causes habituelles qui sont nécessaires pour nous faire éprouver une jouissance organique. Il n'avoit besoin ni de la vue, ni de l'ouïe, ni de l'odorat, ni du goût, ni du toucher, mais seulement des organes intérieurs du cerveau qui lui fournissoient l'image sensible du triangle : voilà tout le service que son esprit demandoit au corps. Observez que l'image du triangle n'étoit point la cause de son ravissement, mais l'occasion de ce ravissement. La découverte d'une propriété abstraite des angles de cette figure faisoit naître sa joie, et cette propriété n'avoit rien de matériel ni de sensible. Voilà donc trois choses à distinguer soigneusement : un plaisir qui n'a rien de commun avec les voluptés des sens; l'objet de ce plaisir qui ne ressemble en rien aux objets matériels, et enfin le sujet de ce plaisir qui doit nécessairement différer du corps humain et être une substance immatérielle et intelligente, faite pour jouir d'un bonheur qui lui est propre. Dans tout ceci, quel rôle jouent nos sens? Les organes extérieurs sont condamnés à dormir; les nerfs du cerveau se réveillent seuls pour nous offrir les images à propos desquelles la vérité se présente devant les yeux de notre ame.

CHAPITRE V.

COMMENT L'AME DÉPEND DU CORPS.

Nous touchons ici de nouveau le sujet de l'éternelle discussion entre l'idéologie et le matérialisme. Ceux qui veulent absorber l'intelligence dans le monde corporel, et qui prétendent que le cerveau digère la pensée, comme l'estomac les alimens, raisonnent toujours de la manière suivante : il est si vrai que vos pensées ne sont que des sensations transformées, que vous ne pouvez jamais réfléchir que sur des images sensibles, et que si le cerveau suspend ses fonctions, comme dans le sommeil, le mouvement de la pensée s'arrête et le flambeau de la raison s'éteint.

Nous sommes loin de nier la vérité de cette conclusion. Il est sûr que la raison ne s'exerce jamais que sur les images sensibles reproduites par le cerveau; mais ce qu'il faut examiner, c'est la question de savoir si ce qu'on appelle les principes intellectuels, les jugemens, enfin les pensées, sont ces images mêmes fournies par le cerveau, ou si elles naissent seulement à propos de ces images.

L'action d'un homme se réveille dans ma mémoire : mon souvenir recompose les traits de son visage, le revêt du même habillement, lui rend son geste et son attitude; toutes les circonstances matérielles de son action se reproduisent devant mon esprit, et forment sur mon cerveau un tableau d'histoire dont cet homme est le premier personnage. Mais le jugement que je prononce sur cette action, quand je l'exalte sous le nom d'*héroïsme*, ou que je la flétris sous le nom de *crime*; ce jugement n'est plus une image sensible, et ce n'est point le cerveau qui peut me la fournir. Il en est de même du plaisir ou du mécontentement que j'éprouve en admirant ou en blâmant cette action, ces deux sentimens ne peuvent venir d'une sensation physique. Ainsi l'esprit dépend du corps en ce sens que le cerveau est la galerie de tableaux où l'esprit se promène; mais il ne faut pas confondre la peinture morte suspendue au mur avec le spectateur vivant qui la contemple, ni un certain amas de couleurs avec le jugement qu'on en porte.

Lorsque nous sommes affectés par des impressions sensibles, il se passe autre chose, et notre nature ne se borne point à ce seul fait qui compose toute la vie de l'animal. A propos de ces impressions physiques, s'élève en nous la pensée. Qu'est-elle? comment vient-elle? d'où part-elle? mystère. Tout ce que nous en pouvons dire, c'est qu'il y a une lumière hors de nous, qui est extérieure à notre esprit, comme la nature elle-même est extérieure à notre corps, et qui éclaire en nous un être intelligent dont l'œil est formé pour en jouir, comme l'œil matériel pour jouir de la clarté du soleil. C'est de ce monde supérieur et invisible que descend l'idée du devoir et la notion du sacrifice. Ce qui fait que l'on tend toujours à matérialiser ce mobile intellectuel, c'est que, comme nous agissons dans le temps et sur la matière, cette voix intérieure ne peut diriger nos actions que lorsque les conditions physiques de l'action se trouvent accomplies. Ainsi le langage de la raison ne peut se faire entendre avant que le cerveau ébranlé nous ait fourni les images sur lesquelles elle nous suggère ses avis. Si le cerveau suspend son mouvement, la pensée doit se taire, puisqu'elle n'a plus de conseils à donner, là où il n'y a plus lieu d'agir. N'en concluez pas que la pensée n'est qu'une opération du cerveau : regardez les images fournies par le cerveau comme les pièces du procès dont le juge a besoin pour prononcer, mais qui ne constituent pas son arrêt.

CHAPITRE VI.

L'EXISTENCE D'UN ÊTRE INTÉRIEUR PROUVÉE PAR LE JUGEMENT ET LE SENTIMENT DU BEAU.

Le plaisir que nous fait éprouver la vue du beau naît à la suite d'un jugement par lequel notre ame déclare beau l'objet présent devant elle. Ce jugement est d'une nature intellectuelle et supérieure à tous les produits de la sensation. Certes, un aveugle ne pourroit pas admirer l'Apollon du Belvédère, et le sens de la vue est nécessaire pour que tous les rayons lumineux qui partent des différens points de la statue, viennent se réunir dans notre œil et réfléchissent sur la rétine l'image du chef-d'œuvre. Mais là finit le ministère des sens, et c'est à l'intelligence à juger de la beauté de l'objet.

L'admiration de la beauté n'est pas plus une joie physique que le jugement sur la beauté n'est un mouvement corporel.

Nous sommes pourvus de cinq sens; pour que le plaisir ou la douleur physique se produisent, il est nécessaire que l'un quelconque de ces sens reçoive l'impression d'un objet extérieur. Or ici, les yeux seuls sont affectés par la vue de l'Apollon, et nous savons que toute la jouissance qui peut être attachée au sens propre de la vue, c'est la sensation d'une lumière douce ou d'une couleur agréable. Nul autre organe ne pouvant devoir une jouissance quelconque à la présence d'une statue, il s'ensuit que la joie dont nous nous sentons remplis, à l'aspect de ce marbre inanimé, ne peut venir de l'organisation corporelle. Cette joie, d'une incontestable réalité, réduit les plus intrépides défenseurs de la sensation à reconnoître en nous l'existence d'un être intérieur qui juge, admire et goûte la beauté. Mettez sous les yeux de l'animal, d'un côté le plus admirable tableau sorti du pinceau de Raphaël, et de l'autre un aliment dont la vue flatte sa convoitise, et vous le verrez, étranger à la joie mystérieuse qui nous fait tressaillir, se précipiter, sans hésitation, sur l'objet de son appétit matériel; mais l'homme, accablé de fatigue et tourmenté par la faim, peut oublier le soin de sa nature corporelle, et, enchaîné devant les beautés de l'art et de la nature, s'abandonner uniquement au transport qui satisfait le besoin d'une autre partie de lui-même. Que dis-je? cette haute jouissance est plus forte que la crainte du danger; et l'effroi de la mort peut s'absorber dans cet enthousiasme divin.

CHAPITRE VII.

VERNET.

Voilà que l'Océan s'enfle et gronde; les vagues écument, le vent siffle, le ciel tonne. Quel est ce vaisseau lancé par l'orage de l'abîme jusqu'au ciel, et du ciel dans l'abîme, et qui tantôt touche le sable, et tantôt se mouille dans les nuages? Malheur à vous, passagers qu'il renferme! oubliez les intérêts de ce monde, peut-être vous ne reverrez plus la terre. Mais quoi! un homme se fait attacher au seul mât qu'ait respecté la fureur des vents; il saisit son pinceau, et s'occupe de reproduire sur la toile l'horreur sublime de cette tempête. Il redoute si peu la mort, qu'il jouit de ses menaces et retrace la beauté du péril. C'est qu'il y a dans l'Océan autre chose que la menace de la mort, et dans l'homme autre chose que le sentiment de la conservation. Il y a, d'un côté, un mouvement, des couleurs, un bruit, qui présentent, dans cette convulsion de la nature, l'idée de la grandeur, de la majesté, de la puissance, et de l'autre une ame dont le bonheur est d'admirer le grand, le majestueux et le sublime; et, de même que les idées de la beauté sont cachées sous la matière de l'eau et du feu, dans l'orage, ainsi l'intelligence de l'homme qui admire la tempête est renfermée dans un corps d'argile. Alors le mystère de la vie se découvre; la forme sensible du beau, du vrai et du bien, c'est l'univers; l'enveloppe physique de l'ame, c'est le corps. Le beau, le vrai et le bien se révèlent à l'ame en faisant agir la nature sur nos organes. Tout est en rapport; le physique agit sur le physique, l'intelligence sur l'intelligence, et l'esprit de l'homme, enveloppé de matière, saisit l'esprit de Dieu caché sous la matière.

LIVRE SECOND.

DES DÉSIRS ET DES CRAINTES DE L'AME.

CHAPITRE PREMIER.

NOUS ALLONS PROCÉDER PLUS PHILOSOPHIQUEMENT.

Après avoir saisi l'existence de l'ame dans une suite d'exemples qui nous font mieux reconnoître la réalité de cet être intellectuel, nous allons entrer dans une analyse plus régulière, pour détailler tous les caractères qui marquent la différence de l'ame et de l'animal, et pour tracer, s'il est possible, une statistique complète des formes sous lesquelles la substance angélique se manifeste à ses propres yeux.

CHAPITRE II.

DES SIX PASSIONS DE L'AME.

Nous avons réduit à six passions corporelles les mouvemens de l'organisation physique, savoir, le *désir*, la *crainte*, l'*amour*, la *haine*, la *colère* et la *jalousie*. Nous avons fait tous nos efforts pour montrer que ces six passions, communes à la brute et au corps de l'homme, n'étoient que les mouvemens aveugles de la matière douée de sentiment. Maintenant, nous entrons dans le monde qui se comprend soi-même, dans ce monde où nous allons retrouver des passions, mais des passions réfléchies, accompagnées

DES SIX PASSIONS DE L'AME.

de la connoissance de leurs objets. Un autre genre de bonheur va se découvrir à nous ; l'objet de cette mystérieuse félicité n'a point de forme, et nous trouverons des jouissances et des peines dont la source est invisible, comme l'être qui les ressent. C'est par cet examen attentif et scrupuleux que nous saisirons encore mieux la distinction qui existe entre les appétits organiques du corps et les besoins rationnels de cet être intérieur, nourri de connoissance et de vérité.

Les six passions physiques que nous avons attribuées à l'animal changent de nature dans l'ame, mais peuvent conserver les mêmes noms, et nous allons découvrir que l'ame est également susceptible de *désir*, de *crainte*, d'*amour*, de *haine*, de *jalousie*, de *colère*.

CHAPITRE III.

DU DÉSIR INTELLECTUEL.

Comment se produit dans l'ame le désir intellectuel ? Par la naissance d'une pensée. Le désir est une idée. Désirer la gloire, par exemple, c'est avoir l'idée du plaisir que nous goûterions en songeant que notre nom vole de bouche en bouche. Quand le désir est accompagné d'un jugement sur la possibilité d'obtenir le bien auquel l'ame aspire, alors il prend le nom d'*espérance*.

Nous pouvons réduire à six le nombre des objets du désir intellectuel, savoir : l'*activité*, l'*amour*, la *vertu*, le *savoir*, la *puissance* et l'*immortalité*.

CHAPITRE IV.

DE L'ACTIVITÉ, OBJET DU DÉSIR INTELLECTUEL.

L'ACTIVITÉ de l'ame ne consiste pas dans cette vivacité de mouvemens qui caractérise l'activité du corps. Agir physiquement, c'est mouvoir ses membres; agir intellectuellement, c'est penser. L'ame agit en déployant la puissance qui lui est propre, en satisfaisant au but de sa nature, en se connoissant elle-même pendant qu'elle agit. Ce besoin d'activité est satisfait quand nous aspirons à un bien déterminé; mais si le but de nos passions cesse d'être fixe, alors le désir exclusif qui règne dans l'ame est celui d'avoir cette fin positive à laquelle elle puisse tendre, de sorte que le désir de l'activité est, à proprement parler, celui d'avoir quelque chose à désirer.

CHAPITRE V.

DES CINQ CAUSES DU DÉSIR DE L'ACTIVITÉ DE L'AME.

L'*ignorance*, la *satiété*, le *découragement*, l'*irrésolution* et la *maladie* sont les cinq causes qui peuvent faire naître cette singulière souffrance de l'ame.

O vous, qui, nés dans une condition obscure, sentez battre dans votre sein un cœur brûlant, vous appliquez votre intelligence à l'exercice des obscurs travaux qui servent à soutenir votre existence; mais il en est parmi vous dont l'ame est plus grande que votre état, et qui, à demi étouffés, brûlent du désir vague d'agrandir l'espace où ils respirent. Leur industrie manuelle leur procure le pain du jour; mais ils manquent de ce pain de vie qui nourrit l'intelligence, et cette faim qui les dévore n'est autre chose que le mystérieux besoin de l'activité de l'ame.

Si l'ignorance réduit l'ame à souffrir de ne pouvoir pas employer la surabondance de son activité, la *satiété*, provenant de l'accomplissement anticipé de tous ses désirs, la ramène, par le chemin opposé, au sentiment d'une pareille misère. Malheur au jeune héritier de ces grandes fortunes qui ne laissent pas au désir le temps de naître, et qui énervent, sous le poids des jouissances, la force de les goûter! L'ame possédant trop tôt les objets auxquels sa nature aspire, ne peut plus employer son ardeur à y tendre; comme elle les a obtenus avant de les connoître, elle en use sans en jouir : la satiété succède à cette fausse abondance. L'homme pauvre au dedans sent le besoin de souhaiter quelque chose; il promène ses yeux, et la terre vide ne présente aucun aliment à ses vœux; il en est réduit à désirer l'infortune, pour donner au moins un passage dans les larmes au feu intérieur qui le consume; quelquefois l'émotion de la mort est la dernière qui puisse tenter son cœur, et en quittant ce monde, sa plus grande douleur est de ne pas le regretter.

Le *découragement*, qu'une longue suite

d'espérances déçues peut faire naître dans le cœur humain, produit également le désir de l'activité sans but. L'homme qui a éprouvé dans sa vie tant de mécomptes amers, n'ose plus se fier aux hommes ni à la destinée. La certitude d'échouer dans ses efforts le réduit à l'inactivité, et cependant il ne peut étouffer en soi le besoin du bonheur qui constitue la vie de sa nature intellectuelle. Il a besoin d'aspirer vers un but, et son âme, n'en apercevant aucun, retombe sur elle-même de tout le poids de ses désirs comprimés.

L'irrésolution forme une balance où deux poids égaux tiennent l'âme en équilibre, et la condamnent à l'immobilité. Tirée violemment de deux côtés opposés, elle ne peut être entraînée; le besoin de se mouvoir la consume, et son irrésolution la laisse en proie à ce besoin. Résolu à tout prix de se délivrer d'un pareil combat, l'homme préfère souvent embrasser, les yeux fermés, un parti extrême que d'attendre de sa volonté incertaine un choix si tardif.

Enfin, la *maladie*, affoiblissant tous les organes qui fournissent à l'âme les images du monde extérieur, la prive des matériaux dont elle construit ses pensées. Réduite à une espèce d'oisiveté, elle soupire vers le moment de rentrer en possession de ses idées, de ses sentimens, de ses opérations accoutumées; et, sans tendre vers un but déterminé, elle s'ennuie de cette langueur morale qui provient de la défaillance du corps. Telles sont les cinq situations où la créature spirituelle éprouve cette sorte de désir que j'ai nommée le *désir de l'activité*.

CHAPITRE VI.

DE L'AMOUR, OBJET DU DÉSIR INTELLECTUEL.

L'AME sent le besoin d'aimer; c'est l'essence de sa nature et le principe de son activité. On pourroit dire que l'ame n'agiroit pas si elle n'aimoit pas le mobile de son action, et envisager l'amour sous ce point de vue général, c'est l'appliquer à tous les objets du bonheur moral. Une des grandes souffrances de l'être intellectuel, c'est l'isolement. Il se sent dépositaire d'une force expansive; il est fait pour aimer le beau et le bien, et pour les aimer, non-seulement dans les images mortes de la nature ou dans les reproductions inanimées de l'art, mais dans une intelligence douée de la vie. L'amour moral ou l'amitié n'est que l'attachement au beau et au bien, dont un autre être réfléchit en soi quelques traits, et le besoin de cet attachement est le fait que je me borne en ce moment à reconnoître. Il n'est personne qui ne soit d'accord sur l'inestimable prix d'une intelligence qui comprend la vôtre, et il est douteux lequel sent mieux la valeur d'un pareil bien, de celui qui en est privé ou de celui qui en jouit.

CHAPITRE VII.

DE LA VERTU, OBJET DU DÉSIR INTELLECTUEL.

PARTISANS du système de l'intérêt personnel, vous niez qu'il y ait au fond des entrailles de l'homme ce mouvement qui tend à immoler l'égoïsme aux principes du devoir! Cependant, interrogez vos consciences, et demandez-leur si, tombant d'un côté, elles ne sentent pas le besoin de se relever de l'autre. Consentiriez-vous à ne jamais vous ennoblir à vos propres yeux? auriez-vous l'intrépidité malheureuse de résister constamment à l'instinct du sacrifice? Non, l'homme a besoin de sa propre estime : l'ame se trouveroit trop malheureuse de n'avoir pas un seul côté qui la rendît respectable. Ce n'est pas elle qui tend à se dépraver; ce sont les passions qui l'engagent à céder au mal, mais jamais elle ne désire sa honte. La nature de l'ame est d'aspirer continuellement au bien et au vrai ; faillir, pour elle c'est se tromper.

Qu'est-ce que le remords, sinon le cri qu'elle jette en reconnoissant son erreur? Son repentir d'être sorti un seul instant de la route du bien prouve assez qu'elle a le désir constant de suivre cette route.

L'admiration qui nous transporte vers les exemples de l'héroïsme dépose de ce besoin naturel qui pousse l'ame à la vertu. Admirer le dévoûment dans autrui, c'est reconnoître ses droits sur nous-mêmes ; et notre ame a tellement besoin de s'unir aux principes du bien, qu'elle se mêle par l'enthousiasme avec l'esprit du héros, pour rêver un moment qu'elle possède la même grandeur.

Cependant il y a des hommes qui nient que l'ame ait le désir de la vertu, et ce sont les hommes qui nient la vertu elle-même.

La preuve des vérités morales, comme celle des axiomes mathématiques, repose également dans la croyance spontanée et involontaire de notre raison. Où iroit-on plus loin? Prouvez-moi que la ligne droite est le plus court chemin d'un point à un autre, et je vous prouverai qu'il faut accomplir les lois de la vertu. Si la vertu n'est pas, d'où en sont venus l'idée et le mot? L'homme et le cheval existent séparément : ainsi le mot *centaure*, qui exprime leur réunion, exprime une chose vaine. Mais le manque d'existence n'appartient qu'à l'objet composé; les élémens dont il se forme sont réels. Tout mot qui rappelle un objet simple exprime donc une chose vraie; or les mots *vice* et *vertu* expriment des idées simples.

Le bien est partout le bien, parce que l'homme est partout l'homme. Qu'est-ce que la vie? C'est la lutte des passions et de l'intelligence; qu'importent le lieu, l'heure et l'habit du combat?

C'est dans la classification des devoirs que se manifeste la différence des opinions. Les principes méconnus chez un peuple y sont toujours sacrifiés, à tort ou à raison, à d'autres principes jugés supérieurs. Si Brutus immole ses enfans à sa patrie, tandis qu'un autre immole son pays à la nature, que prouvent ces deux exemples, sinon l'existence de deux devoirs, l'un envers nos enfans, l'autre à l'égard de notre patrie?

Il faut seulement conclure de cet exemple, que de Brutus ou de cet autre homme il y en a un qui se trompe sur l'application du devoir : car de deux personnes dont l'une affirme une chose et dont l'autre nie cette chose, l'une ou l'autre a infailliblement raison.

Si deux hommes, tournant les yeux sur une même couleur, disent, le premier que c'est la teinte du vert, le second que ce n'est pas la teinte du vert, je serai certain d'abord que la couleur est une chose qui existe, et ensuite que, dans ce cas déterminé, une couleur quelconque se trouve vraiment exposée aux regards de ces deux hommes.

La question est d'examiner si, lorsque nous savons ce que c'est que le bien, il nous arrive jamais de *croire* que le bien ne doit pas être fait. Je ne demande pas s'il est impossible que notre conscience se trompe et choisisse le mal en croyant opter pour le bien; mais je demande si nous pouvons *croire* que le mal doit être commis lorsque nous reconnoissons l'existence du mal et du bien. Qu'on pèse la valeur de ce mot *croire*. Il s'agit de savoir si au nombre des lois de notre être nous reconnoissons celle de faire le mal. Non sans doute, s'écriera tout d'une voix le genre humain. Eh bien! j'en conclus que dès que la conscience reconnoît la distinction du bien et du mal, elle est forcée de confesser l'obligation d'accomplir l'un et d'éviter l'autre.

Il s'agit donc maintenant de vérifier si l'homme, mettant la main sur son cœur et s'interrogeant de bonne foi, ne trouve pas en lui cette distinction du bien et du mal. On ne pourroit fournir les preuves de cette distinction à celui qui soutiendroit qu'il ne l'a jamais aperçue : car la vérité n'a pas d'autre sanction que le témoignage intime de la conscience. Nous serions réduits, pour réfuter un pareil homme, à lui citer l'exemple de tous les peuples de la terre qui, depuis sa création, ont laissé des monumens de leur foi dans l'existence de certaines lois morales. Il n'y a pas de langue qui ne contienne un terme synonyme de devoir, et aucun dictionnaire n'indique *devoir* comme synonyme d'*intérêt*.

A ceux qui prétendroient que les obligations morales ne sont pas émanées de la conscience, mais de l'éducation ou de la société, je demanderai encore si un enfant croit, par exemple, qu'il faut respecter les cheveux blancs parce qu'on lui a enseigné cette maxime, ou s'il y croit parce que cette maxime lui *a paru vraie*. Si l'homme ajoute foi à la réalité du devoir, qu'importe l'occasion où, pour la première fois, sa conscience entrevit cette vérité? Qu'il la trouve d'abord lui-même, et tout seul, dans le fond de son cœur, ou que son précepteur lui fournisse les moyens de l'y apercevoir, c'est toujours dans le fond de ce cœur qu'il la découvre. L'enseignement ne crée rien : apprendre, c'est entrevoir. L'éducation ne fait que disposer une suite de circonstances où nous pouvons exercer notre jugement sur les matériaux qu'elle nous présente. Combien d'hommes, objecterez-vous, ont sucé des principes empoisonnés! Oui, mais l'arsenic étoit roulé dans le miel : le crime s'enseigne au nom de la vertu.

Ne dites pas que c'est l'éducation qui nous rend bons ou mauvais : elle se borne à nous fournir un plus grand nombre d'occasions d'être l'un ou l'autre. Hâtant pour nous le moment de connoître des devoirs plus étendus, elle soumet notre libre arbitre à des épreuves plus fréquentes. Nul n'est personnellement vicieux, s'il ne sait qu'il l'est. L'action d'un homme peut être coupable sans que cet homme le soit.

Le scepticisme à demi vaincu se ranime et pousse, en se débattant, ce dernier argument : « La raison humaine croit voir la
» vérité; mais qui nous garantit qu'elle n'est
» point dupe, et qu'il n'est point de notre
» nature d'être toujours trompés? »

O sceptiques! comment sauriez-vous que votre raison doit être dupée? Par votre raison même. Mais si c'est une faculté trompeuse, comment ajoutez-vous foi à son témoignage, précisément lorsqu'elle vous dit qu'elle peut être trompeuse? Si vous la croyez au moment qu'elle se confesse exposée à l'erreur, vous tombez dans une contradiction avec vous-mêmes, car il vous est impossible de vous fier à ses aveux dans un seul moment, même dans celui où elle se reconnoît décevante. Le meilleur parti seroit de l'éteindre tout-à-fait en vous; mais vous ne renonceriez encore à la raison que par un raisonnement, de sorte que vous ne pouvez ni l'écouter, ni ne pas l'écouter, ni penser, ni ne penser pas : c'est assez.

CHAPITRE VIII.

DU SAVOIR, OBJET DU DÉSIR INTELLECTUEL.

Qu'est-ce que le désir de savoir? C'est le besoin de connoître la vérité, c'est-à-dire, de connoître l'existence de tout ce qui existe et la raison d'être de tout ce qui est.

CHAPITRE IX.

MUNGO-PARK.

Le soleil d'Afrique darde ses brûlans rayons sur un désert de sable. Une nature sauvage semble inviter l'étranger à s'éloigner de cette terre de feu, où ne peuvent vivre que ceux qui sont destinés à y mourir.

Préoccupé de l'invincible désir de connoître ce pays lointain, et de découvrir la source inconnue du fleuve qui l'arrose, un voyageur affronte ce climat brûlant. Famille, patrie, douceurs de la vie sociale, avantages de la civilisation européenne, il a tout quitté pour satisfaire l'impérieuse et irrésistible passion de son ame altérée de spectacles nouveaux et d'émotions inusitées. D'autres voyageurs franchissent les mers et affrontent les mêmes dangers; mais c'est la soif de l'or qui les conduit. S'ils abordent sur la rive africaine, c'est pour charger de fers ses noirs habitans; le voyageur désintéressé, dont le célèbre Mungo-Parck nous offre le modèle, ne dérobe à cette contrée sauvage que la connoissance de ses mœurs, de ses productions, de sa terre et de son ciel; il n'emporte pas les habitans eux-mêmes, mais seulement leur image, et se trouve plus riche d'avoir connu ces rives que de les avoir dépouillées.

Il faut donc reconnoître la réalité de ce désir de l'ame tendant sans cesse à nourrir un esprit de curiosité insatiable qui n'a pas plus de limites que l'éternel et l'infini.

Le voyageur qui atteindroit successivement toutes les extrémités de notre globe n'y trouveroit autre chose que de l'air, de l'eau, de la terre et du feu; il n'y pourroit voir que la plaine ou la montagne, le fleuve ou la forêt, l'animal ou l'homme, toutes choses qui lui étoient familières dans son pays : où donc est la nouveauté dans les spectacles promis à son errante curiosité? C'est la nouvelle combinaison de ces objets entre eux qui offre seule un aliment à notre désir de connoître. Leurs diverses situations respectives composent un nombre de tableaux suffisans pour contenter la curiosité de l'homme; et nous expirons avant d'avoir pu épuiser sur la terre le nombre de ces combinaisons. C'est une jouissance naturelle pour l'ame, de connoître l'existence de tout ce qui existe, parce qu'elle est faite pour jouir de la connoissance de la vérité : or la vérité n'est autre chose que ce qui est.

CHAPITRE X.

PARRY.

Montagnes énormes de glaces accumulées, barrières que les mers hyperborées entassent aux limites de ce monde, n'êtes-vous pas étonnées d'avoir vu l'homme tenter un passage au travers de vos défilés de neige? Successeur intrépide des Cook et des Lapeyrouse, le capitaine Parry a remporté la gloire de s'assurer qu'il ne pouvoit pas vous vaincre. O curiosité humaine plus grande que ce globe de matière où le temps et l'espace nous enchaînent! L'homme se lasse avant la mort de n'avoir plus rien à découvrir sur la face de la terre; il s'élance vers ses bornes, et voudroit les reculer en les franchissant. Il semble que ce qu'il ignore vaille mieux que ce qu'il connoît, par cela seul qu'il l'ignore. C'est qu'en effet l'inconnu est sans limites, et permet à l'homme d'espérer quelque chose de meilleur que ce qu'il possède.

CHAPITRE XI.

NEWTON.

A coté de ce mystérieux instinct des voyages, nous devons placer l'étude des lois de la nature, et remonter du voyageur qui tend à connoître les choses existantes, vers le physicien qui aspire à expliquer l'existence des choses.

Toutes les sciences humaines se composent, comme la vérité qui est leur objet, de deux parties, l'une visible, l'autre invisible; l'une qui embrasse la connoissance des faits, l'autre qui s'applique à découvrir les causes. Rien n'arrive sans une raison d'arriver; les sens peuvent nous instruire de ce qui arrive, mais c'est à l'intelligence à remonter vers la raison. Le voyageur exerce l'activité de son ame en observant les phénomènes de l'univers visible, le physicien en étudiant les lois cachées de la nature; tous deux satisfont à leur besoin de connoître, en l'appliquant à deux mondes différens, dont l'un est la forme extérieure de l'autre.

Quel étoit le mobile puissant qui excitoit l'ardeur de Newton à s'avancer toujours de plus en plus dans la découverte des grandes causes motrices de l'ordre et de l'harmonie des univers? L'exemple de cet homme prodigieux, consacrant sa vie entière, loin de toutes les voluptés des sens, dans l'étude des mouvemens des corps célestes, n'achève-t-il pas de justifier la place que nous avons assignée au besoin de connoître dans l'ordre des désirs de l'ame? Ne falloit-il pas que ce désir de pénétrer dans le secret de la création des mondes fût sans cesse ranimé dans Newton, pour le porter à détacher de la terre ses désirs comme ses regards, et à faire du ciel son séjour habituel?

CHAPITRE XII.

DE L'HISTORIEN ET DU PHILOSOPHE.

L'HISTOIRE des actions des hommes et des évènemens qui résultent de leurs rapports forme une autre source de connoissances que nous sommes également avides de recueillir. Nous aimons à interroger les souvenirs qui nous entretiennent des siècles passés; et de même que le physicien cherche à découvrir les lois de l'univers physique observé par le voyageur, le philosophe travaille à rendre compte des causes morales qui ont produit les évènemens positifs dont l'historien recueille la tradition. Ainsi, le désir de connoître, dont nous traçons ici le développement, se manifeste dans l'observation du monde physique par le voyageur et le physicien, et dans l'étude du monde moral par l'historien et le philosophe.

CHAPITRE XIII.

DU DÉSIR DE SAVOIR, CONSIDÉRÉ COMME LA SOURCE DU PLAISIR QUE NOUS DONNENT LES ARTS ET LA NATURE.

Le secret le plus sûr pour nous plaire, c'est de nous laisser quelque chose à deviner dans les œuvres de l'imagination. C'est ainsi que l'ouvrage immobile du sculpteur ou du peintre, ne reproduisant la vie que dans un seul moment, nous fait rêver à l'instant qui précède et à l'instant qui suit. Qu'on examine avec soin les caractères d'une pensée, on verra que la pensée n'est belle qu'à cause de toute la grandeur du point de vue que, sous un petit nombre de mots, elle offre à l'esprit. Nous jouissons de découvrir nous-mêmes ce que l'écrivain nous laisse entrevoir sans l'exprimer, et il nous ménage ainsi le plaisir de refaire la route qu'il a suivie pour atteindre le trait de génie qui nous frappe. Cette jouissance est évidemment fondée sur notre désir de connoître qui se trouve satisfait par le vaste aperçu des choses que nous découvre une belle pensée.

Est-il besoin de montrer que le grand intérêt des romans provient de cet instinct de curiosité naturel que l'auteur sait flatter en le réveillant et le satisfaisant tour à tour?

Et vous, qui êtes rassemblés devant la scène tragique où Melpomène fait parler d'héroïques douleurs, interrogez vos cœurs palpitans de crainte et d'espoir pendant le cours de cette représentation, et vous découvrirez que l'auteur ne s'est rendu maître de vos ames que par l'art de prolonger et de tourmenter à son gré l'impatience où vous êtes de connoître le dénouement.

Les effets pittoresques des sites naturels tirent souvent leur plus grand charme d'une perspective qui, ne montrant les objets qu'à demi, fait travailler notre imagination pour deviner la portion de ces objets qui demeure voilée. Nous voyons qu'il reste encore quelque chose à connoître au-delà du tableau qui est sous nos yeux, et cette idée nous flatte agréablement, en promettant à notre curiosité un plaisir de plus. C'est ainsi que nous jouissons en voyant un village à moitié couvert, dans l'éloignement, par la verdure des arbres, ou une rivière fuyant à travers un bois qui semble la découper à nos yeux, ou les allées sinueuses d'un parc, qui nous laissent ignorer où elles conduiront nos pas. Nous aimons les contrastes multipliés du jour, de l'ombre, des couleurs et des formes, parce que notre besoin de connoître est mieux satisfait en embrassant à la fois un certain nombre de choses qui se font ressortir mutuellement par l'opposition.

CHAPITRE XIV.

CONJECTURE SUR LE BONHEUR D'UNE AUTRE VIE, TIRÉE DU DÉSIR DE SAVOIR.

CE désir de savoir est si profond dans l'être intelligent, si inhérent à sa nature, que les conjectures les plus vraisemblables, formées sur le bonheur d'une vie future, font consister la félicité des justes dans le plaisir sublime d'être initié au grand secret, et dans la connoissance éternellement satisfaite des perfections infinies de la vérité suprême.

CHAPITRE XV.

DE LA PUISSANCE, OBJET DU DÉSIR DE L'AME.

La puissance, considérée dans sa plus générale acception, est l'attribut d'un être qui possède le moyen d'accomplir sa volonté : c'est la faculté de l'exécution. Là où est l'intelligence, se trouve la volonté; mais là où habite la volonté, ne réside pas toujours la puissance. De ce que l'on veut, il ne s'ensuit pas que l'on puisse; l'idée de puissance tire son origine du rapport entre la volonté et l'action. Un seul mouvement de notre corps, exécuté par suite des ordres de l'intelligence, suffit pour faire naître l'idée de pouvoir. Lorsque, levant le bras de bas en haut, je résiste à la loi de la pesanteur, et contredis ainsi le mouvement universel du monde, j'exerce une puissance que mon âme a reçue de Dieu, et qui me rend plus fort que le monde matériel tout entier. Puisque la volonté ne peut s'accomplir sans la puissance, c'eût été une cruelle dérision de la part de la nature de nous donner l'une sans l'autre, et de nous destiner pour une fin en nous privant du moyen de l'atteindre. Mais il suffit que nous tenions de la Providence le pouvoir d'exécuter la seule loi qu'elle ait imposée à notre volonté : nous n'avons plus sujet de nous plaindre, quand, nous écartant de cette loi, nous manquons de la puissance nécessaire pour atteindre un but étranger. Or tel est le partage de la nature humaine. Qu'on descende avec moi dans les profondeurs merveilleuses des conduits de la Providence. Nous nous sentons dépositaires de la faculté de vouloir : la conscience nous montre sans cesse le but vers lequel nous devons diriger cette faculté, et jamais la puissance d'exécuter les ordres de la conscience ne défaille en nous. Justice des conseils du Créateur, n'es-tu pas suffisamment justifiée ? Jamais, dans aucune situation de la vie, nous ne manquons du pouvoir d'accomplir notre volonté, pourvu que notre volonté soit conforme au devoir. Chose admirable ! nous pouvons toujours tout ce que nous voulons, si tout ce que nous voulons est toujours le triomphe de notre conscience. Venez donc, tyrans, geôliers, bourreaux ; apportez vos fers, ouvrez vos prisons, dressez vos supplices ; voyons si vous forcerez votre victime jusque dans le sanctuaire inviolable de sa liberté intérieure ! Vous la faites souffrir ; eh bien ! si elle reconnoît le devoir de se résigner à vos tourmens, comment la priverez-vous de cette liberté dernière ? Ses membres sont chargés de liens ; mais elle n'a pas besoin de mouvemens pour accomplir sa volonté ; et, si elle trouve dans sa conscience le devoir de vous pardonner jusque sur l'échafaud, comment l'empêcherez-vous, jusqu'à son dernier soupir, de prier pour vous ?

OBJET DU DÉSIR DE L'AME.

Mais lorsque notre volonté se tourne vers un autre objet que l'accomplissement du devoir, alors l'exécution n'est plus liée par un nœud indissoluble aux désirs de l'homme, et la réalisation de ces désirs, abandonnée aux mouvemens capricieux des choses humaines, flotte au gré de tous ces flots tumultueux, sans qu'il y ait jamais certitude de pouvoir ce qu'on veut. Cependant l'ame apporte le désir naturel de parvenir à l'accomplissement de tous les actes de sa volonté, et c'est en quoi consiste ce désir de la puissance que nous avons entrepris de constater. Le mot *puissance* dirige naturellement notre pensée vers les hautes dignités, vers la majesté du rang, vers ces honneurs qui donnent un empire sur les autres hommes, et il est bien sûr que l'ame éprouve le désir de cette sorte de puissance; mais, en étendant l'acception de ce mot à l'exécution de tous les désirs de l'ame, on verra que l'amour des honneurs et la poursuite des richesses ne sont naturels à l'homme que parce qu'ils lui offrent les moyens de mieux réaliser au dehors tous les mouvemens de sa volonté.

CHAPITRE XVI.

DE LA PUISSANCE, DANS SES QUATRE APPLICATIONS.

La puissance étant une action, et l'action supposant quelque chose sur quoi on agit, on peut considérer la puissance dans quatre exercices différens, savoir : sur soi-même, sur les autres hommes, sur les animaux et sur les choses.

CHAPITRE XVII.

DE LA PUISSANCE SUR SOI-MÊME.

Le désir de la puissance sur soi-même n'est autre chose que le désir de la vertu, que nous avons analysé dans un des chapitres précédens.

CHAPITRE XVIII.

DE LA PUISSANCE SUR LES AUTRES HOMMES.

Le désir de la puissance sur les autres hommes comprend celui de tous les avantages qui donnent un ascendant sur eux, et qui les font mouvoir à notre volonté.

On peut réduire, ce me semble, ces avantages aux suivans : la force du corps, l'éclat du rang, l'étendue des richesses, la finesse de l'esprit, la grandeur du talent, le charme de la beauté, l'élévation du caractère. Si on examine tour à tour chacun de ces pouvoirs, on se convaincra qu'ils donnent à leur possesseur un empire, fondé dans le cœur des autres hommes, sur la crainte, l'intérêt, la crédulité, l'admiration, la soumission, l'amour ou le respect.

La force ou l'adresse du corps n'est une source de pouvoir sur les autres que dans l'état sauvage ou dans l'état de guerre : mais sous le régime de la civilisation, et dans le cours de la paix, un pareil avantage devient stérile, excepté, toutefois, dans certaines occasions, par exemple, lorsqu'au lever du jour, sous un ombrage écarté, deux hommes vident une querelle, l'épée à la main. La crainte que peut inspirer aux hommes timides un duelliste exercé se fonde sur ce premier avantage corporel.

La puissance attachée à l'élévation du rang est de nature à satisfaire les ames les plus avides du plaisir de soumettre à leur volonté la volonté des autres. Ce désir d'obtenir ou de garder la puissance est assez commun, pour me dispenser d'en appuyer la réalité sur des exemples; l'histoire du monde me les fourniroit, et il me seroit aussi facile de montrer les maux dont ce désir peut être la source. Les discordes civiles naissent presque toujours des prétentions rivales de plusieurs ambitieux, qui se disputent l'autorité suprême; et le principe de la légitimité, dans l'ordre des successions royales, est devenu le garant de la tranquillité des peuples, en préservant l'Etat du choc de ces désirs téméraires de puissance, que la justification du génie n'auroit pas toujours accompagnés.

Quelquefois le désir de la puissance meurt au sein même de la puissance; la satisfaction amène le dégoût, et il est tout naturel que le désir s'arrête, comme le voyageur, au but de sa course. L'ame, qui ne peut un seul moment demeurer oisive, se remet en travail d'un autre côté; et, si l'échelle des grandeurs nous porte sur son plus haut degré, le besoin de mouvement nous force à redescendre, faute de pouvoir monter plus haut.

Telle est la cause générale à laquelle on peut rapporter toutes les abdications volontaires; mais le principe d'où elles partent se fondant sur la satiété des grandeurs humaines, la même cause n'agit pas encore, tant qu'il reste une dignité pour faire soupirer l'ambition. Aussi les exemples d'abdication, dans l'ordre des grandeurs intermédiaires, sont-ils beaucoup plus rares. Mais le phénomène encore plus merveilleux dans l'histoire des renonciations aux honneurs de la terre, c'est l'abandon volontaire de la puissance souveraine, avant de l'avoir exercée. Rarement le dégoût précède la jouissance, et il faut une ame plus grande que le rang suprême pour contenir ce mépris anticipé d'une couronne. L'Europe vient d'avoir ce spectacle inoui sous les yeux. Il s'est rencontré un nouvel empereur dont le premier acte a été celui de renoncer à l'héritage du plus vaste empire de l'univers; c'est en cherchant à reconquérir les douceurs de la vie privée que cet usurpateur d'une façon nouvelle a troublé l'ordre légitime des héritages impériaux. On ignore comment il eût régné; mais cette incertitude établit entre lui et son successeur une concurrence formidable : car, de quelque manière que ce dernier gouverne, toujours est-il que les peuples seront autorisés à dire : Le premier auroit pu gouverner mieux. Au reste, cet exemple d'abdication ne détruit pas l'autorité de nos réflexions sur le désir naturel de la puissance; seulement le prince Constantin s'est montré plus jaloux de l'exercer sur soi-même que sur les autres hommes.

Nous avons regardé l'étendue des richesses, après l'éclat du rang, comme une autre source de pouvoir, et je n'ai pas besoin d'insister sur la justesse d'une observation que l'aspect seul de la société confirme tous les jours. Jamais le pouvoir de l'or n'a été investi, comme maintenant, de la plénitude de ses droits. L'or est devenu l'arbitre de la destinée des peuples, et le cours de sa circulation peut servir à expliquer aujourd'hui le mouvement des empires.

Nous avons placé la finesse de l'esprit au nombre des avantages qui procurent également une sorte de pouvoir sur les autres hommes. C'est par une voie détournée, il est vrai, que l'homme fin s'empare de cet ascendant : il dérobe, en quelque manière, l'empire sur les crédules, et les conduit souvent à ses fins secrètes en leur laissant croire qu'ils suivent leur propre volonté en obéissant à la sienne.

La puissance de la beauté est l'attribut spécial d'un autre sexe; et il est également inutile d'entrer dans l'examen de cette nouvelle source de pouvoir, qui peut être considérée comme l'un des plus complets et des plus étendus qui soit exercé sur le cœur de l'homme. Rien ne rend plus esclave des volontés d'un autre que l'empressement à lui plaire, et il est impossible de lui être plus soumis que lorsque, mourant à soi-même, on place le mobile de ses actions dans cette autre personne qui pense, veut et désire pour vous.

C'est à ton tour, intelligence, talent, génie, de nous dévoiler ton règne, et de nous montrer les secrets de ta sublime autorité. O vie intérieure de la pensée, quelle force tu possèdes, puisque tu te rends maîtresse de toutes les autres forces! La vigueur de la matière n'est que foiblesse en comparaison de l'énergie de l'intelligence qui, pour dompter la résistance des élémens, n'a besoin que d'une seule idée, celle de les faire combattre l'un contre l'autre. Puissance des monarques de la terre, tu passes de mains en mains avec le sceptre que l'héritier du trône prend sur le tombeau de son royal devancier: chaque règne renferme le pouvoir du souverain vivant dans les bornes de sa carrière mortelle; il finit de commander en cessant de vivre. Mais quel besoin le génie a-t-il encore de l'existence, lorsqu'il a gravé ses lois? Son règne est de tous les siècles, et son peuple se compose de tous les hommes qui se succèdent sur la terre. Trois mille ans ont détruit la poussière du chantre de l'Iliade : la nature s'est emparée de sa cendre; mais sa pensée, une fois conçue, n'étoit plus du domaine des vents ni du soleil; Homère nous gouverne par l'admiration, et notre ame lui obéit encore. Ainsi les effets de la puissance du génie ne connoissent aucune limite. Ses bornes sont les bornes marquées à la destruction du genre humain, puisque, tant qu'il restera une ame pour sentir et pour admirer, la dernière page, échappée au ravage des siècles, sera revêtue du sceau de cette puissance intellectuelle.

On conçoit facilement l'étendue de ce pouvoir vainqueur des années et de la mort, si l'on réfléchit que le génie est le langage de l'ame, et que dans l'ame réside le principe des actions de l'homme. Parlez à l'intelligence, rendez-vous-en maître, et tout le reste vous est soumis dans l'être humain. On peut donc regarder la domination du talent supérieur comme la plus irrésistible qui puisse assujettir nos volontés. Mais le dépositaire de cette royauté spirituelle est responsable devant Dieu, comme les autres monarques de cet univers : la puissance de discipliner les cœurs et de conduire où il lui plaît la multitude ne lui a pas été vainement confiée; et toutes les actions produites sous l'inspiration de son éloquence pèseront avec les siennes dans la même balance, comme si elles n'avoient eu que lui seul pour auteur. Honneur, reconnoissance, et bénédiction éternelle de la postérité aux hommes de génie dont la pensée a été semant le germe des vertus et des consolations sur cette terre de passions et de misères! Ils n'ont pas manqué à leur mission. Soumis au but de la vie qu'ils ont trouvé dans leur conscience, ils ont compris que ce but étoit le même pour tous les hommes, et que c'étoit à y conduire les autres qu'ils devoient employer le pouvoir de les faire agir.

Aussi combien leur mémoire inspire-t-elle de vénération et d'amour! Rendre les hommes meilleurs, c'est travailler à les consoler des maux de la vie; et tous ceux qui ne sont pas étrangers à la douleur ont senti que rien ne sympathise mieux avec leurs souffrances que ces pages inspirées par l'amour de la justice et par les espérances de la vertu.

Déplorons donc les abus du génie comme l'acte le plus inouï d'ingratitude, d'infidélité et d'égoïsme : d'ingratitude, parce que le don de la lumière n'est pas le don du feu, et qu'elle est faite pour luire, non pour brûler; d'infidélité, parce que le jour appartient à tous les hommes, et que ne pas leur faire part de la vérité, c'est le crime de spolier l'enfant de l'héritage paternel; enfin d'égoïsme, parce que les intérêts de la gloire prospèrent ici-bas par la complaisance à flatter les passions humaines, et que le chemin le plus sûr d'un triomphe universel, c'est de réussir à persuader aux hommes que leurs passions n'en sont pas, à ennoblir les plus vifs penchans où ils inclinent, et à leur donner cette flatterie la plus douce et la plus dangereuse, qui consiste à les engager dans la route du mal au nom même des principes de la vérité. Aussi de pareils ouvrages ne seront-ils jamais lus dans ces momens de tristesse où notre cœur sent l'aridité de la vie. Il y a des instans de deuil pour l'ame; c'est alors qu'on a besoin de se nourrir de vérité. Quel infortuné prit jamais un volume de Voltaire pour apprendre à mieux supporter ses douleurs!

Mais il est un autre moyen dont le génie peut user pour exercer sa majesté souveraine, la parole; puissance dont les tribunes d'Athènes et de Rome ont gardé le souvenir indestructible. La pierre qui marque la place où tonna Démosthènes est devenue elle-même éloquente; et ailleurs les débris du Forum annoncent également au voyageur que l'antique Rome, aujourd'hui renversée par le temps, fut jadis préservée d'une autre ruine par Cicéron.

La communication de la parole, immédiate, instantanée, vivante, fait toucher le cœur d'où elle sort au cœur de celui qui l'écoute. Les sons qui expriment les idées de l'orateur deviennent eux-mêmes des idées dans l'esprit de l'assemblée; les intelligences semblent n'avoir pas besoin de temps pour se comprendre. Ce qui redouble l'effet de cette éloquence spontanée, c'est le lieu, la présence des personnes, le mouvement du geste, l'accent de la voix, et toutes les autres circonstances de la vie réelle. Plus sont nombreuses les impressions que nous recevons par nos sens divers, plus est fort le résultat commun qu'elles tendent à produire dans l'ame, parce qu'alors toutes les facultés de sentir se rassemblent dans le même foyer, où, comme les rayons du soleil, elles se prêtent une mutuelle chaleur.

Les institutions libres, qui établissent au sein des nations modernes la tribune parlementaire, nous permettent de mieux comprendre aujourd'hui tous les prodiges de l'éloquence antique. La parole retentissoit dans l'Église des chrétiens et dans le temple de la justice pour instruire les hommes des vérités de leur salut, ou pour défendre les droits de l'innocence; mais les grands intérêts politiques d'un empire, débattus sous les yeux de la patrie attentive, fournissent au génie l'honorable occasion de se déployer dans toute la plénitude de sa puissance. Un peuple tout entier profite des talens de quelques hommes; leur pensée influe sur le sort de trente millions de leurs semblables; ainsi se partagent en commun les dons du ciel : l'ardeur de la gloire devient un sentiment patriotique, et la supériorité est forcée d'être bienfaisante.

Il nous resteroit à examiner la dernière source de la puissance sur les autres hommes, que nous avons attribuée à l'*élévation du caractère*, c'est-à-dire, à l'autorité de la vertu; mais comme toute notre analyse n'a eu pour but que de tracer la puissance comme objet du désir de l'ame, et que le caractère de la vertu est de ne pas ambitionner le pouvoir dont elle pourroit faire usage, nous n'avons aucun détail à donner sur ce principe d'autorité. L'empire d'un caractère élevé se fonde sur le respect général qu'il inspire : c'est l'ascendant le plus noble, le plus désintéressé, le plus durable; on s'estime soi-même en s'y soumettant. La vertu ne travaille pas pour gouverner, et elle gouverne par l'absence de cette intention.

Heureuses les nations et les assemblées qui laissent dominer sur elles les caractères généreux, et qui peuvent être fières de leur dépendance! Dans tous les temps possibles, et surtout dans les jours de crise, l'élévation morale de quelques hommes importe à la patrie, parce que, pour me servir de la pensée de Milton, ils répandent une lumière qui rend les ombres plus visibles.

Après avoir envisagé la puissance sur soi-même et sur les autres hommes, il reste à la regarder dans ses effets sur les créatures non intelligentes et sur les choses inanimées.

CHAPITRE XIX.

DE LA PUISSANCE SUR LES ANIMAUX.

Si l'on se rappelle l'explication que nous avons donnée de la nature de la puissance, on concevra en quoi consiste l'exercice du pouvoir sur l'animal. La puissance est la possibilité d'exécuter les ordres de notre volonté, d'où il suit que la puissance sur l'animal n'est autre chose que l'accomplissement de notre volonté sur la brute, c'est-à-dire, la possibilité de disposer de la bête au gré de notre intention, de la faire mouvoir, de la faire reposer, de la faire jouir, de la faire souffrir, de la faire vivre, ou de la faire mourir, selon qu'il nous plaît.

Nous avons deux moyens pour exercer cette puissance sur les créatures dépourvues de raison. Le premier consiste à étudier la loi naturelle qui les fait mouvoir, et à donner à cette loi une occasion de se développer selon notre volonté. Nous ne pouvons pas changer la loi, mais nous sommes maîtres de produire les circonstances auxquelles elle s'applique. Nous faisons agir l'animal comme il auroit agi, si la circonstance que nous faisons naître eût été le fruit du hasard. Notre intelligence nous fait remarquer, parmi les choses extérieures, celles qui plaisent à la nature animale, et celles qui lui répugnent; maîtres de les déplacer, nous pouvons les rapprocher, ou les éloigner, à notre gré, de cette machine vivante.

L'autre source de la puissance que nous exerçons sur l'animal consiste dans l'emploi de la force : nous exerçons la contrainte, nous le forçons d'obéir, nous contrarions sa nature : ce n'est plus un serviteur, mais un esclave; ce n'est plus un sujet, mais un vaincu. Etre foible, homme qui sembles au dehors si disproportionné à des bêtes formidables, ton orgueil souffriroit de ne les gouverner que par la ruse; mais comment triompheras-tu de leurs dents aiguës, de leurs cornes menaçantes, de leurs griffes deployées? Corps sans défense, portion infirme de cette même matière qui compose la brute et qui la revêt d'armes si puissantes; corps humain, tu n'es rien de toi-même, mais tu recèles une ame dont toute la capacité des formes les plus gigantesques de l'animal ne renferme point une seule étincelle; et cette ame, supérieure à la nature, te rend plus fort que tout ce qui respire dans l'univers. L'animal, réduit à lui-même, ne t'oppose que son corps; mais toi, l'esprit qui t'anime t'apprend à te servir des armes que tu empruntes aux objets extérieurs : ton épée, ta lance, ta hache ou tes filets font partie de toi pendant la durée du combat, et tu vas jusqu'à t'aider de l'animal, s'il le faut, pour terrasser l'animal, devenant brute toi-même contre la brute, à force d'intelligence !

CHAPITRE XX.

DE LA PUISSANCE SUR LES CHOSES.

A quoi se réduit le pouvoir sur les choses? C'est à les faire changer, soit de lieu, soit de forme. Le changement de lieu se fait par le mouvement du corps entier ; le changement de forme est dû au mouvement des molécules, dont l'agrégation forme le corps. Ainsi le pouvoir sur les choses se réduit au pouvoir de les mettre en mouvement. Or, le mouvement est soumis à des lois qui se développent sous la condition de certaines circonstances extérieures, par conséquent la puissance sur les choses se réduit, en définitif, à donner occasion à la loi du mouvement de se déployer, suivant la direction qui nous plaît. Mieux nous aurons étudié cette loi et ses effets, et mieux nous connoîtrons toutes les circonstances dans lesquelles se développe la portée de son action. Nous ne pouvons pas altérer la loi, mais nous avons prise sur l'occasion où elle agit. Quand l'art de l'homme produit un de ces ouvrages qui attestent sa puissance, il ne fait que disposer une suite de circonstances dans lesquelles les lois physiques, se développant suivant leurs principes accoutumés, donnent lieu aux effets que l'homme veut obtenir. L'ouvrage de l'art qui a été produit par l'enchaînement de ces effets eût été entièrement celui de la nature, si elle avoit fait naître, dans le même ordre, toutes les circonstances que l'homme a préparées et auxquelles se sont appliquées les lois du mouvement. Ainsi l'art n'est que la puissance de rendre réels les effets possibles. Cette observation montre l'importance de l'étude des sciences physiques, et prouve que les progrès de l'industrie humaine peuvent être sans limites, comme l'étude de la nature.

O abîme sans fonds de réflexion et d'étonnement! Savez-vous où réside le premier principe de cette puissance qui élève les pyramides, bâtit les palais, creuse les canaux, abaisse les montagnes, transporte d'une extrémité à l'autre de l'univers ces productions nouvelles, fruits de la culture que la terre ne reconnoît plus elle-même en les portant? Tout le mouvement de la terre, travaillée par tant de miracles, n'est que le contre-coup du mouvement que le premier ouvrier dut imprimer à son bras, pour couper la branche d'arbre qui devint le premier instrument de l'industrie. Les lois de la nature agissoient; l'univers suivoit l'impulsion donnée par le souffle du Créateur. L'homme parut, et sa volonté put aussi imprimer un mouvement à la nature : don sublime que l'intelligence motrice accorda à l'esprit d'une créature formée à son image. Dieu se donna le spectacle de l'homme agissant comme cause sur l'univers, et créant, à son tour, non la loi, mais son effet.

La terre est devenue un monde fait de

nos mains; l'image de cet univers perfectionné sembloit rester dans les mains de Dieu pour laisser à l'intelligence humaine le mérite de l'y découvrir et de la réaliser. L'ardeur des travaux de l'homme est une révélation du besoin qu'il sent de reconquérir le monde meilleur qu'il a perdu.

CHAPITRE XXI.

DE LA DISPOSITION SECRÈTE DE L'AME, QUI PRODUIT LE DÉSIR DE LA PUISSANCE.

Nous avons achevé l'examen de la puissance dans ses diverses applications; notre but principal étoit de constater dans l'ame le désir naturel du pouvoir, et nous avons voulu montrer les différens effets de ce désir sur la vie réelle. Nous ne prétendons pas que chaque homme aspire à posséder tous les genres de puissance que nous avons passés en revue, il nous suffit de constater que l'homme éprouve naturellement le besoin du pouvoir; et nous devons considérer soit la grandeur, soit les richesses, soit la science, soit le génie, comme des moyens différens qui conduisent l'homme à l'accomplissement d'un souhait commun. Si maintenant nous regardons de plus près et avec une attention plus profonde ce besoin fondamental de l'être humain, nous découvrirons, sous ses caractères, l'empreinte d'une tendance mystérieuse vers quelque chose de plus grand, de plus haut, de plus parfait que la destinée habituelle de l'homme. Le désir de la puissance, c'est le désir de s'élever au-dessus des limites que le cours ordinaire de la vie assigne au cercle de nos sensations et de nos volontés; c'est le désir d'étendre le diamètre borné sur lequel tourne la sphère où nous vivons. Qu'on s'approche de l'homme épris de l'éclat de ses richesses, ou amoureux du faste de ses grandeurs, et qu'on démêle dans les replis de son cœur la racine de sa cupidité ou de son ambition, l'on verra qu'au fond de sa jouissance mondaine se trouve le plaisir d'échapper aux bornes d'une condition plus foible et plus étroite, et de sentir, en voyant l'obscurité et l'impuissance des autres, que son état est plus brillant, plus étendu, plus envié. La puissance fondée sur l'étendue de la science et du génie procure une jouissance de la même nature, plus profonde encore, plus vraie, plus durable. La vie de l'homme, c'est la sensation et la pensée. Il recule donc véritablement les bornes de son existence, celui qui agrandit sa réflexion, et ajoute ainsi au nombre et à la force de ses sensations par les pensées qu'il y joint; ne sent-il pas qu'il devient plus homme, si je peux m'exprimer ainsi, qu'il améliore sa condition sur la terre, et s'élève à une situation plus conforme aux besoins et aux espérances de son être? Le plaisir du savant qui nous dévoile les secrets de la nature, et la jouissance de l'homme de génie qui n'a besoin que de peindre ses émotions pour en donner au genre humain, se fondent sur le sentiment d'une grandeur intérieure, d'une puissance personnelle, qui dépassent la mesure des avantages communs de l'humanité. Remarquons que ce sentiment, provenant toujours d'une comparaison ou du jugement qu'elle fait naître, peut exister dans le cœur de tous les hommes, à quelque degré qu'ils soient placés dans l'échelle du talent ou des biens du monde, pourvu qu'ils s'élèvent au-dessus de leur situation naturelle par un progrès vers un état moins étroit, moins obscur et moins malheureux. L'ame conserve sa nature dans tous les rangs; ses besoins sont les mêmes; sa destinée mystérieuse se révèle par un égal penchant à sortir des liens de la situation présente, pour s'élever continuellement vers une condition meilleure. Quelle preuve irrésistible des vérités qui touchent le sort de l'homme ici-bas et au-delà du tombeau! Résultat merveilleux! en examinant chaque passion, chaque sentiment, chaque plaisir de l'ame, on arrive à les envisager tous comme les formes d'un même besoin, comme les mouvemens d'une nature qui tend à la possession d'un état plus parfait.

CHAPITRE XXII.

DE L'IMMORTALITÉ, SIXIÈME OBJET DU DÉSIR DE L'AME.

Le désir de l'immortalité se révèle d'abord dans l'homme par celui de la renommée.

CHAPITRE XXIII.

DU DÉSIR DE LA RENOMMÉE.

Désir de la renommée, source féconde des découvertes du génie et des grandeurs de la destinée mortelle, tu fais sortir du concours des travaux humains ces merveilles de la vie sociale, ces prodiges des sciences, ces enchantemens des beaux-arts; tu peux seul remplacer dans les ames la puissance de la vertu, quand l'amour du devoir ne suffit plus pour inspirer les actions de l'homme, et tu nous révèles que nous sommes faits pour l'immortalité, en nous montrant les sublimes efforts que cet être d'un jour tente pour se survivre à lui-même!

La reconnoissance du besoin de la renommée conduit les partisans du système de l'égoïsme à lui attribuer toutes les actions généralement vantées comme les titres de la noblesse de l'ame, et à supposer que l'inspiration de l'héroïsme n'est qu'un nom pompeux donné à un calcul de célébrité. Il est difficile, en effet, d'acquérir la certitude d'une intention désintéressée, quand l'auteur de l'action généreuse est placé, pour l'accomplir, dans une circonstance favorable aux intérêts de sa gloire. Dieu seul peut compter avec le héros, et les mouvemens secrets du cœur de l'homme ne sont visibles que dans le ciel; mais il suffit qu'à l'humanité appartienne l'énergie de produire, dans le cours d'un millier de siècles, un seul acte de désintéressement, pour que nous nous abstenions, dans le doute, de flétrir toutes les actions qui nous en offrent l'image. Le besoin que nous sentons d'admirer le sacrifice suffiroit pour aider à conclure que le sacrifice n'est pas étranger à la nature humaine.

Mais si le désir de la renommée peut être regardé, en effet, comme la source de toutes les hautes actions qui n'ont pas été engendrées par la vertu, on doit se former une idée de la part immense qu'il réclame dans les mouvemens de la société dans les évènemens de notre globe et dans les progrès de l'esprit humain. Chacun s'efforce de parvenir à être connu de tous, et chacun concourt, dans ce but, à l'amélioration de la destinée commune. La renommée est une récompense donnée et rendue, et l'avantage public est secondé par ce commerce d'intérêts individuels.

Si les entrailles de la terre, visitées et exploitées comme un autre monde sans soleil, ont servi à parer sa surface avec les matériaux arrachés de son sein; si l'astre qui verse le feu et la lumière a été mesuré, malgré son orbe immense, dans l'étroit compas du physicien; si les astres ont marqué dans le ciel les bornes de cette route merveilleuse que le hardi navigateur, porté sur une foible planche, ose s'ouvrir sur les abîmes de l'Océan; si enfin les générations, enrichies par l'âge, se lèguent, en se succédant les unes aux autres, un héritage de conquêtes sur tous les élémens domptés, c'est au désir de l'illustration que nous devons rattacher, en grande partie, cette chaîne non interrompue d'avantages précieux et de découvertes sublimes.

Cette passion de l'ame est encore celle qui produit les chefs-d'œuvre de l'art, et qui fait couler avec plus d'abondance le torrent du génie. Ah! sans doute, l'amour désintéressé de la perfection devroit suffire pour nourrir l'enthousiasme de l'artiste, et le bonheur de se faire un, dans le moment de l'exaltation, avec le type invisible de toute beauté, devroit lui tenir lieu de récompense; mais il est bien rare qu'il ne succombe pas à la douceur des espérances de la gloire, et que, pendant la composition, sa lyre ou son pinceau ne s'échappe quelquefois de sa main distraite, lorsqu'il se laisse préoccuper par la pensée de la couronne qui l'attend.

Nous n'avons montré jusqu'ici le désir de la renommée que sous le point de vue de ses effets salutaires pour la société. Dois-je évoquer les ombres de toutes ses victimes dans les champs de bataille?

Des milliers d'hommes armés se rassemblent et couvrent le sol de leurs bataillons. Où vont-ils? Partout où se rencontrent la vie, la liberté, la richesse, parce que la vie donne occasion à la mort; la liberté à la servitude, la richesse au pillage. Un seul homme, qui ne peut occuper à la fois de cet univers que l'espace où il marche, brûle de toucher de chaque main les deux extrémités du monde. Quelle vengeance a-t-il à exercer contre tant de peuples éloignés chez lesquels il porte la désolation et la mort? Mais c'est assez pour eux de ne pas le connoître encore. Épouses, mères, enfans, mouillez de larmes vos habits de deuil; tombez en cendres, remparts des villes florissantes; terre, regorge de sang; empire, écroule-toi! il est entré dans le cœur d'Alexandre le désir d'être chanté par un nouvel Homère.

CHAPITRE XXIV.

DE LA DISPOSITION SECRÈTE DE L'AME, QUI PRODUIT LE DÉSIR DE LA RENOMMÉE.

Si nous revenons à examiner avec attention ce désir de la renommée, dont nous avons décrit les principaux effets, nous verrons qu'il nous découvre un autre besoin de l'ame, que l'on peut regarder comme une révélation de sa destinée immortelle. En effet, aspirer à la renommée, c'est désirer d'être connu par un grand nombre de ses semblables; si l'on y réfléchit, on remarquera que ce désir ressemble à un besoin d'être présent, pour ainsi dire, partout à la fois; l'homme célèbre s'imagine qu'il existe dans tous les lieux qu'habite la gloire de son nom ; il lui semble qu'il agrandit ainsi le cercle de sa vie, et recule les bornes de sa nature. En effet, notre corps ne peut occuper à la fois que l'espace où il se meut, et sa destinée est de n'être présent dans un lieu qu'à la condition d'être absent de tous les autres; mais il est un autre espace que nous pouvons remplir : cet espace est l'esprit des autres hommes, et quand notre nom est gravé dans leur mémoire, c'est comme un autre lieu où nous vivons. Notre pensée qui occupe leur intelligence étant l'image de nous-mêmes, nous nous mirons dans cette réflexion de notre être; et plus est grand le nombre des intelligences qui contiennent notre image, plus nous nous croyons multipliés et agrandis. Les limites de l'espace s'effacent; les distances ne paroissent plus nous enchaîner, et nous enflons à nos propres yeux, de manière à remplir la capacité de l'univers. Mais le besoin de la renommée ne comprend pas seulement ce désir d'étendre son être au-delà de ses proportions limitées, et d'occuper le plus d'espace possible dans la pensée des hommes; il nous fait également souhaiter de surmonter les barrières du temps, de triompher de la durée des siècles et de rendre impérissable cette vie imaginaire de notre nom. C'est donc un désir de prolonger et d'étendre notre frêle existence dans tous les sens, malgré les obstacles de la matière et de la mort, malgré les doubles chaînes de l'espace et du temps, et de nous mettre en possession de l'immensité et de l'éternité. Nous identifiant avec notre nom, avec le souvenir de nos actions, avec les pensées qu'a enfantées notre intelligence, nous aspirons à rendre durable cette ombre de nous-mêmes.

CHAPITRE XXV.

COMMENT L'HOMME PEUT-IL DÉSIRER LES ÉLOGES DE LA POSTÉRITÉ, DONT IL NE JOUIRA PAS?

Mais comment peut-on se faire illusion au point de s'identifier avec son nom et de se croire immortel par l'immortalité de ce nom ? Il en va pourtant ainsi ; et l'on ne seroit pas si jaloux de l'estime de la postérité, si l'on ne s'imaginoit qu'on en jouira soi-même. Qui seroit assez insensé pour se condamner à tant de labeurs, et pour s'exposer à tant de périls, dans la seule vue de faire louer son nom par des hommes qu'il ne verra pas ?

Il faut qu'il se rencontre nécessairement ici pour la nature humaine une illusion singulière, et que l'homme espère recueillir en personne une jouissance placée dans un temps où il sera détruit. Qu'on y songe : quand un homme travaille pour être connu des siècles à venir, c'est, sans aucun doute, dans son intérêt personnel ; l'intérêt personnel n'est autre chose que le désir du bonheur, et le bonheur suppose l'existence de l'être heureux. Ainsi quiconque tend à un bonheur quelconque espère implicitement qu'il sera en état d'en jouir.

Il est donc nécessaire que l'homme qui travaille pour s'immortaliser s'imagine qu'il profitera de cette immortalité ; cependant il sait qu'un terme inévitable est assigné à sa carrière; et d'ailleurs, travaillant pour la postérité, ne s'impose-t-il pas volontairement à lui-même la condition de semer pour un temps où il ne pourra pas recueillir? D'où vient donc cette étrange contradiction? Ce fait curieux dans l'histoire des désirs de l'ame mérite bien toute l'attention de la philosophie.

Il importe d'abord de remarquer que l'espoir seul de se rendre immortel procure à l'homme vivant une jouissance anticipée de cette immortalité; et c'est cette jouissance qui le paie de tous ses efforts dont le but est placé au-delà de son tombeau. Mais on ne jouit par l'espoir d'une jouissance qu'en concevant cette jouissance possible; ainsi la difficulté n'est que reculée, et il s'agit toujours d'expliquer comment l'homme peut espérer de jouir des éloges de la postérité quand il sait, en même temps, que la postérité ne commence pour lui que le jour de sa mort.

Entrons dans la solution de cette difficulté.

Qu'est-ce que vivre pour l'homme? c'est penser et agir. L'exercice de son intelligence et de sa volonté forme sa véritable existence, de sorte qu'il peut regarder ses pensées et ses actions comme les preuves de sa vie. De même que la chaleur est la qualité du feu, la pensée est la forme de l'intelligence, et de même que la permanence de la chaleur marque la durée du feu, la permanence de la pensée annonce la durée de l'intelligence. Il n'est donc pas étonnant que, si l'intelligence est une preuve de vie, l'homme croie toujours vivre, tant que subsiste sa pensée. C'est pourquoi l'auteur s'imagine exister dans ses ouvrages, et les regarde comme une autre partie de lui-même qui est indestructible. Son erreur vient de ce qu'il ne s'aperçoit pas que c'est le renouvellement perpétuel de la pensée qui est une preuve de vie, et non pas la durée de la même pensée, de même que ce n'est pas la conservation de la chaleur qui marque la permanence du feu, mais la reproduction continuelle de la chaleur. Il en est de même pour les actions de la vie. Comme la lumière est l'attribut du soleil, ainsi l'action est le caractère de la volonté, et comme la durée de la lumière prouve la présence du soleil, la durée des actions annonce la permanence de la volonté. Or, si la volonté est une preuve de vie, il est également naturel que l'homme croie toujours exister, tant que ses actions demeurent. De là vient que le guerrier rêve sa propre immortalité dans l'immortalité de ses hauts faits, et s'imagine participer à la durée glorieuse de son nom. Il ne s'aperçoit pas que c'est le renouvellement des actions qui constitue la preuve de vie, et non pas la durée des mêmes actions, comme c'est le jet perpétuel de nouveaux rayons qui fait éclater la splendeur du soleil.

Cette double illusion de l'homme, qui croit trouver un présage d'immortalité dans l'indestructibilité de sa pensée et de ses actions, explique comment il travaille avec tant d'ardeur à s'assurer les louanges de la postérité. Certainement, il sait qu'il doit mourir; mais la jouissance qu'il trouve à être loué de son vivant lui fait désirer d'être loué toujours; alors l'illusion dont je viens de parler s'empare de lui, et voici comment: il se réjouit de penser que son nom sera immortel, et espère, à son insu, recueillir éternellement les éloges des hommes. Il oublie que c'est un bonheur factice auquel il n'assistera pas ; être loué lui donne un plaisir pendant sa vie, et il se persuade qu'être loué doit toujours donner le même plaisir, dans quelque temps que ce soit ; une déception singulière lui fait croire que le plaisir vient de la louange seule, et non pas du cœur qui palpite en la recevant ; et c'est ainsi qu'il frémit de joie, dans l'idée de faire prononcer son nom par la bouche des hommes, lorsque sa cendre même aura cessé d'être cendre.

CHAPITRE XXVI.

DU DÉSIR DE L'ESTIME, COMME FAISANT PARTIE DE CELUI DE LA RENOMMÉE.

L'ESTIME est le prix que nous attachons dans notre jugement à un avantage moral ; c'est l'approbation donnée par notre conscience à une vertu ou à un talent ; c'est la déclaration de l'ame prononçant qu'une action ou un ouvrage sont conformes aux principes du bien et du beau; c'est la forme d'une admiration calme, modérée, permanente.

Mais si nous considérons ce sentiment sous un point de vue plus général, nous pouvons le regarder comme le sentiment de l'opinion avantageuse que nous nous formons d'un autre homme, quelque juste ou non que soit cette opinion. Ainsi le désir de l'estime n'est pas le désir d'être estimé pour tel ou tel avantage particulier, mais le désir d'être estimé, à quelque titre que ce soit. L'éclat de la puissance, l'étendue des richesses, l'antiquité d'un nom, sont des biens auxquels une foule d'hommes peuvent attacher beaucoup de prix, et l'estime qu'inspirent ces avantages conduit naturellement notre ame à en désirer la possession. Nous avons en nous le désir de valoir dans l'opinion d'autrui, et bien que les autres hommes puissent avoir tort d'accorder leur estime à la grandeur et aux richesses, il est naturel que nous courions vers ces deux sources, où nous espérons satisfaire notre soif de considération.

Il est si vrai que le désir de l'estime forme un besoin particulier de l'ame, que souvent nous ne jouissons d'un bien qu'en raison de son unique valeur dans l'opinion des autres. Ce bien, alors, ressemble à une monnaie qui perd tout son prix dans nos mains, dès qu'elle est discréditée dans son cours. Combien d'hommes trouveroient lourd un bonheur qui ne feroit plus de jaloux!

On peut attribuer aussi le besoin de l'estime au besoin que l'ame éprouve d'être fortifiée par les autres dans le sentiment avantageux qu'elle a d'elle-même. Nous avons parlé du désir de la vertu; or l'ame, qui tend au bien, éprouve un plaisir à se voir confirmée par l'opinion d'autrui dans l'idée qu'elle est vertueuse. Sous ce rapport, le désir de l'estime se rapporte au besoin d'une bonne conscience. Ce désir est la source du plaisir que nous goûtons dans la louange; car la louange est l'expression de l'estime réelle ou simulée.

Si le jugement d'autrui exerce une si grande influence sur notre manière d'envisager les biens de la vie, et sur la direction que nous donnons aux besoins de notre nature, on juge combien l'opinion de la société, à chaque époque, doit régner tyranniquement sur la conduite et les sentimens de chacun de ses membres.

Cependant telle n'a pas été l'intention de la Providence, en plaçant dans le cœur de chacun de nous un tribunal où nous sommes jugés, avant de l'être par la société.

A Dieu ne plaise que nous prétendions nier les heureux effets produits sur le cœur de l'homme par le désir d'obtenir, de conserver ou de regagner l'estime de ses semblables! Au nombre des devoirs que nous trouvons écrits au fond de notre conscience, se trouve celui de veiller jusque sur les apparences extérieures de notre conduite, et de nettoyer non-seulement le dedans de la coupe, mais d'en blanchir les bords; cependant cette loi ne nous est imposée que dans l'intérêt de la vertu des autres, et non pas comme la règle fondamentale de nos actions. Le soin de notre réputation comprend le devoir de ne scandaliser personne, et nous sommes obligés de travailler à mériter l'estime des autres, pour ne pas les induire à croire que notre indifférence pour leur opinion prouve notre indifférence pour le bien même. Mais on conçoit le danger de poser le respect des jugemens de la société comme le principe moral qui nous doit servir de guide; car, si cette règle mondaine vient à nous manquer dans la solitude et par l'éloignement de toute voix humaine, que deviendrons-nous, accoutumés que nous aurons été à soumettre nos actions aux arrêts de l'opinion générale?

CHAPITRE XXVII.

DE LA DISPOSITION SECRÈTE DE L'AME QUI PRODUIT LE DÉSIR DE L'ESTIME.

A bien examiner ce désir de l'estime, on trouvera qu'il provient du besoin naturel d'être payé d'un effort quelconque; et, en effet, il entre dans les idées instinctives de l'homme de placer la justice d'une récompense après la pratique du bien. L'ame sent que la destinée de la vertu est d'obtenir le prix de ses sacrifices; c'est une des révélations de la raison humaine que cette promesse du salaire réservé tôt ou tard à toutes les actions nobles et justes. Nous constaterons ultérieurement ce principe, qui est connu, en philosophie, sous le nom de *principe de mérite et de démérite*, et qui sert de base aux preuves de l'immortalité de l'ame et d'une vie future. Il nous suffit, en ce moment, de faire remarquer le désir de l'estime comme le résultat de la conception des récompenses à venir, et comme le sentiment du droit que l'homme de bien se sent à un prix qu'il a mérité.

CHAPITRE XXVIII.

DIFFÉRENCE QUI EXISTE ENTRE LE DÉSIR DE LA RENOMMÉE ET CELUI DE L'ESTIME.

Le désir de la renommée diffère, sous quelques rapports, du désir de l'estime. On peut le regarder, à proprement parler, comme le désir d'être beaucoup connu, tandis que le désir de l'estime doit être envisagé comme celui d'être très-considéré. Celui-ci se contente de plusieurs personnes, celui-là a besoin de tous les hommes; l'un réclame une place avantageuse dans l'opinion d'autrui, l'autre en désire une dans l'opinion commune d'un grand nombre d'hommes. L'estime s'énorgueillit plutôt d'une approbation méritée que d'un suffrage tumultueux; la renommée est plus fière du bruit des applaudissemens que de leur justice. Le désir de l'estime est le besoin d'être récompensé; le désir de la renommée est celui de ne pas périr : l'un et l'autre sont les révélations de la double destinée de l'ame.

Le désir de la renommée se trouve presque toujours uni au désir de l'estime, et ce mélange compose le véritable amour de la gloire.

CHAPITRE XXIX.

DE QUELQUES AUTRES DÉSIRS DE L'AME QUI PROUVENT CELUI DE L'IMMORTALITÉ.

Voyez ces superbes mausolées qui prêtent un corps au souvenir des hommes qui ont passé! Les vers ont rongé leurs dépouilles ensevelies, mais le marbre ou le porphyre demeure un témoin de leur existence passée : il atteste qu'ils ont vécu, et l'orgueil des morts semble ainsi n'être pas mort avec eux. L'espoir de dormir dans ces palais funéraires adoucit quelquefois l'idée de la destruction. Singulière immortalité! immortalité de pierres, immortalité de mort qui ne sert qu'à perpétuer les témoignages de notre néant!

La jouissance de revivre dans sa race, jouissance qui forme le bonheur de la paternité, est encore une preuve de ce désir incontestable de l'immortalité, qui éclate sous toutes les formes. Et enfin ce dernier besoin de l'ame se décèle par la douleur de l'homme qui expire dans l'isolement et l'abandon, et qui songe avec effroi que nul ne viendra verser des pleurs sur sa tombe : nous éprouvons une invincible horreur pour un complet anéantissement, et nous désirons au moins perpétuer notre existence dans les larmes de nos amis.

CHAPITRE XXX.

D'UN DÉSIR DE L'AME QUI N'A PAS ÉTÉ COMPRIS DANS NOTRE LISTE.

Il y a un désir que forme incontestablement l'ame, et que nous n'avons pas inséré dans l'énumération précédente : c'est le *désir du bien-être physique*. L'ame soupire pour la santé du corps qui lui est uni : elle comprend qu'elle ne peut goûter sa propre félicité sans l'intervention des organes, et l'objet de ce dernier désir demeure vraiment intellectuel. On s'étonne d'abord que l'ame puisse aspirer à un bien matériel ; mais, en examinant de plus près le souhait qu'elle forme à cet égard, on voit qu'il est, en quelque sorte, le résultat de tous les autres, puisque le bien-être corporel lui est nécessaire. Ainsi, l'objet de ce nouveau souhait n'est pas contraire à sa nature, et elle désire *intellectuellement* la satisfaction des organes qui l'enveloppent.

Cependant, puis qu'elle ne recherche la santé du corps que comme l'instrument de l'accomplissement de tous ses autres vœux, nous avons cru devoir ne pas faire mention de ce désir en énumérant les objets de la félicité intellectuelle.

CHAPITRE XXXI.

DIFFÉRENCE QUI EXISTE ENTRE LE DÉSIR INTELLECTUEL ET LE DÉSIR PHYSIQUE.

Après avoir terminé l'examen complet du désir de l'ame, et après l'avoir décomposé tour à tour dans son application à six objets divers, savoir, l'*activité*, l'*amour*, la *vertu*, le *savoir*, la *puissance* et l'*immortalité*, qui sont les seuls objets à la possession desquels puisse aspirer la nature spirituelle de l'homme, il s'agit de résumer les caractères distinctifs du désir de l'ame pour les comparer à ceux que nous avons déjà observés dans le désir du corps, et pour bien sentir la différence qui sépare les deux mondes que nous portons réunis en nous-mêmes.

Cette analyse, d'ailleurs, nous fournira l'occasion de prouver la réalité de cet être intérieur que nous avons commencé par supposer existant. Nous avons parlé de l'activité de l'ame, du désir de l'ame, de la destinée de l'ame, et on étoit en droit d'exiger que nous prouvassions d'abord qu'il existoit une ame; mais notre but alors se bornoit à vérifier la certitude d'un désir moral et intellectuel, tout-à-fait différent du désir physique. Nous y sommes parvenus, et nous n'aurions pas eu besoin de nous servir de ce mot *ame*, auquel nous n'étions pas encore en droit d'attacher une acception incontestable; il nous auroit suffi de raisonner sous cette forme: N'est-il pas certain que *l'homme* désire *l'activité, la vertu, la puissance*, etc.? sans que nous eussions eu besoin de présumer quelle étoit la partie de l'homme qui formoit ce désir, et de quelle nature étoit cette partie. Mais, puisque nous aurions été en état de nous passer de la supposition de l'existence de l'ame, cette supposition ne tire à aucune conséquence, et on ne peut en arguer pour attaquer la justesse de notre analyse. Nous avons seulement anticipé, pour le seul intérêt de la clarté du style, sur une démonstration ultérieure, dont la certitude achèvera de nous justifier du plus léger reproche qu'on pourroit nous adresser.

CHAPITRE XXXII.

LE DÉSIR INTELLECTUEL PROUVE L'EXISTENCE D'UN ÊTRE INTELLIGENT.

Ce nouveau genre de désir que nous avons constaté, et qui ne peut se rapporter, en aucune manière, à la classe des désirs physiques, doit donc être examiné, 1° dans l'objet qui l'inspire, 2° dans le sujet qui l'éprouve. Remarquons d'abord que l'objet de ce désir est immatériel ; le savoir, la puissance, la vertu, ne possèdent ni étendue, ni forme, ni couleur. Si l'objet du désir est placé hors de la région des objets physiques, le sujet qui l'éprouve doit également appartenir au monde intelligent. C'est par la pensée que nous aspirons à ces biens invisibles, et c'est par la pensée que nous les atteignons ; c'est par la pensée que nous en jouissons : le désir est une idée, la possession une idée, le plaisir une idée. Quand par conséquent nous disons que *nous* désirons ces biens, il faut bien que ce que nous appelons *nous* dans ce moment soit un être intelligent et distinct du corps : car le corps est essentiellement inhabile à jouir d'un bonheur immatériel.

CHAPITRE XXXIII.

DE L'UNITÉ DE L'AME.

Il reste encore à prouver une chose, c'est qu'il ne peut pas y avoir en nous deux êtres intelligens, et que celui qui désire l'immortalité est le même qui désire la puissance, que celui qui désire la renommée et la puissance est le même qui désire la vertu; ainsi de suite.

Quand cet être soupire pour l'une quelconque de ces joies intellectuelles que nous avons décrites, il se souvient d'avoir soupiré pour d'autres plaisirs du même genre. Comme il a connoissance de lui-même dans chacun des états où il passe tour à tour, il est en état de juger s'il demeure toujours le même; or, remarquant qu'il n'a pas changé, il a le droit de se considérer comme identique. La conscience, en effet, lui sert de miroir; s'y regardant à plusieurs reprises, il affirme que l'image reproduite n'a subi aucune altération. Ainsi, cet être intelligent, fait pour aimer l'activité du désir, pour se complaire dans l'estime des hommes, pour rechercher le bruit de la renommée, pour s'énorgueillir de l'éclat de la puissance, pour s'abandonner au mouvement de l'amour, pour jouir des délices de la vertu, et pour étancher sa soif de connoissance dans les sources de la vérité; cet être invisible, veillant comme un génie bienfaisant au bien-être et à la conservation des organes qui lui servent de ministres; cette substance inaltérable, douée d'une vie personnelle; cette créature immatérielle, réservée pour des plaisirs et des douleurs qui n'ont rien de commun avec les souffrances et les voluptés du corps, c'est l'*ame.*

CHAPITRE XXXIV.

CARACTÈRES OPPOSÉS DU DÉSIR INTELLECTUEL ET DU DÉSIR PHYSIQUE.

Rappelons-nous maintenant l'objet de ces observations. Nous nous sommes proposé de montrer quels sont les caractères du désir de l'ame, afin de les opposer aux caractères du désir physique; nous venons de constater que l'objet qui l'inspire et le sujet qui l'éprouve sont tous deux immatériels : on peut voir la différence qui distingue le désir de l'ame du désir du corps, puisque l'objet et le sujet de ce dernier sont tous deux matériels. Comment se manifeste l'appétit des sens ? Par une irritation organique qui, agitant les nerfs du cerveau, y détermine un mouvement aveugle vers l'objet de la jouissance ? Comment se produit, au contraire, le désir intellectuel ? Par la naissance d'une pensée qui en appelle une autre. Le désir étant une idée, sollicite après lui une autre idée, qui est celle de la possession. Le désir fait naître dans l'esprit l'image de son objet ; et cette image, fécondant l'intelligence, y fait mûrir les méditations nécessaires pour atteindre cet objet. Telle est la différence qui sépare encore le désir rationnel du désir animal. Celui-ci tend à sa réalisation par un mouvement irréfléchi semblable à celui qui fait graviter la pierre vers le centre de la terre ; celui-là marche à son accomplissement, aux clartés de la réflexion, par une route qu'il a choisie. L'un ne se connoît point et ignore sa fin ; l'autre agit avec la conscience de soi-même, et avec la prévision de son but. Le premier ne se trompe jamais, parce qu'il est aveuglément conduit par une loi divine ; l'autre erre souvent, parce qu'il se gouverne sciemment par une délibération humaine. Enfin, le désir des sens obéit à l'*instinct*, et celui de l'ame à la *raison*.

CHAPITRE XXXV.

DE LA DESTINATION FUTURE DE L'AME, FONDÉE SUR UNE INDUCTION TIRÉE DE NOS RECHERCHES.

Plus on examine attentivement les vrais caractères des désirs et des jouissances de l'être intérieur caché sous l'enveloppe corporelle, mieux on soulève le voile étendu sur les hautes vérités qui touchent notre destination future. On acquiert la certitude que toutes les passions de l'homme ne sont que les ardeurs d'une même flamme qui, faite pour brûler toujours, consume et dévore les alimens périssables que lui présente la terre. Tous les sentimens de l'ame, décomposés, découvrent le même besoin d'une nature formée pour la gloire et le bonheur. Mais l'ame se laisse tromper par les fausses images de la vérité qu'elle poursuit; le feu divin qui l'embrase, au lieu de s'élever en lumière paisible, retombe, comme la foudre, sur la face de la terre; et le principe de l'ordre et du repos, mal suivi, devient la cause de tous les troubles et de tous les orages du cœur humain.

Quel spectacle nouveau présente la vie humaine envisagée sous le point de vue que nous venons d'éclaircir! Les erreurs de l'homme tournent elles-mêmes en preuves de la vérité.

La nature d'un être animé, quel qu'il soit, consiste dans ses besoins et dans ses plaisirs. Vivre, pour lui c'est désirer ou jouir. Si l'on se formoit une idée exacte des fonctions de l'odorat, de la destination de l'ouïe, de l'usage de la vue, des appétits du goût et des plaisirs du toucher, on connoîtroit tout l'animal; il suffiroit de se représenter un être dont les besoins et le bonheur ne s'étendent pas au-delà de l'exercice de ses organes. Cette observation nous autorise à conclure que l'examen attentif des désirs de l'être intelligent, et de la félicité que procure la satisfaction de ses besoins, peut aider semblablement à se former une juste idée de la nature de l'ame.

il est digne d'intérêt d'essayer à fonder cette induction sur le résumé de nos précédentes observations touchant les six désirs immatériels que nous avons analysés et dont le cercle nous a paru embrasser les souhaits et la félicité de la créature invisible. Activité, amour, vertu, savoir, estime, renommée, puissance, telles sont les seules sources où l'ame cherche à apaiser la soif de bonheur qui la dévore; et nous nous sommes crus en droit de défier qu'on pût indiquer un seul autre objet des désirs non-physiques qui ne se classât point sous l'une quelconque de ces divisions. Mais rappelons-nous le résultat de l'investigation analytique avec laquelle nous avons décomposé chacun de ces désirs. Le désir du savoir a été ramené à celui de connoître la vérité, le désir de la renommée à celui de ne jamais périr, le désir de l'estime à celui d'obtenir une récompense, le désir de la puissance à celui de conquérir une destinée meilleure, le désir de la vertu à celui de s'unir avec l'ordre et la justice; et comme d'ailleurs l'amour ne peut s'appliquer seulement qu'aux objets du désir, que le désir de l'activité n'est, à proprement parler, que celui d'exercer notre nature, et que si l'ame est récompensée, elle ne peut l'être que par l'obtention de ces biens qu'elle désire, il s'ensuit que nous pouvons tirer légitimement l'induction suivante : l'ame est un être dont la destination est de connoître la vérité, de se confondre avec la justice, d'arriver à un état meilleur, de jouir de l'immortalité et d'aimer tous ces biens qui doivent former pour elle une récompense.

J'ose recommander l'importance d'un résultat auquel nous sommes parvenus à la suite d'une rigoureuse analyse, et qui deviendra bien plus évident encore lorsque nous aurons achevé la décomposition de tous les mouvemens du cœur de l'homme.

CHAPITRE XXXVI.

DE LA CRAINTE INTELLECTUELLE.

La crainte est l'état de l'ame prévoyant qu'elle perdra ou peut perdre un bien actuellement possédé. Il n'y a de bien pour l'ame que l'objet de son désir : nous avons compté sept objets de cette nature, donc les craintes de l'ame sont en nombre égal, et peuvent s'énumérer ainsi : 1° crainte de perdre l'activité; 2° crainte de perdre la vérité; 3° crainte de perdre l'amour; 4° crainte de perdre la vertu; 5° crainte de perdre l'estime; 6° crainte de perdre la renommée (*); 7° crainte de perdre la puissance; 8° crainte de perdre le bien-être du corps.

L'on pourroit m'objecter que la naissance de la crainte ne tient pas toujours à la prévoyance de la perte d'un bien pos-

---

(*) Ces deux derniers désirs ont été ramenés à celui de l'immortalité.

sédé ; mais qu'elle peut également provenir de l'incertitude d'obtenir un bien qu'on espère. L'ambitieux, dira-t-on, craint d'échouer dans la poursuite de la grandeur, comme il craint de la laisser échapper, lorsqu'il l'a une fois obtenue. Il est vrai : mais il me sera facile de montrer que craindre de ne pas obtenir est synonyme de craindre de perdre; en effet, observez que l'espoir d'un bien n'est autre chose qu'une possession anticipée, et que, forcé d'abjurer cet espoir, l'homme éprouve la même peine que s'il perdoit la jouissance du bien même. En perdant un bien, de quelle jouissance est-on privé? Ce n'est pas de la jouissance passée, mais de la jouissance future? Et en perdant l'espoir d'obtenir un bien, quelle jouissance perd-on? N'est-ce pas encore la jouissance future ? Montrez-nous donc la différence. La crainte, soit qu'on possède le bien ou qu'on l'espère, ne doit-elle pas également naissance à la privation prévue d'une jouissance à venir ? La seule distinction à établir, c'est qu'on se fie plus ou moins sur ce plaisir prochain. On est plus certain de continuer à le goûter quand on le possède, que de commencer à en jouir quand on ne fait que l'espérer, et pour cette raison, la crainte de le perdre après en avoir senti le charme est plus douloureuse que celle d'en être privé avant d'en avoir joui.

CHAPITRE XXXVII.

LA CRAINTE INTELLECTUELLE PROUVE L'EXISTENCE D'UN ÊTRE INTELLIGENT.

Nous appliquerions à la crainte le même raisonnement qu'au désir, pour montrer que cet état tout intellectuel, ne pouvant pas être rapporté aux sensations, nécessite l'existence d'un être intelligent qu'il modifie.

CHAPITRE XXXVIII.

L'ÊTRE INTELLIGENT QUI DÉSIRE EST LE MÊME QUE L'ÊTRE INTELLIGENT QUI CRAINT.

L'ÊTRE modifié par chacune des craintes que nous venons de mentionner, est modifié par toutes les autres, et de plus, l'être, centre commun de toutes ces craintes, est le même qui a été reconnu comme le sujet de tous les désirs intellectuels. Nous n'aurons besoin que d'employer le secours des observations sur lesquelles nous avons déjà fondé la certitude de l'identité de l'ame dans la suite de ses désirs.

Premièrement, quand la substance intelligente est en proie à la crainte de perdre l'estime, la vertu, la renommée, la puissance, etc., elle se souvient qu'elle a également éprouvé la crainte d'être privée de l'estime, de la vertu, etc., ou la connoissance qu'elle a de soi-même, dans chacune de ces situations, lui permet d'observer successivement sa propre image, et de s'assurer qu'elle demeure toujours la même. Secondement, quand elle se trouve agitée par l'une quelconque de ces craintes intellectuelles, le souvenir d'avoir connu le transport des désirs se représente devant elle, et la conviction de son identité s'établit à ses yeux, sur la comparaison de ce souvenir avec sa situation présente.

Il est impossible de remonter plus haut, pour trouver la preuve de l'unité de l'être spirituel, susceptible de crainte et de désir. Toutes les questions de ce genre ne peuvent être résolues qu'à l'aide des aperceptions intimes et réfléchies que l'ame a d'elle-même : c'est dans le sanctuaire intérieur de la conscience que Dieu plaça le sentiment de la vérité, en l'assimilant au sentiment de notre existence même.

CHAPITRE XXXIX.

CARACTÈRES OPPOSÉS DE LA CRAINTE INTELLECTUELLE ET DE LA CRAINTE PHYSIQUE.

Il nous resteroit, enfin, à comparer la crainte de l'ame avec la crainte du corps, comme nous avons comparé le désir intellectuel avec le désir physique. Les mêmes différences que nous avons trouvées entre ces derniers, distinguent encore la crainte réfléchie de la crainte instinctive. L'objet et le sujet, ici, sont immatériels, et là, matériels. Le mouvement de la crainte intellectuelle, pour éviter le mal prévu, est inspiré par la prudence de la raison, et offre une suite de combinaisons tantôt justes, tantôt fausses, tandis qu'au contraire le mouvement toujours sûr et toujours invariable de l'animal, pour échapper à l'objet de sa peine physique, ressemble à l'effet d'un ressort qui se détend et qui fait jouer spontanément tous les muscles déployés pour fuir. L'ame émue par la crainte la connoît; l'animal tremblant ignore qu'il tremble; la première prévoit un danger caché dans l'avenir; l'effroi du second ne commence qu'avec le péril actuel. L'animal obéit, en agissant, à une loi intelligente placée hors de lui; l'ame crée elle-même son action, par sa propre intelligence.

LIVRE TROISIÈME.

DE L'AMOUR INTELLECTUEL.

CHAPITRE PREMIER.

DES CARACTÈRES DE L'AMOUR INTELLECTUEL.

Je ne traite point de cet amour chanté par le poëte du matérialisme ; ce n'est pas celui qu'invoque Lucrèce, disciple d'Épicure, au début de son poème impie : laissons ce chantre du néant entonner son hymne aux parcelles de la terre; nous ne professons point la religion des atomes, nous ne regardons point cet univers comme le fruit de l'amour des élémens entre eux; non, la matière ne se féconde point elle-même : c'est son alliance avec l'esprit de Dieu qui lui donne sa vertu productrice. Voilà cet hymen perpétuel d'où toutes les choses créées descendent; voilà cet amour immense, père du monde, qui commença lorsque Dieu, voyant en soi l'image de l'univers, aima sa propre pensée, et que l'abîme du néant, couvert de la vertu du Très-Haut, comme une mère long-temps stérile, engendra le ciel et la terre.

Mais si Lucrèce, rejetant le dogme d'une intelligence souveraine, fut conduit à nier l'essence immatérielle de l'esprit de l'homme, nous fonderons, au contraire, sur le principe de la spiritualité de la raison, l'existence d'une ame éternelle dont l'ame créée n'est qu'un foible rayon; et l'étincelle de l'amour pur qui nous enflamme pour les images de la vérité nous paroîtra détachée de ce foyer d'amour infini que la vérité substantielle nourrit pour elle-même. Ainsi, le sentiment que nous voulons maintenant décomposer n'est autre chose que l'adoration des attributs de l'être incréé qui ramasse en soi toutes les perfections. L'amour intellectuel, c'est l'amour du vrai, du beau et du bien; c'est la curiosité du savant, l'enthousiasme de l'artiste, le dévoûment du héros, l'extase du saint. Cet amour fait naître les découvertes, inspire les chefs-d'œuvre, produit les belles actions et enseigne la prière. Oh! combien ils ont aimé les Homère et les Phidias, les Platon et les Archimède, les Régulus et les Socrate, les saint Vincent de Paul et les Fénelon! Sous le voile de la nature ou des nombres, sous la forme du devoir ou de la charité, tous ces grands hommes adorèrent quelque chose d'inaccessible à leurs sens; et c'est ce culte de l'ame dont nous essaierons de pénétrer les mystères sublimes.

CHAPITRE II.

DÉFINITION DE L'AMOUR INTELLECTUEL.

Pourquoi l'ame désire-t-elle obtenir ou conserver un bien, si ce n'est parce qu'elle espère ou parce qu'elle sent que ce bien fera ou fait son bonheur? Eh bien! l'amour n'est rien que le sentiment de ce bonheur. C'est l'instinct irrésistible nous révélant que tel bien satisfait le besoin de notre nature; c'est le sentiment de l'harmonie entre la tendance et la fin, entre la destination et le but, entre la soif et la source. Ainsi, l'amour diffère du désir comme la cause de l'effet. On ne désire un bien que parce qu'on l'aime, et on ne l'aime que parce que la Providence l'a établi comme l'objet de notre félicité. Les objets de l'amour de l'ame sont donc nécessairement les mêmes que ceux de son désir, c'est-à-dire que l'ame aime *l'amour même*, *l'activité*, la *vertu*, la *vérité*, l'im-

mortalité, la *puissance* et la *beauté* qui n'est que le nom donné à ces différens objets considérés par l'ame. En effet, le spectacle de la vertu est beau, le spectacle de la vérité est beau, etc. Dire que l'ame aime la beauté revient donc à dire qu'elle aime le spectacle de ces objets. Le beau n'est pas la substance, mais le caractère de la substance dans son rapport avec nous. Ces observations recevront un développement ultérieur.

CHAPITRE III.

DES EFFETS DE L'AMOUR INTELLECTUEL.

Si l'amour est le sentiment de l'harmonie entre le besoin de la nature intellectuelle et l'objet formé pour satisfaire ce besoin, l'amour pour l'objet existe, soit qu'on le possède ou non. En effet, le bonheur n'est pas la condition nécessaire pour sentir la propriété qu'a une chose de nous rendre heureux ; et comme nous avons défini l'amour le sentiment par lequel nous sommes avertis qu'un objet est la fin à laquelle aspire notre nature, il s'ensuit que l'objet peut être aimé avant la possession comme durant la possession.

Mais remarquons les effets de cet amour : l'ame voudroit devenir tellement vertueuse qu'elle devînt la vertu même, tellement puissante qu'elle devînt la puissance même, et de suite ainsi : car alors elle possèderoit pleinement chacun de ces biens, si chacun étoit tout entier contenu en elle. Elle tend donc à se confondre avec les biens vers lesquels sa nature ne cesse de tendre ; mais la puissance dont elle jouit ici-bas, la vérité qu'elle réussit à entrevoir, et tous les autres biens qui font l'objet de ses désirs, ne lui sont donnés qu'avec les bornes imposées à toutes les choses humaines ; et le sentiment amer de leur imperfection produit ce mécontentement secret que toute ame grande éprouve contre les vides et les limites de cette vie.

N'est-ce point la maladie la plus commune, la plaie la plus douloureuse du cœur humain, que cette impuissance de se reposer dans un lieu assez large pour y être renfermé, cette impuissance de trouver un objet assez étendu pour y appliquer ses désirs, cette impuissance de trouver le fleuve où l'on se plonge et où l'on se perd, dont on ne puisse pas atteindre les bords, quelque temps qu'on y nage, et qu'on ne puisse jamais tarir, quelque abondamment qu'on y puise?

La religion seule offre à l'amour un objet toujours plus grand que ne peut l'être cet amour; et la vérité du christianisme, dépourvue de toute preuve, subsisteroit encore appuyée sur l'argument d'une convenance si étroite avec les besoins de l'ame, que la religion résout finalement tout le problème du bonheur. Nous essaierons de le montrer en parlant de l'amour appliqué à Dieu. Nous constatons seulement ici l'effet de l'amour intellectuel comme le besoin de l'union de l'ame avec l'objet de son désir.

Tous les plaisirs de l'intelligence, étant spirituels, ne peuvent être que des idées, d'où il suit que l'union de l'intelligence avec l'objet de son plaisir consiste dans un hymen de l'ame avec les idées qui lui donnent ses jouissances. Plus l'idée possédée par l'ame est grande et forte, plus l'union avec l'objet de l'amour est étroite et complète. On conçoit donc mieux pourquoi l'ame désire devenir la puissance même, la vérité même, etc, puisque, si elle devenoit la puissance même, la vérité même, etc., l'idée que nous aurions de ces attributs se confondroit avec celle que nous avons de notre propre existence, et que cette idée deviendroit alors aussi grande que notre ame. Notre ame et l'objet aimé ne feroient qu'un, et l'union seroit consommée.

CHAPITRE IV.

INDUCTION A TIRER DE CES EFFETS, TOUCHANT L'IMMORTALITÉ DE L'AME.

Faisons place à une observation qu'il est important de rattacher au point de vue sous lequel nous venons de présenter le phénomène de l'amour.

L'ame désire perpétuellement se mêler avec la puissance, la vérité, la vertu, etc., de telle sorte qu'elle s'identifie avec ces attributs, et ne distingue plus son être de ces avantages qu'elle aura infus en soi. L'ambitieux cherche constamment à s'approcher d'une puissance qui tienne à lui aussi étroitement que possible. Il ne veut pas qu'on admire la puissance en lui, mais qu'on admire lui puissant, c'est-à-dire qu'il veut devenir l'ame des dignités et se faire substance même du pouvoir. Cette observation paroît si juste, que tout son bonheur détruit tomberoit à ses pieds avec les serviles hommages qui y sont déposés, s'il songeoit que ces respects s'adressent non à sa personne, mais à l'autorité passagère dont il est revêtu. Il lui est nécessaire, pour jouir des honneurs de la puissance, de se confondre, par une singulière illusion, avec cette grandeur étrangère, et de se croire ainsi lui-même le centre naturel des adorations des autres hommes.

Or, n'y a-t-il point un étrange rapport entre cet effort perpétuel de l'homme pour se confondre avec la puissance, et l'explication donnée à la fois par la religion et par la philosophie de l'état futur réservé à l'homme dans une autre vie? D'un côté, voyez-vous, dans le cours de cette vie mortelle, l'ame s'efforçant, malgré ses liens et sa foiblesse, de s'unir avec la grandeur, de s'identifier avec la gloire, de personnifier la majesté en soi-même, et de s'absorber ainsi toute entière dans l'éclat d'une splendeur suprême ; et, de l'autre côté, entendez-vous les promesses de l'immortalité faites de toutes parts à l'homme s'accorder unanimement sur ce point, que l'ame se réunira dans l'éternité au principe de l'existence et jouira de toute la plénitude des gloires célestes par la consommation de l'unité entre elle et Dieu qui la recevra dans son sein, comme le soleil contient ses rayons? N'admirerons-nous pas ce rapprochement merveilleux entre la tendance incontestable de l'homme sur la terre et la fin qui lui est promise au-delà du tombeau ? N'est-ce pas une grande preuve d'une vie future, que de trouver l'être humain faisant déjà, dans ce monde, l'apprentissage de cette fin pour laquelle on le croit destiné? La certitude de l'avenir ne paroît-elle pas alors fondée sur la certitude du présent, et n'est-on pas disposé à admettre l'immortalité de l'ame sur la seule observation des phénomènes de la vie humaine, qui, bien observés, concourent tous à démontrer que cette vie n'est qu'un essai de l'autre?

CHAPITRE V.

CARACTÈRES DE L'AMOUR QUE FAIT ÉPROUVER LE BEAU.

La réflexion que nous venons de présenter sur la puissance pourroit également s'étendre à tous les autres objets de l'amour de l'intelligence. Il ne seroit pas difficile de montrer que l'âme cherche également à se confondre avec la beauté. S'il s'agit d'abord de la beauté humaine, combien de personnes se persuadent que la perfection de leurs traits, de leur forme ou de leur port, leur est intimement personnelle, et fait partie de leur existence! Elles oublient qu'elles peuvent survivre à la perte de cette beauté qui, par conséquent, est aussi distincte d'elles-mêmes que le vêtement qui les pare. S'il s'agit de la beauté des arts et de la nature, quel est ce type invisible sur lequel l'homme de génie, prenant la lyre ou le pinceau, cherche à modeler l'ouvrage qu'il médite et qui lui est encore inconnu à lui-même? Quelle est cette beauté mystérieuse qu'il invoque dans le secret de son exaltation et dans le fond de son cœur palpitant d'enthousiasme? Où la cherchera-t-il? Elle n'est point cachée dans les entrailles de la terre, elle ne brille point dans l'azur du ciel; son ombre même ne peut pas être saisie par les sens : cependant elle existe, l'artiste la voit, il entend les sons de cette mélodie qui ne frappe point les oreilles du corps, et son ame n'a plus ni repos ni bonheur, qu'elle ne soit parvenue à trouver des accens qui offrent un accord parfait avec la pensée inspiratrice qui l'enflamme. C'est là l'union de l'artiste avec la beauté. Son intelligence, identifiée avec le beau idéal, n'a besoin que de regarder en soi pour trouver le modèle que sa main doit copier : il sent que ce n'est pas lui qui compose, il se transforme dans le sujet qu'il traite, et la vérité le renouvelle tout entier chaque fois qu'elle l'inspire. Toutes les beautés dont il orne ses ouvrages existoient déjà dans le sein de cette perfection absolue à laquelle il vient s'unir pour se les approprier. On comprendra cette alliance étroite de sa pensée avec l'essence du beau, si l'on se rappelle que ce à quoi se marie l'intelligence humaine ne peut jamais être qu'une idée, et qu'ainsi ce que nous appelons union de l'ame avec un objet n'est autre chose que l'adoption d'une pensée si exclusive, qu'elle absorbe tout notre esprit et se confond avec la conscience de nous-mêmes. Existe-t-il, d'après cette explication, une unité plus complète de l'intelligence avec un objet, que l'embrassement de la beauté par l'ame de l'artiste? Le transport dont il est saisi, en composant ses œuvres, lui fait oublier le reste de l'univers : pour lui, le temps s'arrête; il habite un monde nouveau, et ne laisse que son corps sur la terre. Mais s'il cherche, en enfantant ses productions, à s'identifier avec le principe de la beauté, combien plus étroitement encore se mêle-t-il avec elle, lorsqu'il reçoit les louanges décernées à son génie ! De même que l'homme puissant se substitue lui-même à la grandeur qui l'entoure, pour jouir personnellement des hommages qu'obtient cette grandeur, ainsi l'artiste se fait un avec la beauté qui règne dans ses œuvres, et détourne au profit de soi-même les éloges donnés à cette perfection.

Et nous-mêmes, simples juges des ouvrages de son génie, quand nous sommes en présence d'un chef-d'œuvre de l'art, notre pensée ne va-t-elle point chercher sous les formes du marbre, sous les lignes colorées, sous les sons de la musique ou sous les accens de la poésie, le principe invisible qui communique à l'ouvrage la beauté dont il est revêtu ? Notre raison ne se confond-elle point, dans ce moment de ravissement, avec la raison de l'auteur; et le lien commun qui nous attache à lui, n'est-ce point cette beauté qu'il eut le génie d'exprimer et que nous avons le goût de sentir ? D'où viendroit la sympathie de l'enthousiasme qui se transmet comme la commotion électrique dans une foule d'hommes rassemblés, si les esprits ne se trouvoient liés tous à la fois au même objet d'une admiration universelle ?

Quel est le sentiment dont le charme exclusif s'empare de notre être, à l'aspect des beautés d'un site pittoresque? Quel cœur, si troublé des intérêts actifs du monde, n'a jamais goûté cet enivrement que donne un lever du soleil, un beau soir, un orage? Qui n'a jamais trouvé dans sa vie un moment à dérober au souvenir de sa fortune, pour s'abandonner gratuitement à l'admiration du sublime? Qui n'a jamais répandu une larme désintéressée? Ceux-là qui ont entendu le langage de la nature, et qui y ont ainsi répondu, savent que leur ame alors se répand, en quelque sorte, sur le site qu'ils contemplent, qu'elle plane sur la cime des montagnes, ou s'égare sur une vaste étendue de mer, et se confond si étroitement avec la beauté, cette ame de la matière, qu'elle se détache du monde, de ses souvenirs, d'elle-même, pour faire partie de ce ciel, de cette terre et de ces flots qu'elle admire.

CHAPITRE VI.

EXEMPLE DU MOUVEMENT QUI PORTE L'AME A SE CONFONDRE AVEC LA BEAUTÉ.

L'amour de la beauté inspire donc un besoin d'union avec l'objet qui le fait naître; et il m'a été rapporté un fait qui prouve, d'une manière énergique, s'il est réel, la puissance d'entraînement que l'amour des beautés de la nature peut exercer sur une ame emportée par un excès d'enthousiasme.

Un jeune homme qui résidoit en Suisse, s'étant précipité dans un bassin profond où s'abîmoit une chute d'eau considérable, fut retiré des flots, avant d'y avoir laissé la vie. Interrogé sur les causes de son suicide, il fit, à cet égard, l'aveu le plus étrange: « J'ai
» mois le spectacle sublime de cette chute
» d'eau; je ne pouvois me lasser d'en con-
» templer les nappes jaillissantes; j'étois
» bercé par le bruit terrible des flots qui,

» tombant d'une si prodigieuse hauteur,
» s'engouffroient à mes pieds. Ce spectacle
» absorboit ma pensée et m'enlevoit à moi-
» même. Je passois les jours entiers sus-
» pendu sur le bord du gouffre, enchaîné
» par une admiration croissante, et toujours
» de plus en plus attiré vers ces ondes que
» j'aimois d'une passion véritable. Quelque-
» fois j'étendois les mains vers elles, comme
» pour les saisir; un mouvement involon-
» taire m'emportoit; j'aurois voulu me con-
» fondre avec le torrent; j'étois ivre, il falloit
» m'éloigner; mais, le jour suivant, le trans-
» port redoubloit, et la fièvre inexplicable
» dont j'étois agité vouloit, à toute force,
» s'éteindre dans ces eaux dangereuses; en-
» fin, dans un moment où ma raison céda,
» je m'élançai, et j'allois trouver la mort
» dans ce gouffre que j'avois épousé, comme
» l'objet d'un irrésistible amour. »

Ce fait peut être révoqué en doute; je me borne à le rappeler, et sans le tenir pour réel, je ne veux l'examiner que comme possible.

Oui, l'ame de ce jeune homme pouvoit avoir été saisie de cet amour intellectuel dont l'effet consiste à tendre perpétuellement vers l'union la plus complète avec l'objet qui l'inspire. Cet objet étant toujours une idée revêtue d'une forme physique, nous sommes obligés d'appliquer notre amour à cette forme comme à l'occasion, comme à l'enveloppe, comme au corps de l'objet aimé. Ce jeune homme a pu se laisser toucher d'un amour vrai pour le principe invisible de la beauté cachée sous les accidens de matière, de figure, de dimension, de mouvement et de bruit que réunissoit le spectacle de la chute d'eau. Il a aimé le grand, le majestueux, le sublime; ce gouffre étoit la forme des idées qui charmoient son ame. Il tendoit chaque jour à agrandir ces mêmes idées, pour en tirer plus de jouissance, et il n'avoit, pour cela, qu'à les rendre plus exclusives. Quand toutes les sensations extérieures furent concentrées dans le sentiment unique de son admiration, alors son ame put tomber dans une erreur, cause de ce suicide extraordinaire. Comme nous sommes accoutumés à diriger notre corps vers l'objet de nos besoins et de nos plaisirs physiques, l'intelligence de cet homme oublia que son bonheur à elle n'étoit point du même ordre que les voluptés des sens; l'idée qui lui procuroit une jouissance spirituelle s'offrant enveloppée de matière, il prit la chute d'eau elle-même pour la source de son admiration, et fit le mouvement naturel aux organes pour courir vers l'objet de son bonheur.

CHAPITRE VII.

CE BESOIN D'UNION SE FAIT SENTIR AVEC TOUS LES AUTRES OBJETS DE L'AMOUR INTELLECTUEL, ET IL EST INUTILE DE LE PROUVER.

Nous n'aurons pas besoin de montrer successivement que l'ame cherche à faire un avec les autres objets du désir, savoir, avec l'activité, la vertu, la vérité, l'immortalité; car, puisque cette union est la seule manière de posséder le bien qu'on aime, le raisonnement qui s'applique à l'un s'étend à tous les autres.

CHAPITRE VIII.

RÉSUMÉ DE NOS RECHERCHES.

Nous nous bornerons donc à résumer les principes de la doctrine que nous avons exposée sur l'amour considéré en général.

L'amour est le sentiment de l'harmonie entre le besoin du bonheur et l'objet du bonheur. Ce bonheur, pour l'être intellectuel, consiste dans la possession exclusive d'un certain nombre d'idées qui se présentent sous des images physiques, d'où il arrive que l'amour paroît souvent s'appliquer à ces images, parce que la forme et l'idée sont inséparables. Quand l'ame semble donc attachée à un objet physique, gardons bien d'imaginer qu'elle aime cet objet pour lui-même, mais rappelons qu'elle s'y attache à cause d'une idée réveillée sans doute en elle par la présence de ce même objet.

Aussitôt que nous apercevons la forme

qui fait naître l'une quelconque des pensées qui contentent le besoin de notre nature, nous nous en approchons; nous cherchons à la garder constamment sous nos yeux pour rendre plus fréquente l'idée chérie qu'elle excite; nous nous détachons de tous les autres objets pour fortifier l'empire du sentiment qui nous occupe; nous tâchons de nous oublier nous-mêmes et de nous transformer dans la chose aimée.

CHAPITRE IX.

DE L'AMOUR PROPREMENT DIT, ET DE L'AMITIÉ.

CETTE observation nous mène à comprendre parfaitement en quoi consistent l'*amour proprement dit* et l'*amitié*, c'est-à-dire, l'amour appliqué à un être humain. En effet, notre semblable peut devenir lui-même la forme des idées que nous aimons. Si son corps, ses actions, ses ouvrages, son rang dans la société, nous présentent l'image de la beauté, de la vertu, de la science, de la gloire, de la puissance, alors nous nous attachons à ces objets naturels de notre amour. Nous cherchons tous les moyens de conserver sa présence, parce qu'elle fait naître en nous l'idée de tous ces biens qui nous sont chers ; et le mouvement qui nous porte toujours à nous confondre de plus en plus étroitement avec ces objets qui nous attirent, explique ce besoin d'une mystérieuse union avec l'ame de notre ami. Le docteur Browne, dans son ouvrage publié en latin, pendant le seizième siècle, sur les rapports de la religion et de la médecine, exprime parfaitement le caractère d'une vraie et profonde amitié.

« J'espère ne pas violer le cinquième
» commandement, si les nœuds qui m'atta-
» chent à mon ami sont plus forts que les
» liens du sang. J'aime mon ami, comme
» j'aime la vertu ; c'est une union mystique,
» une ame dans deux corps : car nos ames,
» bien que réellement séparées, sont telle-

» ment unies, qu'elles forment plutôt une
» ame double que deux ames distinctes.
» L'affection véritable est pleine de pro-
» diges; ce n'est que mystère. J'aime mon
» ami plus que moi-même, et il me semble
» toutefois que je ne l'aime pas assez.
» Sommes-nous séparés, je brûle de le re-
» joindre; sommes-nous réunis, je ne suis
» pas satisfait, car je voudrois être encore
» plus près de lui. Les ames si étroitement
» liées ensemble désirent absolument ne
» faire qu'une; leurs désirs infinis renais-
» sent toujours sans pouvoir être accomplis.
» Cette haute et noble affection n'est pas
» faite pour le vulgaire, et il n'est donné
» qu'aux ames pures et religieuses d'en
» connoître les délices. »

Il est impossible d'exprimer plus fortement que ne l'a fait le docteur Browne le
principe du système que je cherche à développer ici. Ce désir d'identifier notre intelligence avec celle d'un autre facilite
l'explication de plusieurs phénomènes remarquables. Puisque nous ne pouvons faire
un avec une autre ame qu'à la condition
de vouloir et de penser comme elle, l'effet

de l'amour moral est de chercher à satisfaire toutes les volontés et tous les désirs de l'objet aimé ; et c'est pourquoi l'amour est souvent défini : *le désir perpétuel de rendre un autre être heureux;* mais on vient de voir à quelle cause ce désir est subordonné. Un autre effet de l'amour est de vouloir qu'il soit payé de réciprocité, et voici pourquoi : l'attachement que vous nourrissez pour la vertu, pour la beauté, pour la science, pour le génie, vous porte à désirer d'être toujours près du miroir vivant qui fait briller à vos yeux les rayons de ces images que vous aimez; de plus, le désir de vous confondre le plus étroitement possible avec ces biens intellectuels vous entraînant à chercher son ame, il est nécessaire que cet autre être dirige vers vous sa pensée : car l'union n'est possible qu'à cette condition ; or, tout cela exige qu'il vous aime comme vous l'aimez.

Le désir d'être aimé se fonde encore sur le sentiment de notre valeur personnelle. L'attachement d'autrui nous prouve que nous possédons, soit la beauté, soit la vertu, soit le génie, soit l'un ou plusieurs des biens qui font l'objet de l'amour, et de plus, il aide à nous persuader que ces biens font partie de nous-mêmes ; et nous avons déjà remarqué l'ardeur avec laquelle notre ame embrasse toujours cette illusion. Ensuite l'affection d'autrui nous fournit l'idée de l'empire que nous exerçons sur une destinée étrangère. Notre influence sur son malheur ou sur sa félicité nous agrandit à nos yeux, et flatte le sentiment de notre puissance ; or, ce sentiment rentre encore dans l'ordre de ceux dont la possession fait la jouissance de l'être intellectuel. Enfin, l'amour de notre bien-être, favorisé par l'empressement d'un autre à voler au-devant de tous nos désirs, achève d'expliquer sur quels fondemens repose le bonheur que l'être humain trouve dans les attachemens qu'il inspire.

CHAPITRE X.

DE LA SYMPATHIE.

On a donné souvent de grandes explications d'un sentiment qui me paroît très-facile à caractériser. La *sympathie* n'est à mes yeux que l'amour s'ignorant lui-même; c'est le mouvement spontané qui nous entraîne vers un objet aimable, avant que notre ame se soit rendu compte des motifs de cet amour instinctivement spirituel. La conformité des goûts et des pensées rapproche secrètement deux ames qui se trouvent ensemble avant de s'être cherchées, et qui s'aiment déjà sans avoir voulu se plaire.

CHAPITRE XI.

UNE RÉFLEXION SUR LE DEGRÉ DE FORCE DES AFFECTIONS DE L'AME ET SUR LEUR IMPERFECTION.

Nous avons observé que le vrai besoin fondamental de la nature humaine étoit de faire un avec la puissance, la vertu, la vérité, etc.; nous pouvons trouver ces biens, soit en nous, soit dans les autres. Lorsque nous les aimons en nous-mêmes, l'union est sans contredit plus étroite que lorsque nous les aimons dans autrui; mais, d'un autre côté, s'ils sont joints à un être vivant qui nous aime, ils semblent venir avec son ame vers la nôtre, pour répondre à notre ardeur qui les cherche; et telle est la raison pour laquelle *l'amour proprement dit* et *l'amitié* satisferont toujours mieux aux besoins dévorans du cœur humain, que les plaisirs de l'ambition, les douceurs de l'étude et les charmes de la gloire.

Cependant toutes ces affections, arrêtées dans leur mouvement par l'imperfection des attributs d'un être aussi borné que l'homme, demeurent toujours incomplètes comme lui. Il ne peut s'empêcher de reconnoître qu'il n'est que modifié par la vertu ou par la science, mais que ce n'est pas lui, créature finie, qui est la justice et la vérité même. Il sent l'impossibilité d'arriver à cette union parfaite pour laquelle il soupire, tant qu'il aimera ces biens en soi ou dans ses semblables. Heureux, lorsqu'ouvrant les yeux sur la seule source de l'amour éternel, il comprend que sa fin véritable est de s'attacher non à la forme passagère de ces biens, mais à leur substance impérissable, et que le seul moyen de ne jamais les perdre est de les aimer dans l'être même qui les fait exister!

CHAPITRE XII.

DE L'AMOUR MATERNEL.

Amour, connu pour la plus profonde et la plus dévouée de toutes les affections de l'ame, amour maternel, sentiment qui engendres l'héroïsme comme la mère engendre le fruit qui le lui inspire, toute ta force se tire de la double puissance que tu exerces sur l'organisation physique et sur la partie intelligente de l'être humain; tu concentres sur un seul point toutes les forces de la pensée et toute l'activité des sens. Si la théorie que nous avons exposée sur les principes généraux de l'amour ne manque point de vérité, nous devons être en état de montrer que les tendresses du sang, considérées indépendamment de leur mobile physique, ne sont que l'effet de certaines circonstances de la vie où l'ame exerce, comme dans toute autre position réelle, sa nature aimante, et que les objets de son affection, quelle que soit d'ailleurs l'occasion où cette nature se développe, demeurent constamment les mêmes, c'est-à-dire que la tendresse maternelle n'est, par exemple, qu'un nom positif donné à une situation où l'ame continue à aimer l'un ou plusieurs des biens suivans, hors desquels il nous a paru impossible de trouver un objet de l'attachement de l'ame, savoir : l'amour, l'activité, la vertu, la vérité, l'immortalité, la puissance et la beauté.

De quelle importance seroit à nos yeux un pareil résultat! Si nous montrons que toutes les affections possibles du cœur humain s'appliquent constamment à un certain nombre d'objets immuables et determinés, nous arriverons à cette grande preuve vers laquelle tendent toutes les parties de notre système, cette preuve que la nature de l'ame peut être saisie clairement dans sa tendance et sa fin, et que la vie n'est qu'une série d'occasions diverses où cet être intellectuel aime toujours la beauté, la puissance, l'immortalité, la vertu, l'activité. C'est alors que la décomposition de tous les sentimens possibles nous conférera le droit de porter un jugement sur la destination future de l'homme.

Nous devons examiner quels sont parmi ces biens ceux auxquels l'ame s'attache, quand l'amour se manifeste sous la forme de la tendresse maternelle.

D'abord, il importe d'écarter les phénomènes qui prennent naissance dans le monde physique. Il existe en effet quelque chose d'organique dans l'impulsion qui entraîne une mère vers le fruit de ses entrailles. L'amour de la femelle pour ses petits est un mouvement aveugle. L'objet et le sujet sont ici également matériels; la mère aime sans savoir qu'elle aime; son attachement ressemble à celui d'une plante pour le rameau que la nature y fait croître, et elle mouille de son lait les lèvres de son nourrisson, comme la tige fait couler la sève dans la fleur qui vient d'éclore. Déterminer le principe de l'amour maternel, envisagé sous le rapport physique, c'est entreprendre de montrer les nerfs dont le mouvement gouverne l'action de l'animal : question digne de la physiologie. Cabanis, prenant soin d'examiner où réside le siège de l'instinct maternel, le place dans les entrailles de l'animal, et regarde cet instinct comme le produit des sensations internes. Quoi qu'il en soit, l'amour maternel, considéré sous ce point de vue, n'est qu'une attraction matérielle qui obéit à de certaines lois, et qui emprunte sa force aux impressions du plaisir et de la douleur. Mais dans l'être humain, outre cet attachement organique, commun avec la brute, se déploie un autre amour, marqué des caractères de la pensée ; caractères que nous soumettrons à la décomposition d'une rigoureuse analyse.

1° Parlons d'abord de cette communauté intime de l'existence du nouveau-né avec la vie de sa mère, qui considère ce fruit porté dans son sein et sorti de son flanc comme une extension de sa propre nature. A peine la mère se distingue-t-elle de son enfant ; elle l'aime comme une portion de son corps et comme une émanation de son ame. Ainsi son amour pour lui se fonde en partie sur celui qu'elle a pour elle-même.

2° Cet être foible qu'elle tient dans ses bras et qui puise la vie dans une goutte de lait ; ce gland qui demande ses soins pour devenir chêne ; cette destinée dont elle se voit arbitre suprême et qui flotte à la fois si près de la vie et de la mort ; cet avenir inconnu dont elle se sent dépositaire en gardant le berceau où repose l'homme naissant ; l'image de l'éducation qu'elle est sur le point d'entreprendre, tout se réunit pour lui faire concevoir la dignité de sa position nouvelle. Elle se sent revêtue d'une puissance qui flatte son ame doucement énorgueillie. Nous avons rangé l'idée de ce pouvoir au nombre des objets de l'amour : c'est encore cette même pensée qui devient le véritable objet de l'attachement maternel ; et le nouveau-né, occasion et objet de l'exercice de ce pouvoir, est aimé, à vrai dire, comme l'instrument d'une jouissance intellectuelle.

Il y a de plus dans les douleurs et dans les soins que l'enfant coûte à sa mère quelque chose qui donne à celle-ci un juste sentiment de son mérite. C'est pour elle une nouvelle idée de puissance que la mémoire du triomphe qu'elle a remporté sur ses souffrances et sur les obstacles que lui opposoit la nature. La grandeur du mérite acquis se proportionne à la mesure de la peine que le bien obtenu a coûté; et la mère regarde avec complaisance dans son enfant le monument d'une cruelle épreuve et le souvenir vivant de sa patience et de son courage.

Enfin, cette aurore d'une destinée qu'elle regarde comme la sienne la rajeunit en espérance. Elle croit voir toutes les années de cette existence nouvelle s'ajouter à sa propre vie, et l'idée de se succéder à elle-même dans sa postérité semble lui donner une puissance contre la mort. Nous retrouvons ici un plaisir dû à la conception de l'immortalité.

3° Cet enfant, qui devient, par le développement graduel de ses forces et de ses facultés, un objet d'observations si pleines d'intérêt, offre un aliment inépuisable à l'intelligente curiosité de sa mère. Ce spectacle de la créature humaine cachée sous ses langes, assujettie à tant de besoins, si esclave, par sa foiblesse, de tous ceux qui l'entourent, et croissant peu à peu au-delà de ses premiers liens; ce tableau de ses impressions naissantes, de ce réveil de la raison, de ce lever de l'ame qui brille confusément telle qu'un léger crépuscule, tout devient pour elle une source de distractions perpétuelles alimentées par le plaisir de connoître.

4° L'idée du bien se mêle à celle du pouvoir. La mère comprend la dignité de ses fonctions et se reconnoît soumise à l'obligation de les remplir. Elle trouve une douceur à satisfaire un devoir en prodiguant ses tendresses au fruit de ses douleurs; et l'idée de la vertu, objet naturel de l'attachement de l'ame, se joignant à l'exercice de sa nouvelle tâche, lui procure une satisfaction morale qui tourne à l'accroissement de son affection maternelle.

5° Ne voit-elle point, d'ailleurs, dans le fruit d'une légitime union, le gage de sa tendresse pour un époux; et son affection, descendant sur le rejeton de leur hymen, ne ressemble-t-elle point au ruisseau formé dans la plaine par la source qui tombe de plus haut? Tous les motifs de son affection, comme épouse, deviennent les fondemens de sa tendresse comme mère, et si son œil charmé croit retrouver, dans la physionomie à peine formée de son enfant, quelques traits d'une image adorée, ou si elle croit saisir, dans les premières indications de ses penchans et de son caractère, une ombre de ressemblance avec les habitudes et les mouvemens d'une ame qu'elle connoît si bien, elle aime alors dans son enfant le miroir où se réfléchit le compagnon de sa vie, et où semble se multiplier pour elle l'objet de ses affections.

Si elle croit démêler sa propre image, ou si elle entend dire qu'on la démêle dans cette esquisse vivante, le sentiment qu'elle éprouve se rapporte à celui que nous avons placé en tête de cette analyse. Elle s'admire encore dans son enfant; elle le considère mieux comme une portion de soi-même, et son amour se personnalise avec une illusion plus forte.

6° Dans la catégorie des biens qui forment notre félicité, nous avons fait entrer l'amour même. L'attachement exclusif de l'enfant pour sa mère forme donc pour elle une nouvelle source de plaisir qui, réciproquement, l'attache encore plus à son enfant. L'instinct de sa conservation le pousse d'un mouvement secret vers celle qui lui donne et lui conserve la vie. Tous les signes de ses premiers sentimens sont des témoignages d'affection pour la mère. S'éloigne-t-elle du berceau? des cris douloureux accusent son absence. Reparoît-elle? le sourire sur les lèvres et les bras étendus, l'enfant la fait jouir du bonheur de se sentir aimée. Or, l'ame est faite pour aimer l'amour qu'elle inspire; et l'enfant doit être chéri, comme possédant le cœur d'où s'échappent déjà les étincelles de cette douce affection.

7° Si les charmes de la beauté paroissent embellir le corps de son enfant, ou si son jeune cœur montre le germe des qualités généreuses, ou si le premier essor de son esprit donne l'heureuse promesse d'une intelligence peu commune, tous ces avantages, alimens naturels de l'amour, doivent l'exciter plus encore dans l'ame d'une mère. Se confondant avec son fils, elle considère les mérites de ce dernier comme lui étant communs à elle-même, de sorte qu'elle aime vraiment en soi l'éclat des présens du ciel qu'elle voit briller en lui. Qui peut nier cet orgueil d'une mère ? Ne s'imagine-t-elle pas qu'ils s'adressent à elle, les éloges et les applaudissemens décernés au génie ou à la vertu de ses enfans ?

8° Enfin l'ame, naturellement avide de toute émotion exclusive, parce qu'elle se plaît à sentir l'activité de l'existence, jouit avec délices de l'ardeur, de la force et de l'étendue de l'amour maternel. La nature humaine est toujours plus heureuse de répandre sur un objet unique toute sa sensibilité, parce qu'alors la division ne dissipe aucune de ses forces ; et, sous ce rapport, la tendresse maternelle peut être regardée comme l'une des affections les plus complètes. Ce sentiment dirige à la fois vers le même but les sens et la pensée. La douleur commence par absorber la faculté de sentir, et ne laisse aucune distraction extérieure changer l'objet de la réflexion ; et, plus tard, la fixité de l'attention que l'enfant captive, par les soins qu'il demande et la tendresse qu'il inspire, ne permet à aucune sensation nouvelle de distraire les organes. Voilà le véritable secret du prodigieux empire que l'amour maternel exerce sur l'ame de la femme, et il ne faut point s'étonner des actes d'héroïsme qu'il a fait naître.

Nous sommes fondés à conclure des observations précédentes que *l'amour maternel*, ainsi que *l'amour* et *l'amitié*, s'applique à un certain nombre d'objets compris dans la liste des biens que nous avons énumérés comme les seuls objets de l'affection de l'ame, dans toute situation possible. Nous sommes en état de compter le nombre de ceux qui forment les élémens de l'amour maternel : *l'activité*, la *puissance*, *l'immortalité*, le *savoir*, la *vertu*, la *beauté*, l'*amour*.

L'activité. En effet, nous avons vu que l'ame de la mère jouissoit du plaisir de se sentir livrée à une forte émotion qui concentre toute la puissance de son activité intellectuelle et sensible.

La *puissance* et l'*immortalité*. Nous avons montré que l'idée de produire un être humain, de tenir à sa disposition sa vie ou sa mort, de nourrir son corps, de former son ame et de se survivre dans cet enfant, procuroit à la mère le sentiment agréable de la puissance et de l'immortalité.

Le savoir. La mère goûte le plaisir nouveau d'épier dans cette jeune existence le progrès successif des forces et de l'intelligence ; elle jouit d'observer l'un des plus grands miracles de la nature. Son étonnement la distrait et renouvelle à chaque heure son plaisir, et sa jouissance dérive du *besoin de savoir* que ce tableau admirable et varié satisfait chaque jour sans l'éteindre.

La vertu. La mère aime le devoir attaché à l'exercice des soins qu'elle prodigue à son enfant, et elle chérit les qualités dont l'ame de ce dernier peut faire briller l'aurore.

La beauté. Elle s'attache à la grâce innocente que le nouveau-né déploie dans le berceau, et admire la beauté dont ses traits peuvent faire entrevoir l'image.

L'amour. Elle sent qu'elle est l'objet unique de toutes les affections dont est capable un cœur qui ne fait que commencer à palpiter, et elle aime cet amour dont l'étincelle brille, confondue avec le premier souffle de la vie.

CHAPITRE XIII.

DE L'AMOUR PATERNEL.

L'AMOUR *paternel* se fonde sur les mêmes principes que l'amour maternel. Pour se rendre compte de ses bases, il suffit de retrancher de la liste des élémens que nous avons trouvés dans l'amour maternel, ceux qui se rapportent à la nature spéciale de ce dernier sentiment; il ne nous restera alors que les élémens généraux qui seront communs au père et à la mère.

CHAPITRE XIV.

DE L'AMOUR FILIAL.

L'amour *filial* repose encore sur les mêmes fondemens. Il y a d'abord l'impulsion physique, dont le mouvement porte l'enfant vers la mère, comme il avoit entraîné la mère vers l'enfant. Mais la vivacité de l'instinct filial cède de beaucoup à l'ardeur du penchant maternel. La Providence a sagement établi cette différence, afin que, dans le règne animal comme dans l'ordre de l'espèce humaine, le petit et l'enfant s'accoutumassent, en croissant, à se suffire à eux-mêmes, à se détacher de leur nid et du toit paternel pour remplir, à leur tour, la loi de la nature créatrice, et suivre leur destinée respective. Si l'instinct de leur amour avoit la même énergie pour leur mère que la tendresse irrésistible qui l'attire vers eux, ils demeureroient enchaînés sur son sein, et manqueroient de l'impulsion nécessaire pour chercher aveuglément l'union qui leur est destinée, de même que la mère n'eût jamais pris de leur enfance tous les soins que réclamoit leur foiblesse, si la sagesse ordonnatrice n'eût joint cette énergie à l'instinct de l'amour maternel.

En passant à la partie intellectuelle de l'amour filial, nous verrons que l'enfant, plus développé, s'identifie avec les auteurs de son existence, et regarde sa vie comme empruntée à la leur. Il s'aime dans sa mère, comme sa mère s'aime en lui. Si elle brille par les dons de l'esprit, ou par les charmes de la beauté, ou par l'excellence de la vertu, il la chérit comme dépositaire de ces trésors, et ressent une juste fierté de lui devoir le jour qu'il respire. Se confondant avec la source d'où sa propre vie découle, il croit posséder lui-même ces biens précieux et en tire une jouissance d'orgueil personnelle. Le sentiment de l'heureuse influence qu'exercent les auteurs de ses jours sur sa félicité, le porte à concevoir son bonheur placé dans leurs mains, et l'intérêt personnel lui donne naturellement le conseil de les bénir. Mais à ces avis de l'égoïsme, la voix du devoir ne tarde pas elle-même à joindre ses pieux accens. Peut-il demeurer insensible au mouvement de sa conscience, qui place devant ses yeux l'image de tous les soins prodigués aux jours de son enfance, et lui peint l'attention de ses parens tournée perpétuellement vers son bien-être physique et moral? Les marques sans nombre d'un amour si tendre ne peuvent manquer de pénétrer jusqu'au fond de son ame, et la pensée si douce qu'il a été aimé avant même de pouvoir sentir les preuves de cette affection, le fait jouir d'un bonheur dont il paie ses parens par un juste tribut d'attachement réciproque.

Ainsi la piété filiale se compose, à peu de chose près, des mêmes élémens que la tendresse maternelle; et, soit que l'amour descende ou remonte de la tige au rameau ou du rameau vers la tige, c'est toujours la vertu, le bien-être et l'amour qui le font éclore et qui le nourrissent.

Mais il est facile de remarquer en même temps que l'amour filial, sous le rapport intellectuel comme dans le point de vue physique, est également plus foible que la tendresse maternelle. L'enfant n'achète point, au prix de ses souffrances, le bonheur d'avoir une mère. Il ne jouit pas du plaisir attaché au double sentiment de la puissance et de la curiosité satisfaite, comme la mère l'éprouve en influant sur la destinée de son fils, et en étudiant les progrès de sa vie. Elle a de plus que lui la raison d'amour que lui offre l'idée d'un lieu resserré entre elle et son époux par la naissance du gage de leur union, et enfin le dernier motif de l'infériorité de l'ardeur de l'amour filial à la vivacité de l'amour maternel provient de la différence qui existe entre les intentions de la Providence sur la destinée des parens et sur le sort des enfans. La vie des premiers se trouve accomplie; les objets naturels de leur affection leur sont donnés, et le cours de la vie ne les assujettit plus à une division de sentimens occasionnée par de nouveaux attachemens. Mais cette division existe pour l'enfant, qui voit une destinée à parcourir. Les soins de la vie et le souvenir d'un but qu'il doit atteindre occupent son ame; d'autres affections légitimes se disputent la possession d'un cœur formé pour elles, et ce partage doit affoiblir le sentiment de l'amour filial, qui cesse d'être exclusif comme la tendresse maternelle

CHAPITRE XV.

DE L'AMOUR FRATERNEL.

L'amour *fraternel* doit encore demeurer au-dessous de l'amour filial pour l'ardeur et l'étendue. Il entre moins d'élémens d'affection dans ce nouveau sentiment, et il sera aisé d'en déterminer le nombre. Les frères sont portés, il est vrai, à se regarder comme des portions d'une même existence. Allumant la flamme de leur vie au rayon d'un pareil flambeau, ils se chérissent eux-mêmes l'un dans l'autre ; mais cette disposition est nécessairement moins forte que de la mère vers eux, ou que d'eux vers la mère.

Cependant l'effet qu'elle produit reste le même. Le frère, s'identifiant avec le frère, s'imagine posséder les avantages de celui-ci; et de là, ce doux orgueil que fait naître dans son cœur la gloire, la vertu, la puissance, la beauté ou le génie, possédés par celui qui lui est uni par un lien si étroit. La douceur d'être aimé le porte lui-même à aimer. Le sentiment de son bien-être lui fait chérir la source d'où ce bien-être provient. L'idée de son devoir, qui lui impose cette affection comme obligatoire, contribue à la fortifier, et enfin tous les souvenirs rappelés au frère par la présence de son frère achèvent de resserrer ce nœud domestique. Les premiers jours de leur vie ont coulé confondus; l'air qu'ils respiroient leur étoit commun, et ils deviennent, l'un pour l'autre, une partie intégrante du souvenir qu'ils conservent des jeux de leur premier âge, des sourires de leur mère et des habitudes de la maison paternelle. Chacun aime dans son frère le monument de toutes les sensations de sa jeunesse; et, tant que leur intérêt, prenant des directions contraires, ne les a pas divisés, l'habitude de voir leur bonheur fleurir sur la même tige leur fait considérer leurs intérêts comme liés d'un nœud qu'il leur importe de resserrer, pour demeurer plus forts, en résistant, de concert, au choc des évènemens.

CHAPITRE XVI.

HIÉRARCHIE DES AFFECTIONS DU SANG.

Les élémens d'amour qui composent la tendresse fraternelle sont au nombre de deux, savoir, la vertu et l'amour.

L'amour filial se compose des mêmes élémens doués d'une plus grande énergie.

L'amour paternel en comprend davantage; les voici : la puissance, le savoir, la vertu, l'amour.

L'amour maternel repose sur les mêmes fondemens, et de plus sur l'activité; mais ce qui lui donne une force si supérieure à celle de tous les autres, c'est l'ardeur, la plénitude et la durée de ses élémens.

Ainsi, chacun de ces amours peut être réduit en formules, et l'on peut donner une rigueur mathématique à l'analyse des attachemens de l'ame.

CHAPITRE XVII.

DE L'AMOUR DU PROCHAIN, OU DE LA PITIÉ.

L'ÉTYMOLOGIE du mot *compassion*, qui indique une communauté de souffrances entre la personne qui l'inspire et celle qui l'éprouve, annonce que, pour plaindre le malheureux, il faut se confondre avec lui. Nous avons vu que la tendance à l'unité est le caractère général de l'amour, d'où il suit que ce dernier sentiment est la vraie source de la pitié. Or, s'il est vrai que l'on ne compatisse aux maux d'une autre personne que parce qu'on l'aime, la mesure de notre compassion doit être déterminée par celle de notre amour. Nos entrailles sont donc émues plus facilement et plus fortement par le spectacle des douleurs d'une amante, d'un ami, d'un père, d'une mère, d'un enfant, d'un compatriote, que par la vue des souffrances d'un étranger qui n'a d'autre titre à nos yeux que celui d'être homme.

Cependant cette dernière qualité suffit encore pour faire naître envers l'infortuné une sorte d'attachement : c'est notre compagnon dans la destinée humaine. L'identité de sa nature avec la nôtre fait que nous croyons nous retrouver en lui, et nous nous attachons à cette image de nous-mêmes. Plus il souffre, plus nous le plaignons, et cette pitié augmente encore, suivant qu'il possède plus ou moins de vertu, plus ou moins de talent, plus ou moins de beauté, et, en général, selon qu'il nous offre plus ou moins de qualités dignes d'amour.

Nous ne parlons ici de la pitié que comme

d'un sentiment, et non comme de l'accomplissement du devoir qui nous ordonne de secourir tout être souffrant : ce devoir nous commande d'oublier si le malheureux est l'objet de notre amour ou de notre haine.

CHAPITRE XVIII.

DE L'AMOUR DE SOI-MÊME OU DE L'ORGUEIL.

L'amour *de soi-même* dérive nécessairement de cette illusion singulière commise par la nature humaine, lorsque, poursuivant la possession, soit de l'activité, de la vertu, de l'estime, de la vérité, de la gloire, de la puissance ou de la beauté, elle croit arriver à se confondre tellement avec ces biens adorés, qu'elle puisse se perdre en eux, et devenir la substance par laquelle ils existent. L'orgueil n'est qu'une forme de l'amour : c'est l'un quelconque des attachemens de l'ame que l'ame toujours aime en soi. C'est toujours la science, la beauté, la puissance, la gloire, le génie ou la vertu, qui forment le principe de l'orgueil, parce que nous jugeons, à tort ou à raison, que nous sommes revêtus de ces dons précieux ; et, comme nous l'avons dit, ne nous distinguant pas de ces avantages, nous confondons le vase avec le nectar ; nous croyons être la vertu quand nous ne sommes que vertueux, la beauté quand nous ne sommes que beaux, etc. ; nous imaginons que nous sommes la lumière parce que nous en recevons les rayons, et nous sommes conduits, en nous identifiant avec ces présens célestes dont nous ne sommes que dépositaires, à cet amour de nous-mêmes qui reçoit le nom d'*orgueil*. La même cause qui nous porte à chercher avec empressement les moyens de satisfaire les moindres désirs de l'être que nous aimons, n'agit pas avec moins de force sur l'ame touchée d'orgueil. Se préférant à tous les autres, l'orgueilleux n'a d'autres désirs que les siens à satisfaire. Il se rend un culte, et, chargé de reliques, prétend faire fléchir le genou devant lui.

Ces hommages lui plaisent d'autant plus, qu'ils justifient mieux sa haute estime pour lui-même, et lui prouvent que les biens dont il se croit possesseur jettent en effet leur éclat autour de sa personne.

Telle est la source du mécontentement et de l'irritation qu'il éprouve en n'obtenant pas le respect et l'admiration qu'il regarde comme dus à sa splendeur personnelle. Mardochée, refusant de courber la tête devant le fier Aman, lui retranchoit quelque chose de sa grandeur en inquiétant ce ministre dans le sentiment de sa puissance. Il empêchoit l'ambitieux de s'aimer avec la même sécurité; et c'étoit la crainte d'être exposé à ne plus tant s'adorer lui-même qui excitoit Aman à se venger, sur une nation entière, de la privation d'un salut.

Cependant le plus haut degré de l'orgueil repose peut-être sur une telle confiance en soi, que le blâme, le dédain ou l'indifférence des autres soient impuissans à ébranler cette solide opinion que l'orgueilleux nourrit de soi-même; de sorte que la sensibilité au manque d'hommages, loin de fournir la preuve de l'amour-propre le plus énergique, révèle, au contraire, dans l'orgueil un manque d'intensité. Aman auroit pu être considéré comme un ministre cent fois plus épris de sa personne, si, au lieu de se sentir offensé de la réprobation publique, il s'en fût à peine aperçu.

CHAPITRE XIX.

DE L'ATTACHEMENT A L'ANIMAL.

Passons maintenant à l'analyse de *l'attachement de l'homme pour l'animal*. Le premier motif de cet attachement se fonde sur les services que nous rend la brute, et qui tendent à l'accroissement de notre bien-être. Il est naturel qu'aimant nos jouissances, nous en aimions l'instrument. L'animal nous console quelquefois de l'isolement : nous lui supposons une ame pour nous comprendre et nous répondre, et cette illusion fortifie l'attachement qu'il nous inspire.

Nous le supposons intelligent, fidèle, courageux, et l'ombre de ces vertus nous captive. Le malheureux se croit moins abandonné, lorsque l'animal semble le dédommager de l'oubli des hommes ; l'infortuné s'estime davantage en s'imaginant que, puisqu'il est aimé, il possède en lui quelque chose digne de l'être. L'influence que nous exerçons sur la vie de l'animal nous est agréable, parce qu'elle nous fait sentir notre puissance. Le soin que nous prenons de son bien-être et de sa conservation nous porte à le considérer comme notre ouvrage, et nous aimons quelque chose de nous dans le maintien de son existence. Si nous le supposons heureux, cette idée nous fait songer aux images du bonheur, et nous éprouvons alors, par l'imagination, un sentiment qui nous plaît. Quelquefois la forme de l'animal nous enchante par l'agilité de ses membres, la souplesse de ses mouvemens, la fierté de son allure, ou la noblesse de sa face. Il réfléchit à nos yeux l'image de la beauté, et nous l'aimons alors comme la forme de cette idée qu'il réveille.

Voyez ce tourbillon de poussière qui s'élève sous les pas du cavalier rapide! Au turban qui ceint son front noirci par le soleil, à ses courts étriers, je reconnois l'Arabe monté sur le fidèle compagnon de sa vie, de ses travaux et de ses combats : ils ont uni leurs destinées; ils semblent ne composer qu'un seul être : c'est le Centaure. Traversent-ils un désert brûlant, un seul arbre se présente, l'ombre de son feuillage ne peut couvrir que l'homme ou l'animal; c'est l'Arabe qui demeure exposé aux feux du soleil. Le bruit d'une source vient-il réjouir ses oreilles, il y court dévoré par la soif, il s'incline, il y puise; mais à qui sont destinées les prémices de la coupe? au cheval : c'est son ami; la passion n'a rien de plus dévoué; il le flatte, le caresse, lui parle d'attachement; son hennissement belliqueux est plus doux pour lui que la voix d'une amante; et, s'il ne chérissoit pas tant la guerre, il n'aimeroit que son coursier.

Cette peinture est fidèle. Si l'on veut étudier les causes de la passion de l'Arabe envers l'animal, on les verra toutes rentrer dans le nombre des principes auxquels nous avons déjà rapporté, en général, l'affection de l'homme pour la créature dépourvue de raison. Mais un autre motif n'agit pas moins fortement sur le cœur de l'Arabe, c'est la communauté des fatigues et des dangers, des plaisirs et de la gloire que lui et son cheval endurent, bravent, goûtent et obtiennent ensemble.

Pourquoi deux soldats qui ont entendu siffler les balles à l'ombre du même drapeau, forment-ils, pendant la durée de leurs fatigues communes, un lien plus étroit que dans autre situation de la vie? Pourquoi le bruit du tambour, annonçant leur triomphale entrée dans la ville conquise, a-t-il uni leurs cœurs en les faisant battre ensemble de l'orgueil de la conquête? D'où vient que le bannissement ou le retour dans la patrie rapproche les exilés, et que l'amitié semble se développer également, soit dans la joie, soit dans les larmes? Parce que toute forte émotion, tenant à l'un quelconque de ces deux sentimens, du plaisir ou de la douleur, force les ames qui l'éprouvent en même temps à se réunir dans une même pensée. Or, lorsque nos intelligences s'occupent exclusivement d'une idée commune, elles s'identifient et éprouvent le sentiment profond d'une alliance intime; alors cet autre être que nous vîmes sourire avec nous à la destinée qui nous rendoit heureux ensemble, ou qui, frappé du même coup dont nous étions atteints, confondit ses larmes avec les nôtres, devient, en quelque sorte, une partie de nous-mêmes par le nœud de cette étroite sympathie. Sa présence nous rappelle nos dangers, nos souffrances, nos joies, notre gloire passée, et nous chérissons, soit le souvenir du péril ou de la souffrance, parce que l'idée d'y avoir échappé fortifie, par le sentiment du contraste, la douceur du repos et de la sécurité présente; soit le souvenir de la joie et de la gloire, parce que nous nous félicitons de retrouver au moins, dans le chemin de la vie déjà parcouru, quelques jours fortunés et brillans. Sa présence nous plaît encore, parce qu'elle se joint aux idées du courage ou de la vertu que nous avons pu déployer dans ces grandes épreuves, et qu'elle rend plus sensible l'opinion avantageuse que nous avons prise de nous-mêmes. En outre, son aspect réveille le souvenir d'une même valeur et d'une pareille grandeur d'ame qu'il peut avoir fait éclater lui-même, et nous fournit ainsi, en sa faveur, une source renaissante d'estime et d'attachement.

Telles sont les causes auxquelles nous pouvons, ce me semble, rapporter toutes ces fraternités de collège, d'études, de guerre, de malheur, de fortune et de gloire, qui sont, en général, les plus étroites et les plus durables liaisons de la vie.

Si nous remontons maintenant au principal objet de ces observations, nous verrons que les principes de l'affection d'homme à homme sont applicables, dans la même circonstance, à celle de l'homme pour l'animal. Le cheval réveille dans l'esprit de l'Arabe les mêmes idées de courage, de guerre, de souffrance et de victoire. La présence habituelle de son coursier se lie à tous les sentimens dont se compose sa vie; la perte de ce compagnon assidu rend, en quelque sorte, tous ces sentimens incomplets; et l'Arabe éprouve alors la douleur d'un vide, qui n'est autre chose que la rupture d'une association d'idées qui étoit passée en habitude pour son ame.

En résumant toutes nos réflexions sur les fondemens de l'attachement à la créature dépourvue de raison, nous apercevons que nous n'avons fait qu'appliquer notre définition de l'amour, et que le même mobile qui pousse le cœur de l'homme à chérir son semblable le porte quelquefois à descendre jusqu'à la brute pour y chercher l'objet de ses affections; car nous avons montré qu'on ne s'attache à l'animal que parce qu'il nous offre l'image de l'un quelconque de ces biens que nous sommes faits pour aimer, ou parce qu'il devient l'instrument du bien-être physique que nous chérissons.

CHAPITRE XX.

DE L'ATTACHEMENT AUX CHOSES.

L'amour, *appliqué aux choses inanimées*, contient les mêmes élémens précis qui entrent dans l'affection précédente. Une chose insensible nous charme, parce qu'elle se tourne pour nous en instrument de jouissance, ou réveille en nous un souvenir intéressant, ou nous offre l'image du beau et du sublime. S'il en est ainsi, c'est notre bien-être personnel, c'est la beauté, ce sont les objets naturels de l'attachement de notre ame, que nous chérissons dans les corps inanimés.

Et d'abord, la plupart de nos plaisirs ayant besoin des choses pour aides, pour occasions ou pour formes, il n'est pas étonnant que nous nous attachions à ces conditions matérielles, sans lesquelles la jouissance n'arriveroit pas jusqu'à nous. L'habitude fortifie ce lien par lequel nous tenons aux objets qui nous ont long-temps donné une impression agréable ou procuré une idée qui nous intéresse. Voilà pourquoi nous éprouvons souvent une peine à nous séparer des objets qui ont vieilli avec nous, et qui, quoique mis hors d'usage, nous offrent le souvenir des longs services qu'ils nous ont rendus. L'idée qu'ils furent utiles, se trouvant fortifiée par le temps, nous fait imaginer qu'ils le sont encore; et, comme nous aimons notre bien-être, même passé, nous chérissons aujourd'hui ces objets qui ont autrefois favorisé nos plaisirs.

Il seroit aussi facile d'expliquer notre attachement pour les choses auxquelles se lient la pensée et l'image d'un être qui nous est cher. Il semble que l'objet fasse partie d'une personne aimée, lorsqu'il est resté long-temps dans sa possession. Nous l'aimons de nous retracer d'une manière plus vive l'impression de son existence : si cette personne l'a tenu ou contemplé, nous y trouvons la preuve sensible de sa vie ; c'est une forme de son action ; ses sensations y paroissent empreintes ; son image y semble attachée, et nous croyons sentir sa main en tenant l'objet qu'elle a touché. Telle est la raison du prix que nous attachons à tous ces gages d'affection, à tous ces emblêmes de souvenir qui sont les monumens des relations de notre ame; et si le présent de l'amitié consiste dans un portrait, il est encore plus aisé de se rendre compte de l'attachement qu'il nous inspire. Toutes les idées par lesquelles un ami captive notre affection se trouvent ranimées vivement par la peinture de ses traits et de sa contenance. Nous le croyons présent devant nous, et nous jouissons de la vue de sa forme extérieure, occasion du souvenir des qualités que nous chérissons en lui.

L'explication que nous venons de donner concerne aussi les objets qui ont appartenu aux hommes célèbres par leur vertu, leur puissance et leur génie, et s'applique également aux choses qui réveillent le souvenir des belles actions et des grands évènemens. En général, le plaisir que nous éprouvons à remonter le cours des siècles et à embrasser à la fois le passé et le présent, dérive du sentiment de l'étendue de notre existence, du prolongement de notre être et du besoin de sortir des bornes de la condition actuelle, sentiment qu'on peut ramener à celui de la puissance et de l'immortalité.

CHAPITRE XXI.

QUEL EST LE BUT DE TOUTES CES ANALYSES ?

Si on nous demandoit à quelle fin tendent ces nombreuses analyses qui ne sont pas encore terminées, nous répondrions qu'on perd de vue le but important vers lequel nous marchons. Nous voulons réduire à un certain nombre d'élémens simples toutes les affections de l'ame, et montrer que, quelle que soit la position où elle se trouve, à quelque objet qu'elle s'applique, sa nature intellectuelle ne change pas; que l'objet de son amour est toujours une *idée*, soit qu'elle aime l'homme, l'animal ou les choses; et qu'enfin il seroit de toute impossibilité, nous l'avons dit plusieurs fois, et nous le répétons encore, de trouver une position où l'ame, en aimant, n'aimât pas l'activité, ou la vertu, ou la vérité, ou l'estime, ou la renommée, ou la puissance, ou la beauté. Prouver la justesse de cette assertion, c'est démontrer que l'ame est une créature spirituelle dont la tendance immuable peut servir à déterminer, d'une manière sûre, la fin pour laquelle elle est réservée.

CHAPITRE XXII.

CONTINUATION DE L'AVANT-DERNIER CHAPITRE.

Nous avons fait observer que notre attachement pour un objet inanimé peut naître de la beauté qu'il exprime. Tout le génie des beaux-arts éclate dans des œuvres exécutées à l'aide de la matière, et dans ce cas comme dans tout autre, ce n'est pas l'objet lui-même que nous aimons, mais la beauté qu'il renferme.

Il en est de même des lieux que la nature parc de tous ses charmes, et qui nous ravissent par la fraicheur du coloris que les saisons leur prêtent, ou par les accidens de lumière, d'ombre et de terrain qui deviennent des formes de la grâce, de l'abondance, de la sublimité, de la grandeur et de la majesté.

L'Océan nous subjugue par l'immensité de ses flots, le ciel par le nombre infini de ses astres.

Les souvenirs de l'histoire ajoutent aussi leur propre grandeur à des lieux que la nature n'environneroit pas de sa majesté. Ce n'est pas l'éclat du soleil de Rome qui attire le plus de voyageurs dans son sein : c'est la poussière du Capitole. Comme notre admiration pour les grands hommes qu'elle enfanta est une sorte d'amour qui nous entraîne vers eux, nous les cherchons, nous voulons nous rapprocher de leurs ombres, et nous sommes heureux de voir leurs cercueils comme quelque chose qui toucha leurs cendres. Nous nous promenons entre ces ruines, levant la tête et aspirant avec notre haleine le génie, la puissance, l'héroïsme qui soufflent autour de nous ; l'air qui fait battre nos cœurs est celui qui dilatoit leur sein généreux; ce soleil éclaira leurs pas; cette place entendit leurs mâles accens, cette place qui seule ne peut être détruite, non plus que leur souvenir!

Le bonheur ou l'infortune, la gloire ou la honte nous attachent également aux lieux par les liens du souvenir. Quelquefois la mémoire de l'infortune passée ne manque point de douceur, parce qu'elle embellit à nos yeux notre destinée présente, et nous aimons le regret mélancolique des joies évanouies, parce que c'est une consolation de penser qu'il y eut un temps où nous connûmes le bonheur.

A cette puissance des souvenirs il faut attribuer l'émotion dont nous sommes remplis en revoyant les lieux de notre enfance, les champs témoins de nos premiers plaisirs et la maison où notre jeunesse prêta l'oreille aux leçons de l'étude.

CHAPITRE XXIII.

DE L'AMOUR DE LA PATRIE.

L'amour *de la patrie* se compose de l'attachement au pays et à la société. Nous en avons tracé, sous le premier de ces deux rapports, une analyse exacte en rendant compte de tous les élémens simples auxquels peut se rapporter l'amour des lieux. Un séjour, quel qu'il soit, ne peut nous inspirer une affection morale, que parce que nous y jouissons du bonheur pour lequel est formée notre âme, et qui consiste dans la jouissance de la gloire, de la puissance, de la vertu et des autres biens que nous avons déjà énumérés. Reste à prouver que l'autre base sur laquelle se fonde l'amour de la patrie appartient au même ordre d'attache-mens, c'est-à-dire qu'aimer la société dont on est membre, c'est toujours aimer soit la vertu, soit la puissance, soit l'amour, etc.

1° Si l'on se sent touché d'une ardeur généreuse pour l'intérêt général et qu'on s'immole héroïquement à la prospérité de la nation, c'est qu'on envisage d'un œil ferme le devoir attaché au pacte social; on lit dans sa conscience l'obligation de reconnoître les bienfaits dont la patrie nous a comblés; cette obligation nous paroît marquée d'un caractère sacré, et l'amour de ce devoir nous entraîne vers l'action qui nous fait sacrifier notre bien-être particulier à l'avantage de tous les autres. Ainsi, dans ce premier cas, c'est la vertu que nous aimons en aimant la patrie.

2° Si nous chérissons les lois qui nous gouvernent, c'est aussi parce qu'elles garantissent nos droits de citoyen, et nous offrent un rempart sûr contre la violence et l'oppression. L'attachement aux institutions d'un pays vient de l'amour de la puissance que ces institutions nous accordent. La liberté n'est autre chose que ce pouvoir de donner à l'exécution des actes de notre volonté la plus grande latitude qui peut se concilier avec l'exécution de la volonté de tous. Être attaché à la liberté, c'est donc l'être à la puissance, mais en soi-même et non dans autrui, car les pouvoirs se limitent réciproquement. Ainsi, de tous les hommes celui qui chérit le plus la liberté, c'est le tyran. Le citoyen défend la liberté commune, parce qu'il n'obtient la sienne que comme une portion du tout; le tyran ne travaille qu'à l'affermissement de sa liberté propre, parce qu'il peut être libre seul, et qu'il l'est d'autant plus, que les autres le sont moins. Cette observation s'applique à l'amour de la patrie fondé sur l'amour de la puissance et non du devoir; car le sentiment désintéressé de l'obligation morale qui nous lie à tous nos concitoyens, nous fait désirer de les voir jouir du plus grand bonheur que les lois puissent leur accorder; et ce désir, inspiré par les conseils de la vertu, ne se rapporte à aucune considération d'égoïsme.

Si donc l'amour de la patrie, considéré d'une part comme l'attachement au pays, se fonde sur le lien naturel qui nous unit au séjour où nous fûmes aimés, puissans, heureux, et qu'envisagé d'autre part comme l'attachement aux lois et à la société, il découle encore de l'amour pour la puissance ou la vertu, nous sommes parvenus à le faire rentrer dans l'ordre de toutes les affections de l'ame que nous avons déjà décomposées, et qui s'appliquent constamment à un nombre plus ou moins grand des objets fixes et déterminés que nous regardons comme les élémens de tout amour.

La peine amère de l'exil se compose du double regret d'être absent du lieu natal et séparé de la société de ses concitoyens. Cette douleur se proportionne nécessairement au nombre et à l'étendue des biens que l'exilé possédoit dans sa patrie. Le souvenir des institutions n'agit avec force que sur le cœur d'un petit nombre d'hommes. L'avantage d'être gouverné par de bonnes lois ne tombe ordinairement que sous l'œil de la réflexion; il en est peu qui comprennent le bienfait de l'organisation sociale; l'occasion est rare de sentir personnellement toute la bonté d'un système politique, et à moins de souffrir, dans la terre d'exil, de la privation de cette bonté même, ou d'avoir à regretter une situation dont l'importance se lioit, dans la patrie, aux fondemens de la constitution, l'exilé déplore uniquement son toit domestique, le théâtre de ses habitudes, les objets de son amitié, et la vue de ce ciel vers lequel ses yeux se tournoient autrefois dans ses douleurs ou dans ses plaisirs.

Qui n'a pas ouï parler de l'influence irrésistible qu'exerce sur le cœur de l'Helvétien un air national? Ce chant de la patrie le transporte au pied de ses montagnes, dans son chalet rustique, en présence du champ paternel. Rien ne peut défendre le soldat suisse contre la tyrannie de ces sons touchans, qui semblent pour lui la douce plainte que la patrie murmure à son oreille pour lui reprocher de l'avoir abandonnée. Regardez-le, si la musique militaire ose moduler le *ranz des vaches*, son cœur bat avec violence, des larmes mouillent sa paupière; il croit entendre les laitières suisses chanter leur air favori en se rendant à leurs pâturages, et le mal de la patrie, le saisissant avec violence, l'entraîne à la désertion et le consume d'un feu intérieur que pourra seul éteindre l'air de ses montagnes. Ici, la douleur de l'exil n'est autre

312 DE L'AMOUR DE LA PATRIE.

chose que le regret d'avoir rompu tous les liens d'habitude et d'affection qui captivoient notre enfance.

CHAPITRE XXIV.

DE L'AMOUR RAPPORTÉ À SON PRINCIPE, A DIEU.

Après avoir successivement parcouru toutes les sphères différentes où nous pouvions saisir l'amour intellectuel, et l'avoir analysé dans son application à l'homme, à l'animal et à la nature, il nous reste à le surprendre dans son vol le plus hardi, dans sa forme la plus sublime et dans l'accomplissement entier de sa nature. Pour saisir dignement le mystère du rapport entre l'ame et la Divinité, il faudroit emprunter au saint quelque chose de ce ravissement qui le transporte au-dessus des choses créées. Enveloppés d'un corps inondé par les images de l'univers extérieur, tout chargés du poids de tant de souvenirs que la matière imprime sur notre cerveau, condamnés à n'admirer le monde intellectuel qu'à travers le grossier miroir des sens, comment concevoir cette relation secrète de l'esprit de l'homme avec l'esprit de Dieu? Comment suivre ces efforts successifs par lesquels l'intelligence divorce d'avec la matière, saisit la pensée qui jaillit, comme l'étincelle, du choc des sensations, et concevant que tout rayon s'échappe d'un foyer de lumière, arrive à comprendre l'existence de ce soleil de vérité, centre et principe de toutes les clartés passagères qui frappent l'esprit humain? Commençons par essayer au moins de déterminer en quoi consiste l'amour rapporté à cet être conçu comme le créateur de notre intelligence et de l'univers. Reportons-nous, suivant notre méthode habituelle, à notre point de départ. Comment avons-nous défini, en général, cette vie de l'ame connue sous le nom d'*amour*? L'amour, disons-nous, est le sentiment de l'harmonie entre la tendance et la fin, entre la destination et le but, entre la soif et la source d'eau vive; et les objets vers lesquels sa nature aspire sont compris dans la liste suivante : l'amour même, l'activité, la vertu, la vérité, l'estime, la renommée, la puissance et la beauté. Or, quelle idée de Dieu nous formons-nous? n'est-ce point l'unité qui ramasse en soi toutes les perfections imaginables? Dieu! ce grand mot n'exprime-t-il point la puissance absolue, la gloire éternelle, l'activité sans bornes, la vérité substantielle, la sagesse infinie, la beauté parfaite, la sainteté inaltérable? Et tous ces attributs divins, ne les supposons-nous pas rassemblés dans une intelligence qui est la vie universelle, et qui n'existe que pour aimer avec une ardeur et une plénitude incommensurables comme sa nature? Il est donc évident que l'amour appliqué à Dieu est encore l'amour appliqué aux mêmes biens dont nous avons tracé la liste, avec cette différence que nous les aimons ailleurs séparément et avec mesure, tandis que nous les aimons ici tous à la fois, et chacun dans sa perfection.

Ainsi l'âme conçoit l'existence d'une collection vivante, quoique invisible, de tous ces biens, devenue les parties d'un seul tout. Mais, comment l'ame parvient-elle à cette conception? Comment pouvons-nous aimer cet être inaccessible à nos sens? car, si nous aimons l'être humain, il est revêtu d'un corps; et, si nous aimons les beautés de la nature, elles sont enveloppées de la terre, des flots et du ciel.

Lorsqu'appliquant notre intelligence à l'observation de l'univers, nous remarquons la sagesse qui préside au concert des mouvemens de toutes ses pièces, et l'ordre établi dans la succession des phénomènes qui se passent sur ce grand théâtre de la nature, nous ne pouvons nous empêcher de reconnoître la trace évidente de l'intelligence et l'empreinte incontestable d'une pensée. Nous savons très-bien que les ouvrages de nos mains ne se revêtent du caractère de l'ordre, de l'harmonie, de la prévoyance, que parce que notre esprit en a dirigé la formation et en a tourné les parties vers un résultat conçu d'abord par notre raison. Nous distinguons parfaitement les effets du hasard d'avec les marques de l'intelligence, et là où se peint la trace d'une idée, nous voyons l'ouvrage de l'esprit. C'est ainsi que nous ne confondons point une ligne de couleur tracée accidentellement par le hasard, avec le trait qui résulte de la main de l'artiste; et là où se décèle une touche intelligente, nous nous écrions : Voici l'œuvre du peintre. Or, jamais le plus intrépide et le plus opiniâtre des athées n'a pu nier que l'univers offre la trace de quelque ordre et de quelque intelligence. S'il en est ainsi, une raison a réglé le mouvement général du monde ; cette raison étoit antérieure à l'arrangement de l'univers, puisqu'elle y a présidé. Ou elle fut créée, ou elle exista de toute éternité. Si elle fut créée, en tant qu'intelligence, elle ne put l'être également que par une intelligence supérieure à elle et antérieure à elle, qui, à son tour, fut créée ou ne le fut pas, et qui, si elle le fut, ne put l'être que par une intelligence au-dessus d'elle par l'étendue de la puissance, et avant elle dans l'ordre des temps ; de sorte que, remontant ainsi de création en création, il faudra finir par concevoir une intelligence productrice, qui tire son être de soi-même, et renferme tout en soi, excepté le temps, parce qu'elle est éternelle. Une fois cette idée surprise par l'esprit humain, Dieu tout entier s'y trouve contenu. D'abord, cette intelligence, qui est la vie même, est seule et unique, car elle forme le tout. Ensuite, il est clair que chacun de ses attributs, participant de son infinité, ne connoît ni fin ni limites. La *puissance* est le premier que nous ayons à lui reconnoître, puisque tout ce qui existe n'est qu'une forme de son être. La *vérité* est son second caractère. La vérité, c'est ce qui est; donc Dieu, qui est la vie même, est la vérité même. Mais la puissance et la vérité ne peuvent pas ne pas être belles; donc la *beauté* est un troisième attribut de Dieu; et, comme il ne peut à demi la posséder, nous adorons en lui le type absolu de la beauté. Mais il est en même temps la substance du bien, car le mal n'a aucune beauté; et Dieu, ne pouvant rien avoir en soi qui ne soit beau, doit, par conséquent, être la sainteté absolue. Ainsi, puissance, vérité, sainteté, beauté, voilà les quatre grands caractères de l'existence éternelle.

Arrivés sur le bord de l'abîme que forme l'immensité de ce grand être, nous admirons l'infini, et l'homme, à mesure qu'il se fortifie dans la conviction de l'existence de cet esprit souverain, sent de plus en plus croître en lui une disposition pieuse à se courber devant sa majesté suprême. Il n'atteint pas Dieu par les sens; ses yeux ne sont pas frappés de l'éclat de sa gloire; son oreille n'entend pas les sons de sa voix divine : mais il promène ses regards sur l'univers, et le soleil et les astres, œuvres de la main toute-puissante, lui parlent de celui qui les fait rouler dans l'espace, comme les plus beaux poèmes que possède la terre lui révèlent l'existence des génies qui les enfantèrent. La bonté suprême, éclatant de toutes parts, trahit à ses yeux l'action perpétuelle d'une intelligence dont l'œil ouvert sur le monde y fait éclore ses dons par la seule chaleur de son regard; et de même que les traits d'héroïsme qui commandent avec certitude notre admiration, nous portent à l'amour pour leur généreux auteur, encore bien qu'il ne se soit jamais offert à nos yeux, ainsi convaincus de la nécessité d'une main d'où s'échappent tous les bienfaits qui se répandent sur l'univers, nous adorons cette invisible main qui pèse l'Océan, et d'un doigt soutient les cieux. N'a-t-on pas vu l'amour allumé plus d'une fois dans un cœur, par la vue seule d'un portrait fidèle qui retraçoit la beauté d'un modèle inconnu ? La condition seule de la naissance de l'amour étoit la foi dans l'existence actuelle de la personne représentée. Eh bien ! n'avons-nous pas le portrait du Dieu qui peignit lui-même son image, et ce portrait n'a-t-il pas une voix ? La grandeur illimitée de l'Océan nous offre un trait de son existence infinie ; le soleil, l'ame de la nature, est une ombre de cette ame, feu, lumière et vie de tout ce qui respire ; le génie des arts est une étincelle de son esprit créateur ; la beauté idéale, un éclair de sa perfection ; les vérités de la science, une expression de sa pensée ; la vertu et l'héroïsme, une peinture de son action ; enfin, la voix de la conscience, un écho fidèle de ses accens. Si on nous lisoit les plus belles productions qui pussent échapper à l'esprit humain, si on nous racontoit les actes les plus prodigieux du dévoûment, et que, plaçant alors dans nos mains un portrait où fût retracé le type le plus complet de la beauté imaginable, on ajoutât que nous voyons l'image parfaite de la même personne qui avoit enfanté ces chefs-d'œuvre, qui avoit fait éclater ces preuves d'héroïsme, qui avoit couvert le monde des témoignages de son génie bienfaisant, je le demande, pourrions-nous résister à l'impulsion de l'amour qui nous entraîneroit vers cet être doué du plus beau génie, de la plus haute vertu, de la plus sublime beauté? Convaincus de son existence, si, dans ce moment, nous entendions sa voix, tout notre cœur ne seroit-il pas ravi d'admiration et d'enthousiasme, et aurions-nous besoin, pour l'adorer, de soulever le dernier voile qui nous cacheroit la lumière de son visage? Et cependant quelle distance de l'être le plus parfait en tous sens à l'être qui est la perfection même!

Comment donc expliquer dans nos ames la tiédeur de l'amour rapporté à son principe? Il nous suffira de rappeler le passage où nous avons traité des principes fondamentaux de l'amour.

« L'amour est le sentiment de l'harmonie entre le besoin du bonheur et l'objet du bonheur. Ce bonheur consiste, pour l'être intellectuel, dans la possession exclusive d'un certain nombre d'idées qui se présentent sous des images physiques ; d'où il arrive que l'amour paroît souvent s'appliquer à ces images, parce que la forme et l'idée sont inséparables. Quand l'ame semble donc attachée à un objet physique, gardons bien d'imaginer qu'elle aime cet objet pour lui-même, mais rappelons qu'elle s'y attache à cause d'une idée réveillée sans doute en elle par la présence de ce même objet.

» Aussitôt que nous apercevons la forme qui fait naître l'une quelconque des pensées qui satisfont au besoin de notre nature, nous nous en approchons ; nous cherchons à la garder constamment sous nos yeux pour rendre plus fréquente l'idée chérie qu'elle excite ; nous nous détachons de tous les autres objets pour fortifier l'empire du sentiment qui nous occupe ; nous tâchons de nous oublier nous-mêmes et de nous transformer dans la chose aimée.

» Cette observation nous mène à comprendre parfaitement en quoi consistent *l'amour proprement dit* et *l'amitié*, c'est-à-dire, l'amour appliqué à un être humain. En effet, notre semblable peut devenir lui-même la forme des idées que nous aimons. Si son corps, ses actions, ses ouvrages, son rang dans la société, nous présentent l'image de la beauté, de la vertu, de la science, de la gloire, de la puissance, alors nous nous attachons à ces objets naturels de notre amour qui se trouvent en lui. Nous cherchons tous les moyens de conserver sa présence, parce qu'elle fait naître en nous l'idée de tous ces biens qui nous sont chers; et le mouvement qui nous porte toujours à nous confondre de plus en plus étroitement avec ces objets qui nous attirent, explique ce besoin d'une union mystérieuse avec l'âme de notre ami.

» Ce désir d'identifier notre intelligence avec celle d'un autre, facilite l'explication de plusieurs phénomènes remarquables. Puisque nous ne pouvons faire un avec une autre ame qu'à la condition de vouloir et de penser comme elle, l'effet de l'amour moral est de chercher à satisfaire toutes les volontés et tous les désirs de l'objet aimé.

» Un autre effet de l'amour est de vouloir qu'il soit payé de réciprocité, et voici pourquoi : l'attachement que vous nourrissez pour la vertu, pour la beauté, pour la science, pour le génie, vous porte à désirer d'être toujours près du miroir vivant qui fait briller à vos yeux les rayons de ces images que vous aimez; de plus, le désir de vous confondre le plus étroitement possible avec ces biens intellectuels, vous entraînant à chercher l'ame de votre ami, il est nécessaire que cet autre être dirige vers vous sa pensée; car l'union n'est possible qu'à cette condition, et tout cela exige qu'il vous aime comme vous l'aimez. »

CHAPITRE XXV.

RÉFUTATION RADICALE DU DÉISME.

Les observations que nous venons de rappeler montrent que l'amour appliqué à Dieu, ou à l'être humain, tend à se confondre avec son objet pour le posséder plus étroitement; et, puisque Dieu est conçu comme une intelligence libre, l'amour, appelant l'amour, doit désirer un retour de la part de l'être infini. L'ame ne sauroit éprouver un attachement, sans être toujours portée à chercher une union de plus en plus intime avec l'objet qui l'attire, et cet hymen de deux intelligences s'effectue par l'alliance de leurs pensées confondues. Si l'amour ne peut pas se livrer à cet essor dirigé vers le but où il aspire, il se détourne et tend vers un autre objet; de sorte que, si l'ame perd entièrement l'espoir de parvenir à l'union qui doit faire son bonheur, son attachement découragé défaille, languit, s'éteint et se ranime bientôt pour jeter de nouvelles flammes vers quelque autre bien qu'elle conçoit la possibilité d'obtenir.

Il résulte de ces réflexions que l'amour de Dieu ne peut exister dans le cœur humain que lorsqu'il y est accompagné de la conception suivante, savoir : que Dieu peut s'occuper de l'homme, diriger sa pensée vers lui, l'aimer, et par conséquent entrer avec nous dans une communauté intime de désirs et de volontés. Sans une pareille foi, l'amour de Dieu manque de principe et d'aliment. Le désespoir ne lui permet pas de naître, et il devient impossible.

Quiconque professe l'opinion que Dieu demeure étranger, pendant la vie, au cours de notre destinée; que s'étant borné à nous douer d'un libre arbitre, il nous abandonne sur la terre; que nous sommes trop foibles et trop vils à ses yeux, pour qu'il daigne tourner sa pensée immense vers des êtres imperceptibles; que toute relation entre notre ame et la Divinité se borne à concevoir les principes du bien et à les pratiquer; que la croyance dans l'efficacité de la prière est un dogme absurde, et que les formes d'un culte inutile ne sont que des hommages superstitieux; quiconque professe cette opinion doit regarder l'amour de Dieu, sous peine d'être inconséquent à soi-même, comme un sentiment faux, inutile, étranger à notre nature.

S'il étoit possible de prouver maintenant que ce sentiment est cependant le seul qui puisse donner le bonheur complet auquel notre nature aspire, nous montrerions que le désir de la félicité étant vrai, le bien seul qui peut la procurer doit être également vrai, et qu'ainsi l'opinion qui envisage l'amour de Dieu comme un sentiment faux, est, au contraire, par cela même, convaincue de fausseté.

Nous arriverions à un grand résultat: nous saperions la base du déisme.

La félicité complète est évidemment liée à la possession entière et non interrompue de tous les biens qui forment les objets de l'amour. Or, prenez successivement toutes les occasions humaines où l'amour peut naître dans cette vie, et vous verrez que l'objet de cet amour n'est jamais qu'un bien circonscrit dans d'étroites limites et sujet au déclin et à la ruine que le temps fait subir à toute chose de la terre. Les biens appropriés à la nature de notre ame ne peuvent résider que dans la nature, dans les autres hommes, dans nous-mêmes ou en Dieu.

Il est évident d'abord que l'univers extérieur ne renferme point la somme totale des objets de l'amour, puisqu'il n'offre qu'un ensemble inanimé de phénomènes qui ne se comprennent point eux-mêmes, et obéissent à la loi qui leur est imposée sans avoir la sublime puissance de la violer. On chercheroit en vain la vertu dans le soleil et l'intelligence dans l'Océan. De plus, quelque merveilleux que soit le spectacle des beautés de la nature, nous ne voyons jamais un tableau qui ne permette pas à l'imagination de rêver un point de vue qui surpasse le site réel en magnificence. Cette réflexion paroîtra d'autant plus vraie, que le triomphe de l'art consiste précisément à vaincre le monde extérieur en le reproduisant, et à trouver, dans le cercle des combinaisons possibles, une chance de beauté supérieure au charme de tous les tableaux existans. Donc, la nature ne possède pas, dans toute leur étendue, les attributs dont elle réfléchit l'image. En outre, le caractère de ce qui est muable et fugitif appartient, sans contredit, aux scènes de l'univers. La sublimité du volcan passe avec l'éruption de ses flammes; la majesté de l'orage s'éteint avec le feu des éclairs et le bruit de la foudre, et le calme des flots efface, dans un moment, toute la grandeur de la tempête. L'automne fait disparoître l'aspect de la fécondité de la terre; l'hiver flétrit les dernières couleurs dont se paroit l'automne; le printemps fait fondre la couronne imposante des montagnes que l'hiver avoit chargées de ses neiges; et les roses du printemps sont à leur tour flétries par les flammes de l'été qui se consume lui-même. Tout passe et tout fuit; la beauté, c'est le mouvement même. D'ailleurs nous ne pouvons pas remplir tous les pays à la fois, et quitter un lieu, c'est perdre l'aspect de ses charmes. Enfin, l'exercice de nos organes est la condition nécessaire du plaisir intellectuel que nous donne le spectacle de l'univers; et, si quelque accident vient à nous priver de la vue ou à enchaîner nos membres, nous perdons un bonheur fondé sur le rapport mobile de la sensation et de la nature.

Donc nous ne pouvons pas trouver le bonheur complet dans la possession des biens qui sont l'objet de notre amour, quand nous aimons ces biens dans le monde matériel. Si l'entière félicité consiste à posséder, sans interruption et sans mesure, tous les biens de l'ame à la fois, nous n'obtiendrons pas davantage cette félicité parfaite en les aimant dans un être humain : car comment l'homme, si c'est lui que nous chérissons, nous peut-il offrir un aliment d'amour complet et perpétuel? Nul ne réunit tous les biens qui forment cet aliment; nul n'en possède même un seul tout entier; nul n'est sûr de garder celui ou ceux dont il est revêtu; nul n'est à l'abri de cette mort qui soudain coupera notre bonheur dans sa racine, en abattant la forme où nous le cherchions. Qui n'a jamais eu à mouiller de ses larmes un nom chéri inscrit sur le tombeau? Qui n'a jamais senti avec amertume la brièveté du bonheur, en regardant cette mousse qui croît sur la pierre funèbre, et en songeant qu'un brin de gazon peut survivre à l'objet de toutes nos affections et de toutes nos espérances?

L'objet vivant de notre tendresse, pût-il même échapper à l'imperfection et à la mortalité, partage de la nature humaine, ne nous feroit jouir de la félicité entière qu'en se prêtant à l'union intime que notre ame demanderoit à la sienne; de sorte que notre félicité seroit troublée par l'incertitude où nous serions d'obtenir son attachement ou de le garder, et la variabilité rentreroit encore, par ce côté, dans les fondemens de notre bonheur.

L'inconstance ou l'incertitude d'un retour d'affection est l'origine des plaies les plus profondes que l'amour fasse saigner dans le cœur humain. C'est là le principe du trouble et de la misère des affections les plus légitimes et les plus saintes.

Dans quelle sublime poésie Salomon n'exprime-t-il pas cette muabilité des joies de la terre!

« Toutes ces choses passent comme l'om-
» bre et comme un courrier qui court, ou
» comme un vaisseau qui fend les flots agi-
» tés, dont on ne trouve point de trace
» après qu'il est passé, et qui n'imprime sur
» les flots nulle marque de sa route, ou
» comme un oiseau qui vole au travers de
» l'air; on n'entend que le bruit de ses ailes
» qui frappent l'air et qui le divisent avec ef-
» fort, et après qu'en le remuant il a achevé
» son vol, on ne trouve plus aucune trace
» de son passage; ou comme une flèche
» lancée vers son but, l'air qu'elle divise se
» rejoint aussitôt, sans qu'on reconnoisse
» par où elle est passée; ou comme ces
» pailles légères que le vent emporte, ou
» comme l'écume qui est dispersée par la
» tempête, ou comme la fumée que le vent
» dissipe, ou comme le souvenir d'un voya-
» geur qui passe, et qui n'est qu'un jour
» dans un même lieu. »

Notre intention n'est pas toutefois de dessécher la source des attachemens qui nous consolent, à défaut d'une ressource plus haute, de l'aridité de la vie. Nous ne désirons qu'une chose, c'est de prouver,

1° que le désir du bonheur complet étant une vérité, l'amour rapporté à Dieu, qui est le seul moyen d'atteindre ce bonheur, doit être également la vérité; 2° que la condition de la possibilité de cet amour étant la croyance dans la nécessité d'un culte, le culte est par conséquent vrai et nécessaire.

Si nous parvenons à cette conséquence, le déisme est atteint dans son principe, et l'insuffisance de la religion naturelle mise à nu.

Après avoir montré que l'amour, appliqué à la nature et à l'homme, n'a pas une capacité proportionnée à l'étendue de la félicité sans bornes que nous cherchons, il reste à l'examiner quand il nous prend lui-même pour objet. L'homme qui s'aime soi-même n'a pas à craindre la perte de l'être aimé, puisque l'objet et le sujet de l'amour ne forment qu'une même personne. Il n'a pas non plus à redouter l'inconstance de l'attachement réciproque dont il veut se voir payé. Ainsi, l'amour de soi-même contient des élémens de durée et de sécurité; et c'est pourquoi tant d'hommes cherchent un refuge dans l'égoïsme, après avoir traversé une région plus orageuse; mais, au lieu de redescendre, ils auroient pu monter encore dans le même but ; car on échappe également à la foudre qui gronde entre la terre et le ciel, soit en la laissant au-dessus de sa tête, soit en la laissant sous ses pieds.

S'il entre moins de variabilité dans l'amour de nous-mêmes que dans l'amour et dans l'amitié, toutefois ce sentiment n'échappe point à l'inquiétude qui trouble la douceur de la possession. Les tribulations qui corrompent la jouissance de l'orgueil l'exposent à douter de soi-même. Le blâme et la critique, justes ou non, font chanceler sa confiance. L'égoïste ne goûte point la douceur de se sentir aimé, et son bonheur cède, sous ce rapport, à la félicité que donnent l'amour, l'amitié et les affections du sang. D'ailleurs, le bonheur que goûte l'orgueil est dans l'impossibilité d'être complet, puisque l'homme qui s'aime aime quelque chose d'imparfait, et d'autant plus imparfait, que le premier des biens, la vertu, est incompatible avec l'orgueil.

C'est ici l'occasion de découvrir la foiblesse de l'édifice moral que cherche à élever la philosophie, et l'insuffisance du but qu'elle enseigne à l'homme pour le conduire au vrai bonheur. Elle prétend que nous devons aimer le bien et le bien seul, que cet amour nous suffit et comprend à la fois notre loi, notre fin et notre bonheur. Or, nous tiendrons à la philosophie ce langage : Vous voulez circonscrire toutes les affections possibles de l'homme dans l'unique amour de la vertu ; mais, si vous avez bien observé son âme, vous avez dû la trouver faite, non-seulement pour s'attacher à la vertu, mais encore à la puissance, à la gloire, au génie, à la beauté, à l'amour. Ces penchans sont aussi naturels, aussi vrais, aussi conformes à sa destinée que son inclination pour le bien. Prétendez-vous donc imposer à l'homme l'obligation d'étouffer ces penchans ? mais le peut-il, puisqu'ils font partie de sa nature ? L'âme est capable de se séparer du corps, mais non pas d'elle-même ; elle a le pouvoir de résister à l'appétit des sens, et son bonheur consiste à y résister ; mais elle est dans l'impossibilité de se mutiler, parce que la satisfaction de chacun de ses penchans est nécessaire à sa félicité. Elle ne peut s'abstenir de soupirer après la puissance, la gloire et la beauté; elle ne peut renoncer au bonheur d'être aimée. L'obliger à lutter contre ces désirs, tous aussi forts et aussi vrais que celui de la vertu, c'est la condamner au malheur, et ce n'est pas remplir la promesse que vous faisiez à l'homme de le mettre dans la route de la félicité. La philosophie méconnoît donc la vraie nature de l'homme en ne voulant lui laisser pour amour que celui de la vertu. La seule doctrine compatible avec tous les besoins de notre ame sera celle qui, résolvant l'énigme, nous offrira le moyen de chérir la beauté, la gloire, la puissance en même temps que la vertu, et qui nous permettra le bonheur de nous sentir aimés, sans nous exposer à perdre notre amour pour les principes du bien. Telle est la doctrine qui nous enseignera le chemin de la félicité complète, et qui, sans rien retrancher de nos désirs, les accordera tous.

Mais forçons le dernier retranchement de la philosophie.

—Attache-toi au bien, dit-elle à l'homme. L'homme répondra : —Où voulez-vous que je l'aime, en moi ou dans autrui? Mais si je l'aime en moi, je tombe dans l'orgueil, et si je l'aime dans autrui, je tombe dans l'amour. —Aime le bien en soi, répond la philosophie. — Qu'entendez-vous? demande l'homme; parlez-vous d'aimer le bien dans sa substance, c'est-à-dire, en Dieu? — Non, je t'invite à l'aimer dans sa conception abstraite. — Mais comment est-ce possible? L'idée du bien doit toujours être l'idée de quelque chose d'existant : or, vous me parlez d'un bien qui n'existe ni en moi, ni dans autrui, ni en Dieu; où existe-t-il donc? Nous ne pouvons l'apercevoir sans qu'il revête une forme : cette forme ne peut être que l'action de l'homme ou l'action de Dieu; et, comme l'effet de l'amour est de tendre à s'unir toujours avec l'objet de cet amour, dès que j'aime le bien dans l'homme ou dans Dieu, j'aspire à me confondre avec l'homme ou avec Dieu : d'où il suit que défendre d'aimer le bien en Dieu, c'est vouloir qu'il soit aimé dans l'homme; ce qui nous expose, comme nous l'avons vu, à l'orgueil ou à l'amour; et, comme ces deux sentimens tournent contre le but même de la philosophie, il en résulte qu'elle est convaincue d'impuissance à nous donner la véritable règle de conduite, et qu'en nous trompant, elle se trompe elle-même.

Il s'agit maintenant d'examiner l'amour rapporté à Dieu, et de s'assurer s'il remplit toutes les conditions auxquelles l'amour du bien abstrait ne peut satisfaire. D'abord, il ne force l'ame à retrancher aucun de ses désirs, puisque Dieu, réunissant en soi puissance, gloire, activité, intelligence, sainteté et beauté, nous offre tous les alimens complets de chacun des penchans qui entraînent notre nature intellectuelle. Dès que nous concevons son existence et ses attributs, il devient pour nous une substance réelle, vivante, un esprit, un être que nous n'atteignons pas par les sens, mais que nous voyons clairement par les yeux de la raison, que nous entendons par les oreilles de la conscience, que nous touchons par les mains de la foi. Il nous importe peu qu'il ne soit pas revêtu d'une forme corporelle, visible et tangible, lorsque nous sommes persuadés qu'il existe en esprit, et quand nous sommes parvenus à cette vérité vulgaire, que, même sur la terre, l'homme que nous chérissons ne consiste pas, à proprement parler, dans le corps dont il est enveloppé, mais dans une ame que nous concevons sans la sentir, et que nous aimons sans la voir. Mais cela ne suffit pas encore pour que l'amour subsiste rapporté à Dieu : il faut que nous puissions tendre à nous unir avec lui, il faut que nous croyions qu'il dirige sa pensée vers nous, et que, nous jugeant dignes de son amour, il daigne exaucer les désirs que nous lui exprimons. De là suit la foi dans la nécessité de la prière, dans la relation directe de l'ame avec la Divinité, et dans la vérité d'un culte positif.

Une fois ces croyances embrassées par l'ame, l'amour, rapporté à son principe, devient la source d'une félicité plus grande que l'ame elle-même. L'homme alors voit la main de Dieu imprimée sans cesse et partout ; il adore dans chaque évènement la marque de sa volonté, et l'effet de l'amour étant de s'unir à la pensée de l'être aimé, l'homme qui souffre veut souffrir. Ses misères deviennent un lien entre Dieu et lui ; il se réjouit d'avoir à lui prouver sa foi, et quelques gouttes d'une joie inconnue tombent dans le calice amer qu'il porte courageusement à ses lèvres. Que lui veut la pauvreté ? Il n'a rien et il a tout. Le ciel, la terre, les astres, l'océan, tout ne lui appartient-il pas ? Ne sent-il pas son cœur plus large que les espaces où sont renfermés tous les mondes, lorsqu'il le sent rempli par Dieu ? Il bénit ses calomniateurs qui travaillent à sa gloire, sourit à ses ennemis qui lui semblent des envoyés du ciel, et baise la main de ses bourreaux dont le glaive va déchirer le voile qui lui cachoit encore l'objet de son amour.

L'amour, rapporté à Dieu, résout donc finalement le grand problème de la vie, par l'alliance étroite de la vertu et du bonheur. Nous défions qu'on puisse répondre d'une manière satisfaisante à ce syllogisme : la vérité est que la loi de l'homme est d'être bon et heureux ; le seul moyen, pour lui, d'atteindre à la perfection et à la félicité doit donc être la vérité. Quel est ce moyen? Nous avons employé ce chapitre à le démontrer : donc ce moyen est la vérité.

Il est singulièrement doux de relever les autels de la religion à l'aide de cette philosophie dont l'incrédulité se sert toujours pour les renverser.

Mais je ne dois pas terminer ce chapitre sans répondre à l'objection que l'on auroit à nous adresser sur l'amour de Dieu, posé comme unique source du bonheur complet. Il y a peu d'hommes, pourroit-on nous dire, qui sont capables de s'élever jusqu'aux perfections invisibles de la substance, et l'amour de Dieu n'est un sentiment permis qu'à un petit nombre d'êtres privilégiés par la nature et par les circonstances de l'éducation. Par conséquent, votre règle morale est inapplicable à la totalité de l'espèce humaine, et il faut se contenter de donner, pour principes de conduite et pour sources de félicité, les seules règles de la vertu à ceux qui ne sont pas capables d'adorer le bien lui-même, personnifié dans le Créateur. Quiconque nous adresseroit une telle objection, auroit mal compris l'ordre de notre raisonnement. Nous avons mis, pour condition à la naissance de l'amour de Dieu, l'exercice de la prière. Or, est-il un homme dépourvu des moyens de prier? Si la demande humble et fervente que nous adressons au dispensateur de toutes les grâces suffit pour les mériter et les obtenir, existe-t-il un seul être auquel ces faveurs soient interdites? Prier! ce mot seul contient le secret de la terre et du ciel. Prier! ce mot suffit pour exprimer tous les conseils de la morale. Le moyen d'arriver à la perfection et à la félicité est au pouvoir de tous les humains. Demandez à Dieu qu'il se fasse aimer de vous, et vous l'aimerez; et, en l'aimant, vous aurez atteint le but de l'existence.

CHAPITRE XXVI.

OPPOSITION DE L'AMOUR INTELLECTUEL A L'AMOUR PHYSIQUE.

J'ENTENDS ici par l'amour physique la collection de tous les penchans instinctifs qui nous entraînent vers les sensations agréables. Distinguons cet amour de l'amour moral; et continuons de bien marquer cette ligne qui sépare le monde sensible de l'univers intellectuel.

Nous remarquerons d'abord les mêmes différences qui séparent toujours les passions animales des besoins de l'esprit. D'abord l'objet des unes est matériel, celui des autres immatériel. La tendance du corps vers son but est aveugle et spontanée; l'effort de l'ame, pour atteindre sa fin, est éclairé et réfléchi. De plus, observons que les sens, aspirant aux objets qui les flattent, parviennent à s'y unir complètement dans le moment de la possession; mais que l'ame, au contraire, ne peut jamais atteindre ici-bas, avec l'objet de son amour, cette confusion intime pour laquelle elle soupire si ardemment. Le sens de l'odorat s'unit à l'odeur qui le flatte, l'organe de la vue à la couleur dont la teinte lui plaît, celui du goût à la saveur de l'aliment ou de la boisson préférée, celui du toucher aux formes dont il saisit le contour, et enfin le sens de l'ouïe à l'harmonie des accords qui charment nos oreilles, de manière que la sensation forme pour nous une jouissance complète, indivisible, une, où le sens qui perçoit l'objet se trouve confondu avec l'objet perçu. Mais le bonheur de l'ame, qui consisteroit dans une pareille union avec l'objet intellectuel qu'elle adore, ne lui est pas accordé ici-bas. Nous avons vu qu'elle ne pouvoit pas atteindre à l'unité consommée avec les biens dont elle est éprise, et qu'elle ne parvenoit point à se transformer, soit dans la puissance, soit dans la vérité, soit dans la gloire elles-mêmes, etc. Nous sentons, dans certains momens où la partie animale de notre nature se trouve pleinement satisfaite, que nous n'avons plus rien à désirer pour la satisfaction des sens; et le corps, n'éprouvant jamais tous les besoins à la fois, se trouve heureux de remplir ceux qu'il éprouve successivement : mais la félicité de l'ame demande l'accomplissement parfait de tous ses désirs réunis; elle aspire en même temps à toutes les fins de sa nature; et c'est encore une raison pour laquelle il ne lui est pas donné sur la terre de se reposer dans la pleine satisfaction de ses appétits spirituels.

CHAPITRE XXVII.

DE L'IDENTITÉ DE L'AME DANS LES TROIS ÉTATS SUCCESSIFS DE DÉSIR, DE CRAINTE ET D'AMOUR.

Nous avons prouvé l'identité de l'ame dans l'état de désir et dans l'état de crainte;

il est facile de montrer, à l'aide du même raisonnement, que la substance immatérielle qui désire et qui craint est encore celle qui aime; en effet, l'ame, en se souvenant d'avoir désiré et d'avoir craint, se reconnoît identique dans ces trois passions diverses; et son image inaltérable, empreinte dans la conscience, lui donne l'assurance que c'est elle-même qui connoît les ardeurs du désir, les tourmens de la crainte et les flammes de l'amour.

LIVRE QUATRIÈME.

DE LA HAINE,

DE LA COLÈRE ET DE LA JALOUSIE

INTELLECTUELLES.

CHAPITRE PREMIER.

DÉFINITION DE LA HAINE.

Il paroît étonnant, au premier aperçu, d'entendre affirmer que la haine n'est qu'une privation de l'amour. Il semble qu'on retire ainsi à ce sentiment trop réel une vie incontestable. Mais, pour saisir clairement la vérité de cette proposition, il suffit néanmoins d'examiner le phénomène de l'amour et les caractères des objets qui le font naître. Nous avons tracé, avec une étendue suffisante, l'histoire de ce grand sentiment, qui, à lui seul, compose la véritable existence de notre nature intellectuelle. Or, que l'on suppose l'ame placée dans une situation où elle ne peut aimer les biens qu'elle se sent faite pour aimer, l'ame haïra cette situation, et en même temps les causes vivantes ou inanimées qui l'y auront amenée, ou qui l'y retiendront. Mais quand l'ame peut-elle se trouver dans l'impossibilité de satisfaire son besoin d'amour? C'est lorsqu'un objet, formé naturellement pour réveiller l'une quelconque des idées qui la rendent heureuse, manque sur ce point à sa destination, et, au lieu de faire naître l'idée d'un bien chéri par l'ame, fait naître au contraire celle de l'absence de ce bien. L'ame, trompée dans son espoir, éprouve alors un sentiment de douleur qui est accompagné du désir de se tourner vers quelque autre objet plus capable de réfléchir à ses regards les attributs du ciel, et ce mélange de chagrin et d'impatience morale est précisément ce que nous entendons par la *haine*.

Les objets de ce sentiment, étant donc la négation des objets de l'amour, doivent réveiller les idées de néant, de foiblesse, de haine, d'erreur, de vice, d'apathie et de laideur, qui sont les idées contraires de celles d'immortalité, de puissance, d'amour, de vérité, de vertu, d'activité et de beauté. Ainsi, les objets de la haine sont ceux qui nous paroissent destitués d'un rapport légitime avec leur fin naturelle : ce sont les monstres de l'ordre intellectuel. En effet, le monde, avec toutes ses parties, a été soumis primitivement à une grande loi : l'univers étoit évidemment formé, comme nous le prouverons plus tard, pour être la forme complète du beau absolu, c'est-à-dire, de Dieu même. L'homme étoit créé pour le bonheur entier, c'est-à-dire, pour la possession de tous les biens qui sont restés les objets de son amour : mais aujourd'hui un grand évènement paroît avoir changé la face du monde et la nature de l'ame. L'univers renferme des objets privés de leur relation avec la beauté primitive, et l'homme ne trouve plus en lui-même l'image de la perfection. Cependant son ame a conservé le besoin de l'état qui devoit d'abord composer son entière félicité : ce besoin de bonheur lui inspire l'idée de la situation qui pouvoit le lui donner; et, soit que l'ame gémisse devant l'imperfection et la laideur de quelques formes matérielles, ou qu'elle pleure sur son impuissance de toujours demeurer fidèle aux principes du bien, elle comprend le secret de sa douleur dans ces deux circonstances, et conçoit que la loi première du monde devoit être d'offrir l'image de la toute-beauté rendue visible, comme sa fin à elle-même devoit être de trouver le bonheur entier dans une vertu sans limites.

CHAPITRE II.

LE MAL N'EST QUE LA PRIVATION DU BIEN.

Ainsi se résout facilement cette grande question, si le mal est une substance. L'idée du mal n'est autre chose que l'idée d'une loi violée : toute déviation d'une fin naturelle est ce que nous appelons *mal* dans l'ordre physique comme dans l'ordre moral. Le mal n'est donc pas une substance, car toute substance doit exister par soi-même. Or, comme le mal ne peut faire le malheur de l'ame que parce qu'il rappelle le bien dont il prend la place ; et que le bien peut rendre l'ame heureuse, sans avoir besoin, pour cela, de la faire souvenir du mal, il suit : 1° que la notion du bien se suffit à elle-même ; 2° que la conception du mal n'existe au contraire que par opposition à celle du bien. De deux choses l'une, ou il faut que ce soit le bien qui soit la privation du mal, ou le mal qui soit la privation du bien; car, l'un n'étant que l'absence de l'autre, il est absolument nécessaire que l'un des deux soit le terme positif: deux substances ne sauroient exister à la fois. La substance est ce qui est, et ce qui est ne peut composer qu'une unité. Ainsi la substance est la substance du mal ou du bien, car elle ne sauroit être à la fois celle de l'un et de l'autre. Pour décider la question, il suffit de s'assurer quelle est celle de ces deux choses qui auroit toujours pu exister seule, et se suffire ; or, il est évident que le bien, n'étant que le rapport de chaque chose à sa fin, auroit toujours existé seul, si chaque partie de l'univers avoit toujours accompli sa loi première; tandis que le mal, étant précisément la violation de cette loi, n'a pu entrer dans le monde qu'à la faveur même de cette loi : supprimez la loi, et vous supprimez la possibilité du mal. Or, la loi n'est autre chose que le bien lui-même; donc le mal n'existeroit pas, si le bien n'avoit pas dû exister. Nous avons vu que le bien auroit toujours pu exister seul : il nous est donc permis de conclure que c'est lui qui est la substance.

CHAPITRE III.

L'ERREUR N'EST QUE LA PRIVATION DE LA VÉRITÉ, LA FOIBLESSE N'EST QUE LA PRIVATION DE LA PUISSANCE, ETC.

Le raisonnement que nous venons de faire s'appliqueroit à tous les autres objets de la *haine*, et nous prouverions de même que l'*erreur* n'est que la privation de la *vérité*; la *foiblesse*, de la *puissance*; l'*apathie*, de l'*activité*; la *laideur*, de la *beauté*; le *néant*, de l'*immortalité*.

CHAPITRE IV.

COMPARAISON A L'AIDE DE LAQUELLE L'IDÉE DE SUBSTANCE SE FAIT MIEUX COMPRENDRE.

Pour vous faire une idée plus exacte de ce qu'il faut entendre par substance et par privation de la substance, tournez vos yeux vers cet immense corps de lumière qui mesure vos jours : vous accordez que ce grand astre existe, mais croyez-vous que Dieu ait eu besoin de créer la nuit? pensez-vous qu'il ait dit à l'ombre : Sois, et que l'ombre ait été faite? Non, sans doute : vous reconnoissez que, pour former les ténèbres, il lui a suffi de retirer la lumière; eh bien! le mal, la foiblesse, la mort, la haine, l'erreur, l'apathie, la laideur, ce sont les ombres produites par l'absence du bien, de la puissance, de l'immortalité, de l'amour, de la vérité, de l'activité et de la beauté.

CHAPITRE V.

LA HAINE N'EST QU'UNE NÉGATION DE L'AMOUR.

La manière dont nous avons prouvé que les objets de la haine n'étoient que la négation des objets de l'amour nous permet de tirer cette conséquence, savoir: que la haine n'est que la négation de l'amour; et, comme le bonheur de l'ame consiste à posséder les objets de son attachement, nous sommes encore en droit de conclure que le malheur de l'ame n'est qu'une négation de son bonheur, c'est-à-dire que la situation naturelle pour laquelle nous sommes formés est un état de félicité, dont l'altération nous fait éprouver le sentiment d'un vide que nous appelons *malheur*.

Nous arrivons, dans l'examen des phénomènes de l'intelligence, à la même conclusion précise que nous avions obtenue dans l'analyse des sensations organiques : nous avions démontré que la douleur physique n'étoit que la rupture de l'harmonie naturelle de nos sens avec les objets extérieurs, et que le bien-être étoit le but évident de la formation du corps humain. Ainsi, dans les deux mondes où nous vivons à la fois, la félicité se trouve la fin naturelle de notre existence, et le malheur n'est qu'un fait accidentel.

C'est ainsi que se trouve victorieusement réfutée l'opinion des philosophes qui prétendent que le bonheur ne pourroit être senti par l'ame, si elle n'avoit jamais éprouvé l'opposition du malheur. En effet, pour jouir de l'exercice de notre nature, avons-nous besoin de connoître ce qui peut troubler cet exercice ? Il faut que des deux idées contraires de bonheur et de malheur, comme des deux notions opposées de bien et de mal, l'une soit nécessairement positive et l'autre négative. Les philosophes qui soutiennent que la notion de bonheur ne sauroit être conçue qu'à l'aide de la notion de malheur, ne s'aperçoivent pas qu'ils font du malheur le terme positif, et réduisent la félicité à n'être alors que l'absence des peines. Mais un tel raisonnement est bien faux, puisque la peine n'est qu'un désordre dans le cours des lois naturelles de notre être, et que tout désordre ou tout malheur ne peut s'introduire que là où régnoit auparavant l'ordre, c'est-à-dire, le bonheur.

Sans doute, dans l'histoire de l'acquisition de nos idées, les notions de bien et de mal, de bonheur et de malheur, sont maintenant corrélatives et contemporaines; nous ne voyons jamais sur la terre l'image complète du bien ni du bonheur, et le mal et le malheur frappent nos yeux dès que nous les ouvrons pour contempler l'univers. Mais s'il est vrai, en fait, que les deux ordres de notions contraires sont maintenant simultanés, il reste toujours à examiner quel est celui de ces deux ordres qui, en droit, peut se passer de l'autre; or, nous avons prouvé que la félicité et la perfection, pour être senties et conçues, n'auroient pas eu besoin de l'opposition que leur prêtent aujourd'hui le vice et la misère.

Ces observations sont applicables à tous les objets de l'amour, c'est-à-dire, à l'activité, au bien, à la puissance, à la vérité, à l'amour, à la beauté, à l'immortalité ; et, comme ces différens biens sont précisément les attributs de Dieu même, nous voyons briller ainsi dans tout son éclat cette vérité adorable, que rien n'existe hors de cet être souverain ; et nous comprenons mieux ce nom qu'il s'est donné lui-même, en disant : « Je suis celui qui suis. »

Si maintenant nous retournons à un examen détaillé des caractères du sentiment de la haine, nous verrons ces caractères se développer dans le même ordre exact que ceux de l'amour.

Rappelons-nous que l'ame, obligée de chercher sous des formes matérielles les biens dont la possession forme son bonheur, s'attache souvent à ces formes elles-mêmes, qui peuvent être ou des êtres humains ou des choses inanimées. Mais s'il arrive que ces êtres ou ces choses ne lui offrent pas une image des biens qu'elle aime, ils excitent alors en elle le sentiment de la haine ; et toutes les causes indirectes qui nous empêchent d'aimer ces biens, soit en nous, soit dans les autres, deviennent également des objets d'aversion, parce que nous personnifions notre haine dans tout ce qui contribue à nous priver du bonheur, comme nous personnifions notre amour dans tout ce qui concourt à nous procurer ce bonheur. Ainsi s'explique le sentiment de la haine contre les choses ou contre les hommes : ce sont toujours des objets intellectuels que nous haïssons dans ces choses ou dans ces hommes; notre aversion s'applique à des idées qu'ils réveillent et qui sont comprises dans la liste suivante : idée de foiblesse, idée de mort, idée de haine, idée d'erreur, idée d'apathie, idée de vice, et idée de laideur.

CHAPITRE VI.

DE LA VENGEANCE.

De même que le mouvement de l'ame est de tendre à s'unir avec son objet, l'effet de la haine est de chercher à se séparer de son objet; et si quelque chose pouvoit encore servir à prouver que ce dernier sentiment n'est qu'une privation du premier, ce seroit ce mouvement d'éloignement que la haine inspire, puisque l'on ne s'écarte d'un objet haïssable que par l'impatience d'en trouver un autre que l'on puisse aimer. Quelquefois, pour fuir plus promptement l'objet haï, nous cherchons à le détruire; et quand ce mouvement se tourne contre notre semblable, il reçoit le nom de *vengeance*. Nous avons vu que les objets de notre amour pouvoient être placés en nous-mêmes, ou dans les autres hommes, ou dans les animaux, ou dans la nature. Les situations possibles des objets de la haine sont exactement pareilles; mais le prix que nous attachons aux objets aimés dépend proportionnellement de l'ordre dans lequel nous venons d'énumérer ces situations. Lorsque les biens qui nous sont chers sont placés en nous-mêmes, nous les estimons plus que partout ailleurs; nous les estimons moins dans nos semblables, moins dans les animaux, moins encore dans la nature. Il s'ensuit que la force de nos haines doit se graduer sur la même échelle : nous haïssons davantage le manque des biens aimés, quand ce manque se fait sentir en nous-mêmes; notre haine est par conséquent plus forte contre toutes les causes volontaires ou involontaires qui contribuent à nous empêcher d'aimer ces biens dans notre personne. Aussi les plaies de l'amour-propre sont-elles les plus profondes, et les haines de l'orgueil blessé les plus implacables. Les obstacles qui s'opposent à ce que nous aimions, soit en nous, soit ailleurs, les biens qui forment notre félicité, peuvent être, comme nous l'avons dit, volontaires ou involontaires; mais les obstacles qui partent d'une volonté humaine excitent plus notre haine que les obstacles produits par l'opposition aveugle des choses extérieures. Nous sentons qu'il dépendoit de l'homme qui nous prive d'un bien quelconque, de ne pas nous en priver, et cette réflexion nous découvre le peu de crainte que nous lui inspirons; nous prenons malgré nous, en cette circonstance, l'idée haïssable de notre foiblesse, et de là naît un redoublement de haine contre cette cause vivante qui nous empêche ainsi d'aimer la puissance en nous-mêmes.

C'est pourquoi nous sommes tourmentés si fort du besoin de la vengeance, qui n'est autre chose que le désir d'anéantir la preuve de notre impuissance; nous brûlons de recouvrer le sentiment de notre propre dignité, de sorte que toute vengeance est, en partie, inspirée par l'amour du pouvoir.

CHAPITRE VII.

LISTE DE TOUTES LES HAINES.

Il est intéressant et digne de l'objet que nous nous proposons, de faire une espèce de nomenclature philosophique de toutes les sources de haines qui peuvent entrer dans le cœur humain. Nous suivrons, pour tracer cette liste, l'ordre des objets de l'amour; ceux de la haine n'étant que la négation des premiers, nous serons certains d'embrasser ainsi dans une sphère complète toutes les haines possibles.

CHAPITRE VIII.

DE LA HAINE CONTRE LE MANQUE DE BIEN-ÊTRE PHYSIQUE, 1° DANS LES AUTRES, 2° EN NOUS-MÊMES.

1° Les maux de toute espèce qui accablent l'humanité nous offrent toujours une fâcheuse image. La pitié se mêle à ce sentiment d'aversion; mais, si la vertu n'amollissoit notre ame en faveur de notre semblable qui souffre, nous ne trouverions au fond de notre cœur qu'une invincible répugnance pour le spectacle d'un corps infirme et devenu un obstacle à l'exercice de l'ame qu'il contient.

2° Nous aimons le bien-être physique en nous-mêmes, parce que nous comprenons la dépendance où se trouve notre esprit. L'ame ne peut jouir de son bonheur particulier, si les sens se trouvent en proie à la douleur, et c'est la raison pour laquelle nous haïssons intellectuellement les auteurs de nos maux physiques.

CHAPITRE IX.

DE LA HAINE CONTRE LE MANQUE D'ACTIVITÉ, 1° DANS LES AUTRES, 2° EN NOUS-MÊMES.

1° Nous n'avons aucune affection pour les ames dépourvues de ressort et d'énergie; leur sommeil moral nous déplaît. Elles ressemblent à une lyre qui, faite pour charmer nos oreilles de sons harmonieux, demeure muette sous nos doigts. O léthargie de la pensée! stagnation de l'ame! combien tu es odieuse à quiconque sent brûler dans la sienne les flammes d'une vie céleste! Quelle pénible impression de poser sa main sur celle de son voisin, et de la sentir de glace!

Nul accord, nulle intelligence n'est possible entre les intelligences formées d'élémens si opposés; la vie et la mort se repoussent; il y a antipathie entre les habitans des deux pôles du monde intellectuel.

2° Mais si nous éprouvons un tel éloignement pour les êtres dépourvus de l'activité intérieure, quelle doit être notre aversion pour ceux qui nous condamnent à la privation de cette même activité!

On se représente la souffrance que devroit éprouver l'homme doué d'une ame profonde et d'un génie élevé, s'il se trouvoit condamné à vivre au sein d'une société frivole et ignorante, et s'il falloit qu'il travaillât sans cesse à réprimer ses facultés et à rapetisser sa nature. Quelle est l'antipathie du grand homme pour le cercle d'esprits froids et moqueurs qui l'emprisonnent! Goëthe a su dépeindre cette aversion sublime dans son drame sur Le Tasse.

Le malade, victime d'un traitement mal approprié à ses maux, maudit le médecin inhabile qui le réduit à cette langueur oisive. Alexandre, atteint d'une fièvre qui enchaînoit le cours de ses victoires, haïssoit ceux de ses conseillers qui penchoient pour un remède plus lent que la marche de l'ennemi.

Riches de la terre, votre nom se mêle trop souvent aux murmures que l'indigent, abusé par vos promesses, profère contre la destinée; et son ame flottante dans une perplexité douloureuse ne sauroit plus où fixer ses vœux, si, du moins, il ne lui restoit pas à former le désir de vous voir tomber du faîte des grandeurs! Telles sont les différentes situations où l'homme éprouve la haine contre ceux de ses semblables qui manquent d'activité ou qui le privent de la sienne.

CHAPITRE X.

DE LA HAINE CONTRE LE MANQUE DE VERTU,
1° DANS LES AUTRES, 2° EN NOUS-MÊMES.

1° Une des réfutations les plus éloquentes du système abominable qui nie l'existence de la vertu, c'est l'horreur instinctive dont nous frissonons en présence d'un grand criminel. Ne confondons pas l'indignation généreuse de notre ame contre son attentat avec la crainte intéressée que peut nous inspirer le souvenir du sang qu'il répandit. Nous haïssons le crime, et quelquefois le vice plus encore, parce que ce dernier dénonce une turpitude prolongée dans l'ame, où le crime peut ne faire que passer comme un orage.

C'est en raison de cette haine naturelle pour la violation des lois de la conscience, que nulle amitié solide ne peut unir entre eux les hommes criminels ou vicieux. Chacun d'eux déteste, dans les autres, l'image de sa propre dégradation. *L'amitié n'est possible qu'entre les gens de bien,* dit éloquemment Cicéron; et il ajoute de ce sentiment une définition sublime : *l'amitié naît de l'accord parfait des ames sur les choses divines et humaines.*

Il est si vrai que l'affection est détruite par l'oubli des principes éternels, que le tyran corrupteur déteste le traître qui lui vend sa foi, et que le séducteur finit par haïr son ouvrage dans la chute de l'innocence.

2° Au reste, ces sentimens sont réciproques; et quand le prix de la trahison est payé, ou quand l'ivresse des passions est satisfaite, l'homme qui a trafiqué de sa conscience, et la femme qui a perdu son honneur, haïssant en eux-mêmes l'image de leur honte, abhorrent nécessairement les auteurs de leur crime et de leurs foiblesses.

Quelquefois l'ame cherche à se dissimuler sa dégradation. Elle détourne les yeux du miroir trop fidèle qui réfléchit son image; et, n'osant se mirer dans la conscience, elle tâche de s'oublier. Quiconque met obstacle à son dessein encourt sa haine; quiconque la force de se connoître devient son ennemi, et l'homme coupable qui cherche à étouffer plutôt qu'à expier ses remords, pardonne rarement au censeur de sa conduite. Telle est la secrète raison de la malignité haineuse qu'une partie de la société nourrira toujours contre la religion et contre ses ministres.

CHAPITRE XI.

DE LA HAINE CONTRE LE MANQUE DE VÉRITÉ, 1° DANS LES AUTRES, 2° DANS NOUS-MÊMES.

1° L'IMPOSTURE, en tout genre, est un objet d'aversion. Il semble que toutes les ames comprennent que la vérité est la vie même : c'est dans ce sens qu'il est écrit que le père du mensonge est homicide. Dans le sentiment que nous fait éprouver la découverte d'une tromperie exercée contre nous, il y a une noble indignation contre le manque de vérité, qui se mêle à l'aigreur de l'amour-propre et de l'intérêt blessés.

2° Nous prouver, en quelque matière que ce soit, la fausseté de nos opinions et de nos jugemens, c'est nous faire haïr l'erreur en nous-mêmes, et c'est s'exposer, par conséquent, à notre aversion. L'un des caractères les plus disgrâcieux, dans les rapports de la société, est celui que décèle un penchant à une contradiction fréquente. Les personnes qui deviennent trop souvent l'objet de cette contradiction s'en irritent, et leur léger ressentiment peut tourner en aversion, surtout si les attaques de cette pédanterie se trouvent fondées : alors ils ne font point grâce à l'homme qui les convainc si souvent d'inexactitude ou d'erreur.

De deux personnes engagées dans une dispute, voulez-vous reconnoître celle qui a tort ? examinez laquelle met le plus d'aigreur dans ses paroles. Aussi le précepte fondamental de la politesse se fonde sur cette bienveillance aimable, qui cherche bien plus à faire ressortir l'esprit des autres qu'à déployer le sien aux dépens de leur amour-propre.

Le philosophe qui dévoue son existence à la recherche de la vérité, ne se préserve pas toujours de la haine que lui inspirent les propagateurs d'un système contraire à ses opinions. Ses adversaires l'inquiètent dans le sentiment qu'il a de sa propre sagacité. Plus il aime la vérité, plus il est disposé à en regretter la perte; il se confond avec elle, il l'aime en lui-même, et sa haine pour l'erreur tourne contre ceux qui se préparent à lui montrer qu'il l'a embrassée au lieu de la vérité.

Les haines fomentées par la différence des opinions religieuses découlent de la même source; on attache encore plus d'importance à la possession de la vérité, quand cette vérité concerne les intérêts d'une vie éternelle. Il est difficile de consentir à se tromper; on sent un éloignement naturel pour les hommes dont les croyances sont le démenti perpétuel des nôtres; les actes de leur foi nous crient, chaque jour, que nous vivons dans une erreur mortelle, et nous haïssons dans leurs personnes la possibilité de cette erreur. Flots de sang que nos guerres religieuses ont fait répandre, vous avez écrit en caractères fumans, sur le sol de notre patrie, un témoignage trop fidèle de cette haine !

CHAPITRE XII.

DE LA HAINE CONTRE LE MANQUE D'AMOUR, 1° DANS LES AUTRES, 2° EN NOUS-MÊMES.

1° Il n'est pas facile de se rendre compte de toutes les formes variées sous lesquelles se manifeste l'amour de l'ame ; mais on sait ce que nous entendons par ce sentiment qui est le mouvement de l'intelligence vers sa fin naturelle. L'absence qui nous paroît, à cet égard, la plus odieuse est celle de l'amour rapporté à Dieu et au prochain, parce que c'est là le but légitime de la création de l'ame. L'homme impie et inhumain nous inspire une pieuse et humaine aversion.

Si c'est nous-mêmes qui sommes l'objet de la haine d'autrui, il est rare que nous ne répondions pas à cette privation d'amour par une disposition réciproque. La religion chrétienne peut seule forcer l'homme à chérir ses ennemis, et à bénir ses persécuteurs. Non-seulement nous payons ordinairement nos ennemis avec les mêmes sentimens dont ils sont animés contre nous, mais nous vouons encore une pareille aversion à ceux qui nous ravissent l'amitié d'autrui. Quiconque nous fait un ennemi devient notre ennemi, et notre haine pour celui-ci se mesure sur le prix que nous attachions à l'attachement de celui-là. On explique ainsi la cause des inimitiés violentes qui s'élèvent entre deux rivaux dont l'un dérobe à l'autre le cœur d'un objet aimé.

2° Nous sommes souvent honteux et affligés des mouvemens de haine que nous sentons s'élever dans nos cœurs. César se reprochoit de s'être réjoui de la mort de Pompée :

Quelque maligne joie en son cœur s'élevoit,
Dont son ame indignée à peine le sauvoit.

(CORNEILLE.)

Notre irritation est plus vive encore, lorsque l'on nous fait remarquer en nous l'aversion que notre ame y remarque trop bien elle-même. Pour achever d'allumer notre colère, il suffit qu'on nous en reproche les premières étincelles. C'est pourquoi le sang-froid d'un adversaire met un homme violent tout-à-fait hors de lui, parce que la comparaison que ce dernier est obligé de faire entre lui et son antagoniste ajoute à sa fureur tout le mécontentement qu'il éprouve contre soi-même.

CHAPITRE XIII.

DE LA HAINE CONTRE LE MANQUE DE PUISSANCE, 1° DANS LES AUTRES, 2° EN NOUS-MÊMES.

1° Nous avons énuméré les sources de la puissance qu'il est permis à l'homme d'exercer sur lui-même et sur les autres hommes; les honneurs, les richesses, la force, la beauté, le génie et la vertu sont les principaux titres de notre empire : celui qui seroit à la fois assez disgracié du ciel, de la nature et des hommes, pour ne posséder aucune espèce de pouvoir extérieur ni intérieur, ne pourroit exciter en nous qu'un sentiment contraire à l'amour.

2° Nous sommes arrivés à la mine la plus féconde de toutes les oppositions d'ame qui peuvent diviser les humains. Nous détestons, par-dessus tout, le manque de puissance; et quiconque nous place dans cette situation abhorrée, participe à la réprobation prononcée contre toutes les causes de notre abaissement et de notre contrainte. Nous haïssons celui qui nous prive de richesses, de liberté, de gloire, d'honneurs et de beauté. Le malheureux orphelin hait le tuteur avide qui le dépouille de son héritage; le captif gémissant hait le juge dont la condamnation l'a chargé de fers; l'homme dont la gloire ou la réputation est flétrie par une langue envenimée, hait son impur calomniateur; le ministre tombé hait le concurrent dont le crédit l'a précipité; la femme orgueilleuse de ses charmes hait la rivale qui lui ôte en quelque sorte sa beauté par un voisinage d'attraits supérieurs. Nous haïssons tout ce qui nous surpasse. Les haines causées par la rivalité de puissance s'étendent aux nations mêmes. La nation conquise hait le peuple qui envahit son territoire; la puissance ambitieuse hait la puissance rivale qui balance l'autorité de sa politique.

CHAPITRE XIV.

DE LA HAINE CONTRE LE MANQUE D'IMMORTALITÉ, 1° DANS LES AUTRES, 2° EN NOUS-MÊMES.

1° Ce sentiment se décèle par l'aversion de tout ce qui est muable, fugitif, instantané. Nous avons horreur du néant. Plus une ame a de véritable grandeur, plus elle est éprise des biens solides et durables. Le véritable caractère de l'impiété est le goût des choses qui passent. Nous ne sommes pas enclins à aimer l'homme qui manifeste une disposition si étroite. Notre ame veut ne s'attacher qu'à ce qui est de sa nature, et sa nature n'est point de ressembler aux objets extérieurs, soumis à un perpétuel changement.

A l'appui de cette assertion, faut-il invoquer l'antipathie que nous inspirent généralement le matérialiste et l'athée? Nous n'aimons pas qu'on nous déshérite d'une immortelle espérance? Aussi une cause nouvelle de la force des haines religieuses peut-elle se rapporter à la damnation que les cultes prononcent nécessairement les uns contre les autres.

2° Enfin, le besoin de la renommée et le désir de nous survivre à nous-mêmes dans la mémoire de ceux qui nous regretteront, nous prouvent combien une entière destruction nous répugne et nous épouvante.

Tel est l'état des différentes sources de la haine : je me suis borné à la considérer dans son application aux êtres vivans. *La haine contre les choses* se trouve analysée d'une manière implicite.

CHAPITRE XV.

DE L'ANTIPATHIE.

Comme la *sympathie* est le mouvement de l'amour qui s'ignore, j'appelle *antipathie* le caractère d'une haine spontanée, qui ne s'est point encore analysée elle-même. Deux hommes peuvent se sentir éloignés l'un de l'autre par la seule diversité de leurs goûts et de leurs opinions. L'antipathie les sépare, sans qu'ils aient songé à s'éviter; et leurs ames se haïssent, avant que leurs volontés aient cherché à se nuire.

CHAPITRE XVI.

COMMENT LA RELIGION TRIOMPHE DE LA LA HAINE.

Nous avons vu que ce sentiment, étant la négation de l'amour, ne doit naissance qu'à l'impossibilité où l'ame se trouve d'aimer, soit elle-même, soit d'autres ames. Le seul moyen de retrancher les occasions de la haine, c'est donc de donner à l'homme un objet d'amour placé hors de lui-même et de ses semblables; car, si la haine est l'absence de l'amour, là où vous retranchez la possibilité d'aimer, vous supprimez celle de haïr. Il faut donc tressaillir d'admiration jusque dans la moelle des os pour cette profonde religion qui a justement déraciné ainsi la passion de la haine. Le christianisme déplace le lieu de nos attachemens, et, transportant au ciel l'objet de notre amour, substitue un Dieu aux autres hommes et à nous-mêmes : c'est alors que son Evangile a le droit de nous dire : « Aimez votre ennemi ; » car y a-t-il encore sujet de haïr celui qui ne peut plus nous empêcher d'aimer ?

CHAPITRE XVII.

UN MOT SUR LA HAINE DE SOI-MÊME, CONSIDÉRÉE EN GÉNÉRAL, OU SUR L'HUMILITÉ.

Quand l'ame aime en soi-même les biens qu'elle poursuit, nous donnons à cet amour le nom d'*orgueil*. La privation de l'orgueil est l'*humilité* ou la *modestie*. De même que l'orgueil caractérise un attachement injuste à soi-même, l'humilité représente un détachement de soi-même non fondé. Être orgueilleux, c'est affectionner en soi plus de qualités qu'il ne s'y en trouve; être humble, c'est ne pas chérir en soi toutes celles qui y brillent. La vertu et l'amour de Dieu sont les deux causes qui font naître l'humilité, parce que ces deux sentimens empêchent l'ame de se passionner pour elle-même.

CHAPITRE XVIII.

DE L'INDIFFÉRENCE.

Si l'amour est la vie de l'ame, et si la haine est une privation de la vie, qu'est-ce donc que l'*indifférence*, qui semble n'être ni la vie ni la mort ?

L'objet tout entier de l'amour est l'infini : c'est Dieu. Les images qui réfléchissent sa perfection, étant diverses, doivent être séparément incomplètes. L'amour qu'elles nous inspirent peut donc se proportionner à leur étendue. Moins elles participent aux attributs divins, moins notre ame cherche

DE L'INDIFFÉRENCE.

à s'unir avec elles. Le dernier degré de cette participation détermine aussi le dernier degré de notre attachement.

On appelle *indifférence*, cette foiblesse de l'amour que nous inspire un objet où se réfléchit foiblement la beauté suprême.

Au-dessous du degré qui produit l'indifférence se trouve celui qui fait naître la haine.

L'indifférence peut venir d'une préoccupation de l'esprit, qui nous empêche d'aimer les qualités d'un objet, quoique nous soyons dans une situation propre à les remarquer; et cette préoccupation arrive, soit parce que les qualités de cet objet sont peu étendues et peu nombreuses, soit parce que nous aimons déjà un autre objet plus aimable : dans ce cas, celui pour lequel nous n'avons que de l'indifférence est à nos yeux comme s'il n'étoit pas.

CHAPITRE XIX.

DE LA COLÈRE INTELLECTUELLE.

La colère physique est, comme nous l'avons vu, le mouvement d'irritation et de douleur que fait éprouver aux organes la rencontre d'un obstacle sur le chemin de leur plaisir. Il existe de même une colère intellectuelle excitée par la difficulté d'atteindre aux biens qui forment la félicité de l'ame. Ce n'est autre chose que l'explosion de la haine intellectuelle, et ce mouvement dont la vengeance est le résultat.

Il est souvent difficile de distinguer la colère physique de la colère intellectuelle.

Les objets de cette dernière, quoique immatériels, se présentent enveloppés sous des images physiques; son action, comme celle de la première, s'exerce sur le monde extérieur, et elle emprunte toujours au dehors les signes de la colère physique, parce

DE LA COLÈRE INTELLECTUELLE.

que les passions de l'ame ne peuvent se manifester que par des mouvemens organiques.

D'ailleurs la colère intellectuelle, comme la haine intellectuelle, est non-seulement produite par le manque d'activité intérieure, de vertu, de vérité, d'amour, de puissance et d'immortalité, mais encore par la privation du bien-être corporel : en effet, nous avons observé que l'on pouvoit aimer ou haïr intellectuellement le plaisir ou la douleur des sens. Il suit de là que l'objet de la colère intellectuelle peut être entièrement physique. Mais remarquons néanmoins que, même dans cette circonstance, la vraie cause de cette colère demeure immatérielle, parce que cette cause est une pensée. La raison m'apprend que la santé est un bien nécessaire : si donc je m'irrite en la perdant, la cause de ma colère est une réflexion.

La vraie manière de distinguer si la colère est physique ou intellectuelle consiste à s'assurer si cette colère est aveugle ou éclairée, instinctive ou réfléchie.

CHAPITRE XX.

DE LA JALOUSIE INTELLECTUELLE.

La jalousie est un sentiment qui rentre dans les différentes causes de la haine. Quelquefois les bonnes qualités, le génie ou la fortune d'un autre nous rendent jaloux, uniquement parce qu'à l'aide de la comparaison, ils nous font mieux sentir ce qui nous manque. La haine, fondée sur ces principes, prend le nom de *jalousie*. En général, nous sommes jaloux de quiconque possède le bien que nous poursuivons. Quand ce bien est le cœur d'une personne chérie, on emploie, surtout dans cette circonstance, le nom spécial de *jalousie*, et on réserve celui d'*envie* pour caractériser toutes les occasions où nous sommes affligés de voir en possession d'autrui les autres biens qui sont chers à notre âme.

CHAPITRE XXI.

IDENTITÉ DE L'AME DANS LES SIX ÉTATS SUCCESSIFS DE DÉSIR, DE CRAINTE, D'AMOUR, DE HAINE, DE COLÈRE ET DE JALOUSIE.

Nous prouverions que l'ame susceptible d'amour est la même substance que nous avons reconnue capable de haine et de jalousie, comme nous avons démontré déjà son identité dans les états successifs de désir, de crainte et d'amour. Pour cela, il suffiroit de rappeler de nouveau que l'ame, comparant ses souvenirs, se trouve constamment la même dans ces six passions différentes.

CHAPITRE XXII.

TOUT DÉMONTRE QUE LE BESOIN DE L'AME
EST D'AIMER DIEU ET DE S'UNIR A LUI.

A quelle importante conclusion ces examens détaillés des sentimens de l'ame ne nous ont-ils pas conduits! S'il est vrai que cette créature spirituelle ne désire obtenir et ne craint de perdre que les biens qu'elle aime; s'il est également vrai que les feux de sa haine, de sa colère et de sa jalousie ne sont allumés que par la privation de ces mêmes biens, alors nous sommes maîtres d'établir que sa vie toute entière est renfermée dans l'adoration et dans la poursuite des attributs que nous assignons à Dieu même. Activité, justice, vérité, amour, puissance et immortalité! tout le ciel n'est-il pas renfermé dans ces seules paroles? Ainsi, nous sommes parvenus à démontrer cette importante vérité, que toutes les passions de l'homme, tous les sentimens, tous les désirs, toutes les craintes, toutes les affections, toutes les haines, toutes les peines et toutes les joies qui peuvent l'agiter, le calmer, l'embraser, le glacer, l'affliger ou l'enivrer sur la terre, ne sont toujours, à travers toutes les formes innombrables qu'elles peuvent revêtir, que les mouvemens du besoin éternel que l'ame éprouve depuis sa création. Ce besoin consiste à tendre vers l'être absolu, type de toute intelligence et de toute perfection, et à vouloir se perdre dans cet océan de vie, de beauté, de lumière et d'amour.

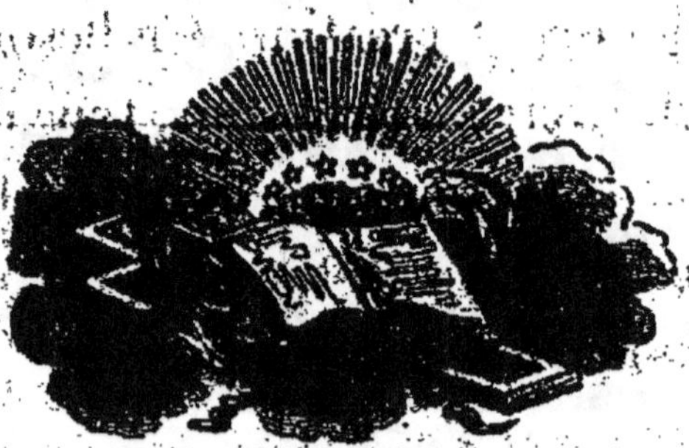

LIVRE CINQUIÈME.

DU BEAU,
CONSIDÉRÉ COMME LE CARACTÈRE
DE LA SUBSTANCE.

CHAPITRE PREMIER.

LE BEAU EST UNE IDÉE.

Nous compléterons le développement de la doctrine que nous venons d'exposer, si nous prouvons maintenant, d'une manière incontestable, que la beauté n'est pas la substance, mais seulement un nom donné à la substance aimée et admirée par l'ame.

En s'assurant, par une observation attentive, de la source véritable d'où découle le sentiment du beau réel, l'on reconnoîtra que le principe de ce sentiment réside tout entier dans les idées attachées au spectacle des objets, et non pas dans la nature des objets eux-mêmes.

L'intelligence, étant la seule partie de nous-mêmes qui connoisse et admire la beauté, ne peut pas devoir son plaisir à l'impression matérielle des objets extérieurs. Or, la nature physique n'exerce que deux effets sur l'homme, l'un sur son corps, l'autre sur son esprit; le premier en lui causant une impression, le second en lui inspirant une idée. De cette double action dérivent également deux genres de plaisirs, l'un physique et l'autre intellectuel. Ainsi, pour savoir de laquelle de ces deux sphères provient la jouissance du beau, il suffit d'observer le caractère de cette jouissance, et d'examiner si elle appartient à la classe des plaisirs corporels, ou si elle rentre dans l'ordre des plaisirs de l'esprit. Nulle difficulté ne s'élèvera sur cette question, et il ne se trouvera personne qui confonde l'admiration qui réjouit notre ame en présence d'un beau paysage, avec la douceur de l'impression immédiate produite sur nos sens par la teinte de la verdure, le parfum des fleurs et la chaleur vivifiante du soleil.

Il suit de cette distinction que la beauté ne réside pas, comme nous l'avons dit, dans les objets eux-mêmes, mais dans les idées qu'ils font naître, et que, pour savoir les conditions nécessaires qu'un objet doit remplir pour nous paroître beau, il faut s'attacher à découvrir quelles idées doivent être réveillées dans l'intelligence. Si nous connoissions d'une manière précise la nature et le nombre de ces idées, nous pourrions déterminer avec rigueur les principes du sentiment de la beauté, et circonscrire l'étendue de son empire entre des limites qu'il ne seroit plus permis aux caprices d'un goût variable, ni aux opinions des peuples divers, de contester ni de franchir. Pour nous épargner la nomenclature difficile de cette série d'idées, rappelons-nous celles que nous avons énumérées comme les seuls objets du bonheur de l'intelligence, et qui composent les rayons de la perfection céleste. Eh bien! rien n'est beau pour l'homme que ce qui réveille la pensée de l'un quelconque des attributs de cette gloire que notre ame est faite pour connoître et pour adorer.

CHAPITRE II.

DU BEAU, ENVISAGÉ DANS LA NATURE.

Cherchons à décomposer les impressions que fait naître l'aspect d'un beau site. Par exemple, lorsque, parvenu sur le sommet d'une montagne de la Suisse, je jouis du merveilleux spectacle qui se découvre à mes regards étonnés, je goûte un plaisir produit par les idées de la puissance et de l'immortalité. J'admire l'opposition des campagnes fertiles avec les neiges éternelles dont les montagnes se couronnent ; je me réjouis de ne pas saisir les bornes de cette terre et de ce ciel confondus ensemble; j'aime à me sentir à la fois jeune et foible, en présence de ces masses énormes qui survivent à tous les changemens qui se passent à leurs pieds; et de toutes ces pensées réunies se forme un sentiment vif, profond, durable, qui possède l'ame, la détache des sensations extérieures, et imprime à l'admiration du sublime les caractères d'un sentiment religieux.

Immobiles sur le rivage de l'Océan, nous promenons nos regards sur cette vaste étendue que notre pensée embrasse sans en atteindre les limites, et la beauté que nous admirons n'existe que dans l'idée de l'infini dont notre ame se nourrit avec délices.

Si l'on applique les observations précédentes à l'examen de toutes les impressions que nous font éprouver les aspects de la nature, nous reconnoîtrons aisément la vérité de la proposition que nous avons énoncée, et qui consiste à trouver la source du sentiment du beau dans l'admiration d'un spectacle où nous puisons la révélation du bonheur mystérieux pour lequel notre ame est formée.

CHAPITRE III.

DE LA BEAUTÉ DU CORPS HUMAIN.

De l'observation des scènes pittoresques de l'univers extérieur, passant à l'étude des caractères de la forme humaine, nous trouverons que cette forme participe à la beauté, d'abord comme réveillant les idées de proportion, d'harmonie, d'ordre, de correction et de régularité qui appartiennent à la nature du corps humain, et ensuite comme réfléchissant au dehors, par l'expression des regards, des traits et des gestes, ce monde intérieur auquel s'appliquent les idées de l'intelligence et de la vertu.

Il est intéressant de montrer d'abord que ces proportions elles-mêmes, qui résultent de la dimension et de l'arrangement d'un certain nombre de lignes droites ou courbes, ne peuvent exciter notre admiration qu'en agissant sur notre intelligence. La vérité de notre système se trouvera fortifiée par cette analyse nouvelle. On verra que notre formule, donnée pour expliquer tous les sentimens de l'ame, s'applique même aux situations qui paroissent le plus éloignées d'une semblable interprétation, et qu'ainsi la longueur et la largeur, la droiture et la courbure des différentes parties du corps n'auroient aucune beauté à nos yeux, si elles ne réveilloient dans notre esprit, soit l'idée de connoissance, soit celle de pouvoir, qui sont deux idées comprises dans notre liste invariable.

Reconnoissons d'abord que l'usage nous apprend la fin pour laquelle Dieu a formé le corps. Or, la conception d'un but entraîne l'examen de la manière dont il est rempli, et le juste rapport entre le moyen et la fin nous donne toujours un plaisir intellectuel. Cette observation nous mène à comprendre une des grandes raisons pour lesquelles un vice de conformation nous déplaît toujours. Nous sentons, en l'apercevant, que la partie atteinte de ce vice n'est plus dans l'état convenable pour remplir sa fonction particulière; nous accusons le corps mal conformé d'un manque de liberté, et l'idée de ce défaut entraîne pour nous la privation d'un plaisir. Mais si nous observons, au contraire, un juste accord entre le but et la configuration de chaque partie, nous attribuons aux organes une facilité d'accomplir leur fin qui nous fait tirer de leur aspect la notion toujours agréable de *puissance*. Il y a donc dans l'épaisseur de chaque forme, et dans la dimension des lignes qui en tracent les limites, une certaine mesure, dont la précision est justement ce que nous appelons la beauté. Le *plus* ou le *moins*, le *trop* ou le *trop peu* sont également contraires à ce degré fixe où la loi s'accomplit. Trop de maigreur ou trop d'embonpoint reste en deçà de la borne, ou la dépasse. Les formes sveltes, légères, faisant naître l'idée d'un obstacle vaincu sans effort, sont celles qui offrent la plus juste image de la puissance.

Ce même genre de beauté, appliqué aux gestes et aux attitudes, caractérise ce qu'on nomme la *grâce*. La grâce est la liberté du naturel.

Cette conception de la puissance se tire également d'une forme athlétique. Le but de la création des formes humaines est modifié par la distinction des sexes. Le moyen d'accomplir ce but doit donc varier. La beauté d'Hercule et celle de Diane reposent également sur l'idée de puissance; mais la manifestation de cette idée est différente.

La violation du rapport entre une chose et la fin de cette chose porte quelquefois un caractère auquel on a donné le nom du *ridicule*. Le ridicule est une des nuances de la laideur. Tout contraste irrégulier, toute disproportion inattendue, et en général tout effort manqué indiquent un manque de pouvoir, soit dans les choses qui ne peuvent s'accorder ni se proportionner, soit dans l'homme qui ne peut atteindre le but qu'il se propose. L'esprit, en faisant cette remarque, entre dans une agitation qui se manifeste au dehors par la convulsion du *rire*. Sous ce rapport, le rire occasionné par l'observation du manque de pouvoir tombe aussi sous l'explication de notre formule et se montre tout intellectuel; il est également intellectuel dans toute autre occasion, s'il sert d'interprète à la joie de l'âme. Hors de ces deux cas, le rire n'est qu'un mouvement organique.

Mais revenons à l'analyse de l'idée de proportion. Le croiroit-on? le plaisir que nous fait éprouver en général la courbure d'une ligne peut même s'expliquer par une loi intellectuelle. Nous aimons dans un parc les avenues dont l'œil ne sauroit apercevoir l'extrémité. Nous avons montré que la raison de ce goût instinctif est puisée dans notre besoin de savoir. Toute chose qui fournit à notre esprit l'occasion d'espérer un nouvel aliment à sa curiosité flatte notre penchant pour le mystérieux et pour l'inconnu. Une perspective dont la limite nous est cachée amuse notre imagination; il en est de même des formes qui agacent l'œil par l'absence d'un point fixe qui les termine. La courbure des lignes promène ainsi le regard sur une pente insensible, qui ne lui laisse pas entrevoir où elles s'achèvent. Tel est le motif secret de notre prédilection pour la prédominance de cette forme dans les linéamens du corps humain. Les lignes droites nous déplaisent souvent par la même raison; les angles qu'elles forment arrêtent tout à coup l'œil qui les parcourt, et lui font éprouver une résistance désagréable en le forçant de changer de route. La cause de notre déplaisir vient ici d'une contrainte, c'est-à-dire, d'un retranchement fait à notre *pouvoir*. Cependant nous tirons de la ligne droite une jouissance également intellectuelle, lorsque la position où elle se trouve réveille une idée correspondante à la nature de sa forme. Une ligne droite offre l'image de quelque chose courant vers son but, sans être arrêté dans sa marche, et sans être forcé à aucun détour. Cette idée peut donc s'appliquer avec justesse, tantôt au bras, tantôt à la jambe, etc. Le contraste heureux des courbes et des droites fortifie leur agrément respectif, et il est inutile de s'étendre sur le développement des principes que nous venons d'exposer. Nous croyons avoir montré la source à laquelle il faut rapporter toutes les règles de dimension, de forme et de position, que les artistes ont établies, comme les conditions d'une beauté parfaite. Ce ne sont pas eux qui ont inventé ces lois; ils n'ont fait que les découvrir, en exprimant le résumé d'un grand nombre de jugemens spontanés.

Mais ces caractères de proportion et de rapport entre les différentes parties du corps de l'homme ne forment que la moindre partie des rayons dont il est éclairé par la lumière de la beauté. La plus belle portion de ses droits à l'admiration de l'intelligence est de manifester, par une expression sensible, la vie de cette même intelligence; c'est de révéler, comme dans un miroir fidèle, les mouvemens de l'ame qui l'anime. La noblesse de la démarche, la dignité du maintien, l'élégance des attitudes, ne nous plaisent que par leur rapport avec les idées morales qu'elles font naître. Ainsi, l'on doit remarquer la justesse de l'observation par laquelle nous avons commencé l'examen des causes du sentiment de la beauté; il faut reconnoître le nœud étroit qui unit les charmes distinctifs du corps avec les prérogatives de la pensée, et la nécessité de ramener toutes les causes de notre plaisir et de notre admiration à cet objet de l'amour de l'ame, à ce type de toute perfection, dont nous saisissons çà et là quelques traits épars dans les caractères de la beauté humaine. Mais nous ferons valoir avec plus de force encore la vérité de cette réflexion importante, par l'analyse des élémens qui constituent la beauté du visage de l'homme. C'est ici que l'éclat intérieur se répand et se communique; c'est ici que l'intelligence se rend visible, et que la matière se divinise. Qu'on réfléchisse à toutes les impressions diverses que nous fait éprouver la vue d'une belle tête, et qu'on se rende compte de leur source respective; l'on ne pourra pas remonter à une cause placée hors du rang de celles que nous venons d'indiquer : idée de proportion, idée de vertu, idée de génie. Sous ces trois principes généraux, se rangent toutes les idées nombreuses et variées qui s'appliquent aux manifestations des avantages de l'esprit et de l'ame. Finesse, vivacité, pénétration, justesse, élévation de l'intelligence, innocence, douceur, bonté, candeur, tendresse et sensibilité de cœur, courage, fermeté, noblesse et dignité du caractère, toutes ces nuances de la perfection se peignent, avec un reflet qui leur est propre, sur ce tableau mobile de l'histoire de l'ame.

CHAPITRE IV.

DE LA BEAUTÉ DE L'ANIMAL.

Si nous nous arrêtons un moment sur la beauté que nous pouvons admirer dans la forme de l'animal, nous nous bornerons à rappeler que son principe se fonde sur les mêmes causes physiques et morales que le principe de la beauté de l'homme. Les caractères de proportion et d'harmonie constituent encore le charme de leur figure matérielle, et les idées de noblesse, de fierté, de courage et d'intelligence, produisent également sur nous les mêmes impressions, avec cette différence, que les images des qualités de l'esprit et du cœur, présentées par l'animal, ne sont pas les images de son ame, mais de la nôtre, et que nous nous admirons en lui comme dans une glace qui n'est belle que par notre beauté qui s'y retrace.

CHAPITRE V.

DE LA BEAUTÉ DES ACTIONS DE L'HOMME.

Enfin, si nous entrons dans le domaine des actions de l'homme, nous serons encore plus fondés à rapporter la beauté, dans ce nouvel ordre de choses, à la conception du bien, puisqu'une action n'est dite belle qu'à ce titre, qu'elle est inspirée par les conseils du désintéressement et par les élans de l'héroïsme. Cette déduction fidèle et attentive, par laquelle nous avons passé en revue les différentes sphères du beau réel, nous prouve donc que le nom de *beauté* est simplement une désignation appliquée aux images du bien et du vrai, dans leur rapport avec l'ame qui les contemple.

CHAPITRE VI.

DE LA BEAUTÉ DE L'ART.

Cette observation ne seroit pas démentie par une investigation entreprise, avec le même but, dans l'empire des beaux-arts. Une simple réflexion pourroit nous épargner même les frais d'une étude plus longue. L'art n'a pas d'autre objet que l'imitation de la nature : ses créations ne peuvent s'exercer que sur la manière de combiner ensemble les élémens positifs de l'existence. Il ne peut donc pas changer la nature du beau réel, et tout son but est de rouvrir la source de notre admiration par l'imitation fidèle des objets qui, dans l'univers physique et moral, nous font éprouver le sentiment de la beauté. Mais les arts doivent encore à un autre principe le pouvoir de réveiller ce sentiment dans notre ame, et cette nouvelle cause se rapporte entièrement à l'explication antérieure que nous avons donnée de l'origine des impressions du beau; car non-seulement nous jouissons, en contemplant les œuvres de l'art, de tout le plaisir que les objets représentés nous causent dans la nature, mais nous devons un nouveau charme à la contemplation de la vérité qui respire dans leur imitation. La vérité de l'art est un des caractères de sa beauté, et la beauté de l'ouvrage est indépendante de la beauté reproduite. Cette remarque paroîtra d'autant plus juste, que l'art peut devenir beau par sa fidélité même à reproduire le laid, et nous faire prendre plaisir, dans son tableau, à voir les objets qui nous déplaisent dans la nature.

CHAPITRE VII.

EN DÉFINITIF, LE BEAU EST UN NOM DONNÉ A LA VÉRITÉ.

Attachons-nous donc enfin à poser, comme base de la théorie du beau, le principe fondamental, que le sentiment de la beauté n'est autre que le plaisir de l'âme en présence de la vérité; car je comprends dans ce mot tous les attributs de justice, de bonté et de puissance morales.

CHAPITRE VIII.

COMMENT LE BEAU EST ABSOLU.

Si on me demande raison maintenant de la variété des jugemens que les hommes portent de la beauté, et de la diversité qui existe entre les goûts des différens peuples, je répondrai d'abord que cette variété de jugemens n'est pas aussi étendue que le scepticisme se plaît à le représenter, et que l'Iliade en poésie, l'Apollon du Belvédère en sculpture, le port de Naples en point de vue, et l'action de Régulus en morale, se présentent comme des types d'une beauté si généralement reconnue, que l'on est forcé de supposer l'existence de certains principes qui agissent également sur tous les hommes. Quel est le vrai juge de la beauté? c'est l'esprit, et non le corps. Mais ne faut-il pas que cet œil intellectuel puisse s'ouvrir librement pour affirmer l'existence de la lumière? De ce qu'il existe des hommes aveugles ou malades, dont la vue, couverte de nuages, ne peut plus prononcer sur la vérité des couleurs, ni sur la pureté du jour, s'ensuit-il que le ciel n'a plus d'azur, et que le soleil a cessé de luire?

Toute la question se réduit à savoir si les hommes forment une famille commune, s'ils sont tous réservés à une fin égale, et si leur ame est de la même nature. L'admiration de la beauté n'étant que le bonheur de l'homme en face de l'image des attributs de Dieu, les traits de la vérité, de l'amour, de l'activité, du pouvoir, de la justice et de l'immortalité doivent leur faire éprouver, dans tous les siècles et sous tous les soleils, un enthousiasme égal; et si les hommes sont enfans de ce même Dieu, ils doivent tous sentir la même joie en présence de la manifestation de sa gloire. Il ne s'agit pas d'examiner si un homme, sous le pôle, regarde telle image comme le signe de la puissance, et si un autre homme, sous l'équateur, considère telle autre image comme la révélation de cette même idée; mais le point essentiel se réduit uniquement à s'assurer si le sentiment de la beauté est fondé sur les mêmes idées, indépendamment de la forme sensible de ces idées, c'est-à-dire, si chaque homme applique le nom commun de la beauté aux choses que, dans son jugement particulier, il estime justes, vraies, actives, aimables, puissantes et éternelles; car, s'il est prouvé que la beauté sur la terre consiste dans les mêmes idées pour tous les siècles et pour tous les peuples, la beauté ne résidant pas dans les objets, comme nous l'avons dit, mais dans les pensées que ces objets réveillent, nous aurons établi la fixité absolue des principes du beau, et nous serons en droit de définir ainsi la beauté : à toutes les époques, sur tous les rivages, l'homme a appelé, appelle et appellera *beau*, tout objet qui réveille une ou plusieurs des idées suivantes : idée d'*activité*, idée de *vertu*, idée de *vérité*, idée de *justice*, idée d'*amour*, idée de *puissance*, idée d'*immortalité*. Jusqu'à ce qu'on découvre un homme qui éprouve dans son ame ce sentiment vif et profond d'admiration, que nous appelons le sentiment de la beauté, pour ce qui réveille les idées contraires, il sera permis de croire que le sentiment de la beauté découle d'une source invariable et absolue.

Il ne faut pas confondre le désir réveillé dans l'organisation physique par la présence d'un objet agréable, avec l'admiration désintéressée de l'ame pour les caractères de la beauté. Lorsqu'on s'autorise de l'exemple des peuples sauvages, on oublie de prouver que le sentiment de la beauté, chez eux, est le plaisir de cette admiration désintéressée qui nait à la suite d'un jugement de la raison. Il faut examiner si on ne confond pas deux choses très-distinctes, savoir, le désir purement organique éveillé par un objet qui agit sur les sens, et la jouissance pure, calme et intellectuelle de l'ame en présence de la beauté. Nous retrouvons en nous, pour peu que nous nous rendions compte de notre double existence, ces deux genres d'impressions.

Nous savons très-bien distinguer le mouvement aveugle et instinctif qui nous porte vers un objet destiné à satisfaire notre amour du plaisir, d'avec le phénomène qui se passe dans notre intelligence, lorsque les caractères de la beauté excitent notre admiration. Ces deux sentimens diffèrent entre eux comme le corps diffère de l'esprit. L'un est physique, l'autre moral.

Nous jouissons de la vue d'un objet beau, uniquement parce que nous le voyons, et non parce que nous avons l'espoir de le posséder. Il n'entre aucun sentiment d'intérêt personnel dans l'enthousiasme sublime qui nous transporte, et nous sentons que notre ame prend possession de la beauté en l'admirant. Nous devons donc inviter les sceptiques à mieux examiner si ce qu'ils appellent, chez l'Africain, sentiment de la beauté, n'est pas plutôt une inclination fondée sur un mouvement purement physique, et tirée d'une habitude de sensations particulières à leur pays.

D'ailleurs, s'il est vrai que la proportion et l'expression soient les caractères de la beauté de la forme humaine, ces caractères ne pouvant être saisis que par la raison, et n'agissant pas immédiatement sur les organes, une raison aussi obscurcie que celle du Nègre est-elle capable de les distinguer? N'est-on pas obligé d'avouer que chacun de nos sens a besoin d'un long exercice pour s'habituer à remplir les fonctions qui lui sont propres, et que l'inactivité d'un organe finit par le rendre incapable de sentir les impressions des objets extérieurs? S'il en est ainsi, pourquoi ne voudroit-on pas que l'intelligence, ce sens intérieur qui exerce une fonction plus importante et plus dificile, n'exigeât pas également un apprentissage graduel? Pourquoi l'animal ne connoît-il pas la jouissance de l'admiration? Parce que la beauté réside dans un caractère intellectuel qui tombe sous l'œil de la pensée, et que l'animal, borné uniquement à la faculté de sentir, reçoit l'impression des objets extérieurs sans pouvoir jouir des idées que ces objets réveillent. Or, considérez que moins l'intelligence de l'homme est développée, plus sa vie se rapproche de l'existence de l'animal, et que moins il pense, moins il juge la beauté. Ne tirez donc pas un argument de l'état sauvage, afin de soutenir qu'il n'existe pas de beauté fixe et invariable pour l'homme, car le sauvage n'est pas l'homme : ce seroit vouloir prendre dans l'état de l'enfance une objection contre un principe applicable à la constitution de l'âge mûr. Mais commencez par faire du Nègre un être composé d'un esprit et d'un corps; faites qu'il se serve de cette double nature; et, l'ayant ainsi élevé à l'état d'homme, vous pourrez décider s'il porte en effet un jugement différent du nôtre sur les élémens de la beauté.

Quand nous affirmons que tous les hommes regardent et ne peuvent pas ne pas regarder comme beau ce qui porte à leurs yeux le caractère, soit de la vérité, soit de la puissance, soit de la vertu, etc., nous ne prétendons pas dire que tous les hommes sont forcés, dans tous les temps et dans toutes les circonstances, d'attacher ce caractère aux mêmes objets.

En effet, ce qui peut réveiller en moi l'idée de puissance, relativement à la société et au gouvernement dont je fais partie, pourroit ne pas faire naître la même idée chez un homme nourri dans une autre société et sous un autre gouvernement. Le spectacle qui me paroît offrir l'image de la grandeur pourroit très-bien produire une impression différente sur tout homme accoutumé à contempler des spectacles supérieurs et des images plus fortes et plus étendues de la gloire et de l'autorité. Un petit souverain d'une peuplade africaine, assis sur un lingot d'or brut, et fumant au milieu de ses esclaves prosternés, peut offrir le spectacle de la puissance et de la majesté aux yeux du Nègre émerveillé; mais ce même spectacle n'exciteroit que le mépris d'un Européen flatté des prestiges plus éclatans de cette pompe qui entoure la dignité de nos souverains. La même idée auroit été réveillée dans ces deux hommes par deux objets différens, et l'admiration du beau auroit pu s'élever, dans chacun d'eux, au même degré de force.

Cet exemple prouve que le sentiment du beau est attaché, pour tous les peuples, à certaines idées immuables, et que, s'il y a dissentiment d'opinion, c'est uniquement parce que les objets sur lesquels les hommes établissent leurs jugemens réveillent, avec plus ou moins de force, ces mêmes idées. Cette remarque tire une nouvelle autorité d'une réflexion sur l'origine de la beauté, dont le dernier degré étant Dieu même, est précédé d'un nombre infini de degrés antérieurs, qui, à mesure qu'ils s'élèvent, deviennent des images plus fidèles et plus complètes de la beauté entière. Ainsi, à mesure que l'intelligence de l'homme se perfectionne, que ses pensées se multiplient, et que la civilisation et la morale des peuples s'affermissent et s'étendent, les images de la science, de la durée, de la vérité, de la puissance, de l'activité et de la vertu se propagent et s'agrandissent, et l'homme, doué d'une ame mieux exercée à découvrir l'idée de la beauté cachée sous les objets, trouve en même temps autour de lui plus d'objets capables de faire naître cette idée.

Cependant l'univers et tout ce qu'il renferme étant bornés par des limites certaines, chaque genre de beauté doit avoir un degré qui devient absolu, parce que ce degré est le dernier où on puisse parvenir en s'élevant toujours dans l'échelle des images qui réfléchissent le beau réel.

Les grands spectacles de la nature, les chefs-d'œuvre de l'art, les actes d'héroïsme qui atteignent une mesure de beauté proportionnée au développement le plus étendu de l'intelligence, imposent donc à toutes les ames le tribut égal d'un hommage fixe et invariable. Il ne dépend pas des caprices de l'homme d'admirer ou de ne pas admirer, soit la grandeur de l'Océan ou les espaces du ciel, soit les poèmes d'Homère ou les tableaux de Raphaël, soit la mort de Socrate ou le dévoûment de Régulus : l'arbitraire et le variable n'entrent plus ici, et l'admiration est soumise à la tyrannie d'une loi sublime.

Au reste, si de deux hommes parvenus à un égal degré d'intelligence et placés toute leur vie en présence des mêmes spectacles, aucun d'eux n'a pu connoître d'images plus vives ni plus fortes du vrai et du bien que n'a fait l'autre, chacun d'eux, en présence de l'une de ces images, a le droit de dire à l'autre : Voici un objet qui réveille l'idée de la beauté, il est digne de votre admiration, et sa forme commande votre hommage comme le mien.

Remarquons d'ailleurs que deux personnes peuvent, sur le même objet, différer d'opinion, parce que celui-ci est frappé d'une qualité qui s'y trouve, et celui-là frappé d'une qualité qui y manque. L'un a le sentiment de la présence d'une beauté; l'autre a le sentiment de la privation d'une autre beauté. Le premier appelle beau l'objet qui, par un côté flatteur, excite son admiration, et le second nomme laid le même objet qui, par un côté défectueux, encourt sa critique; mais cette variété d'opinions ne tombe pas, à vrai dire, sur le même objet, puisque chaque homme envisage une partie différente de cet objet, et que tous deux seroient d'accord, s'ils pouvoient distinguer eux-mêmes la véritable cause de leur jugement respectif.

Ces réflexions prouvent qu'il n'y a jamais de véritable opposition entre les divers sentimens que nous exprimons sur la beauté.

CHAPITRE IX.

DU BEAU IDÉAL.

Après avoir traité du beau réel et de l'immuabilité de ses élémens, ajoutons ici quelques observations plus étendues sur le *beau idéal*.

Cette espèce de beauté habite entièrement le domaine de l'art, et prend naissance dans le cercle des imitations de la nature. L'art observe ce qui nous fait éprouver en réalité le sentiment de la beauté; et, reproduisant la source de ce sentiment, il cherche à multiplier les jouissances de notre raison, en multipliant pour elle les occasions de retrouver les images de la justice, de l'activité, de l'amour, de la science, du pouvoir et de l'immortalité, qui sont les objets du bonheur de notre ame. Mais comme ces idées sont réveillées plus ou moins fortement par la disposition et la forme accidentelle des choses, l'art parvient, dans ses reproductions, à combiner ensemble les objets réels de manière à les forcer de réveiller un plus grand nombre de ces idées, et de rendre ainsi plus nombreuses les images de la beauté.

Rappelons-nous le groupe admirable du Laocoon. Cette superbe composition à laquelle Phidias s'est élevé par la réunion idéale de toutes les circonstances possibles, offre au plus haut degré l'idée de la vérité, et dépasse toutefois les limites de la beauté que peut offrir le spectacle réel d'un groupe vivant.

Asseyez-vous sur ce rivage battu d'une mer orageuse. La grandeur illimitée de cette plaine humide, le combat de ces vagues qui insultent au ciel et semblent chercher à éteindre la foudre, voilà un magnifique spectacle. Mais pour peu que le sentiment du beau vous tourmente, transportez sur cette rive une montagne aussi âgée que le monde, et plus élevée que le tonnerre : faites plus ; dressez à ses pieds le tombeau d'un grand homme. Ce tableau agrandi suffit-il à votre soif du sublime? Vous en êtes encore altéré? Eh bien! balancez au milieu de ces flots un navire sans mâts, et voyez une jeune fille, une nouvelle Virginie, se précipiter dans l'abîme, victime volontaire d'une héroïque pudeur, et vous aurez ainsi composé un spectacle idéal qui, n'existant pas, mais pouvant exister, réfléchira sous un plus grand nombre de formes diverses l'idée de l'infini, et rassasiera plus complètement l'avidité de votre ame pour l'aspect de la beauté.

Le beau idéal étend son empire jusque sur l'art du portrait. L'artiste prête à son œuvre une expression que pourroit avoir notre visage, si toute notre ame s'y peignoit. Il nous fait ressembler davantage à nous-mêmes. La copie s'approche de la vie plus que la forme vivante; et, comme la nature n'est qu'une enveloppe du monde invisible, l'art trouve par la pensée une forme plus transparente encore de cet univers intellectuel.

CHAPITRE X.

DU GÉNIE.

Ce développement sur la question de l'idéal nous conduit à quelques réflexions sur la puissance intellectuelle qui le découvre et le revêt de la forme des beaux-arts. Il convient d'examiner le *génie*, et les conditions mises par la nature à son apparition et à son développement. Si nous nous rappelons les observations précédentes sur les causes du sentiment de la beauté, il nous sera peut-être plus facile de déterminer les conditions que la nature humaine doit remplir pour s'élever jusqu'à cette rare supériorité. Nous avons tâché de prouver que la beauté des objets réside entièrement dans les idées qu'ils font naître. Si ce principe est juste, le génie est la faculté de concevoir et d'exécuter des tableaux où les objets reproduits réveillent, par leur disposition et par leur assemblage, le plus grand nombre possible des idées qui forment la substance du beau; mais, pour rapprocher seulement deux objets que la nature sépare, il faut, tandis qu'on voit l'un, se souvenir de l'autre, et réunir l'objet présent à l'objet absent par un tableau qui se forme dans l'esprit. C'est ainsi que l'on peut éprouver l'impression d'un point de vue idéal. Si l'ame, considérant alors cette peinture moitié réelle, moitié imaginaire, goûte le plaisir du beau, elle pourra revêtir d'une forme empruntée aux beaux-arts ce tableau qui n'existe encore que dans son intelligence. Mais rappelez-vous qu'elle est obligée, pour le peindre, d'en considérer une partie dans sa mémoire. Jugez donc combien le souvenir qui lui en transmet l'image doit être fidèle, exact, brillant, pour que l'artiste puisse rendre, dans son ouvrage, à l'objet reproduit la vivacité des couleurs, la proportion des formes, l'éclat, le mouvement et la vie!

Nous avons découvert les deux conditions essentielles qui constituent le génie. La première est une force de raison, capable de rapprocher ou de séparer les images, et la seconde une telle vivacité et un tel éclat dans les souvenirs, que l'ame puisse éprouver un aussi vif sentiment de la beauté en présence d'un tableau idéal que devant un point de vue réel. Ainsi, pour résumer nos observations, l'*homme de génie* est celui qui possède au plus haut degré la faculté d'associer les images du monde matériel, d'en tirer des jugemens et d'être ému par sa propre pensée : cet homme est seul, et il jouit, souffre, s'afflige, s'irrite, se réjouit, admire ou s'indigne comme s'il étoit entouré de la société des hommes et du spectacle de l'univers. Il habite son imagination, sa mémoire lui tient lieu de la nature, et ses souvenirs deviennent les objets de ses passions.

LIVRE SIXIÈME.

CONCLUSION DE NOS RECHERCHES

SUR LA VÉRITABLE FIN

DE L'AME.

CHAPITRE PREMIER.

DE L'ORIGINE DE TOUTES NOS IDÉES.

On ne peut remonter plus haut que la nature de l'ame : parvenus à la connoissance de sa vie, nous possédons le secret de tous ses sentimens et de toutes ses pensées.

Dieu se montre à l'ame enfermée dans le corps, sous des attributs partiels et divers. Ces attributs sont au nombre de six; voici la formule qui les comprend tous : activité, bien, amour, vérité, puissance, immortalité. Nous venons de prouver que la beauté n'est que le nom de ces différens biens adorés sur la terre. Comme ils sont intellectuels, l'ame ne peut s'unir à eux que par l'intelligence; et l'union est complète, quand la pensée de sa propre existence se confond avec la pensée même du bien qu'elle aime.

Or, il ne peut entrer dans l'ame aucun sentiment, ni aucune idée qui ne se rapporte à l'objet exclusif de sa nature. Si donc la formule que nous avons découverte est complète, nous sommes tenus de montrer que tous les sentimens et toutes les idées de l'ame se trouvent compris dans cette formule. Nous avons terminé la première partie de ce travail qui est relative aux sentimens : il nous sera facile de compléter la seconde. Nous ferons voir sommairement que les principes de la formation de toutes nos connoissances sont les idées substantielles d'activité, de bien, d'amour, de vérité, de puissance, d'immortalité et d'unité. Les six premières composent les objets de notre bonheur, et la septième, qui est celle de l'unité, nous est donnée par le besoin de nous confondre avec les biens aimés, pour les posséder entièrement.

Nous aurons d'abord les deux séries suivantes, en plaçant en face des six premières idées celles de leur privation.

Activité.	Inactivité.
Bien.	Mal.
Amour.	Haine.
Vérité.	Erreur.
Puissance.	Foiblesse.
Immortalité.	Mortalité.

Si nous tenons compte de toutes les notions qui sont synonymes de ces douze grandes notions fondamentales, voilà un nombre immense d'idées qui sont déjà classées dans les élémens de notre formule.

Reste la grande notion de l'*unité*, ainsi que celle de sa privation. Ces deux idées suffisent pour expliquer l'origine de toutes les autres connoissances.

En effet, il ne peut exister dans notre

esprit plusieurs idées que parce que nous sommes en état de les distinguer les unes des autres; mais apercevoir que les choses diffèrent entre elles, n'est-ce pas apercevoir leur manque d'unité? Ainsi, le sentiment de la privation de l'unité est le premier fondement de nos diverses connaissances. Penser, c'est remarquer les ressemblances ou les dissemblances des choses. Raisonner, c'est établir une suite d'équations ou de non-équations. Prenons un syllogisme pour exemple. Celui-ci : *tout homme doit mourir ; je suis homme, donc je dois mourir,* peut se traduire ainsi :

Il y a équation entre l'homme et ce qui doit mourir ; or, il y a équation entre moi et l'homme, donc enfin il y a équation entre moi et ce qui doit mourir. On pourroit établir le même syllogisme d'une manière négative.

Ainsi, tout raisonnement quelconque repose sur l'identité ou la non-identité des choses ; mais deux choses identiques n'en font qu'une seule ; il s'ensuit que raisonner, comme nous l'avons dit, c'est apercevoir l'unité ou sa privation.

L'ame, ayant besoin des images du monde extérieur pour voir se réfléchir dans leur miroir les biens qu'elle chérit, doit nécessairement connoître ces images. Mais, s'il avoit fallu attacher un mot à chacune d'elles, les langues auroient dû renfermer autant de signes qu'il y a de sensations diverses dans la vie, et l'esprit n'auroit jamais pu agir librement, accablé qu'il eût été sous le fardeau de ces mots innombrables ; or il a trouvé le moyen de simplifier les signes des images, en rassemblant sous une seule dénomination toutes celles qui se ressemblent. De cette opération, fondée sur son pouvoir de saisir le côté identique des choses, sont venus tous les mots collectifs ; et on voit ainsi l'idée d'unité devenir mère féconde de cette postérité nombreuse d'idées abstraites qui forment la seconde et dernière partie de nos connoissances.

CHAPITRE II.

NOUS AVONS DÉCOUVERT UNE FORMULE QUI EXPLIQUE LA DESTINÉE DE L'AME.

BESOINS, désirs, craintes, espérances, regrets, joies, douleurs! images simples, notions collectives, idées abstraites, vérités générales, principes absolus! sentimens, idées, actes, opérations de l'ame, phénomènes qui formez les mouvemens de sa nature et les efforts de son activité pour tendre à sa fin immortelle, avouez-nous maintenant, examinés, décomposés, analysés que vous êtes, ce rapport intime et constant qui vous lie avec les élémens de notre formule invariable, et confessez-nous qu'elle contient à elle seule tout le mystère de l'homme!

CHAPITRE III.

L'ENSEMBLE DES BIENS QUE L'AME ADORE
EST LA MANIFESTATION DE DIEU MÊME.

Activité, bien, amour, vérité, puissance, immortalité, voilà donc les différens noms de la substance ! Tel est l'ensemble des formes sous lesquelles Dieu se manifeste ici-bas. Ces formes nous semblent diverses ; mais en réalité, elles doivent se confondre et se perdre toutes dans l'abîme de l'unité du grand Être. Chacune, si elle étoit complète, suffiroit pour révéler Dieu tout entier.

CHAPITRE IV.

SOUS QUELLE FORME DIEU POURROIT-IL SE RENDRE ENTIÈREMENT VISIBLE?

Mais quelle est celle de ces manifestations qui pourroit arriver aux limites de sa plénitude, sans rien changer à l'état présent de l'univers? Quelle est celle dont la Divinité pourroit envelopper sa gloire, si l'Eternel daignoit se rendre complétement visible à la terre? Nous répondrons que le *bien* seul peut devenir infini dans ce monde, sans avoir besoin d'en reculer les bornes. Au milieu des choses bornées de cet univers, la sainteté est le seul attribut qui puisse égaler Dieu. Aucune autre forme de la substance ne sauroit devenir parfaite, sans changer le monde entier. S'il en est ainsi, songez à la manifestation sous laquelle le christianisme nous révèle que le Verbe a paru sur la terre!

CHAPITRE V.

DE L'ÉTERNITÉ DE LA SUBSTANCE.

Est-il nécessaire de prouver l'éternité de la substance? Ce qui a commencé d'être a dû tenir la vie de quelque chose qui existoit déjà : donc la substance a toujours été; elle a devancé tous les siècles : *au commencement* de toutes choses, *elle étoit*. Qui pourroit la détruire? elle seule existe. Elle ne peut se consumer elle-même, puisque toute mort est une privation de vie, et que sa nature est la vie même.

CHAPITRE VI.

DE SON EXISTENCE, A PART DE TOUTE FORME.

Nous n'apercevons la substance que sous les images de l'univers moral et physique; mais, puisqu'elle revêt plusieurs formes, il est évident qu'elle est indépendante de chacune : nous sommes donc en droit de la concevoir existante à part de tout symbole, et enveloppée d'elle-même.

CHAPITRE VII.

DE L'IMMORTALITÉ DE L'AME.

Si la vie de l'ame consiste dans la poursuite et dans l'adoration de la substance éternelle, la mort de l'intelligence a-t-elle quelque chose de commun avec la dissolution des organes? Mourir, pour elle ce n'est pas se roidir, se glacer, tourner en poussière. Sa fin seroit de ne plus être capable de connoissance ni d'amour. Mais la vérité, dont elle se nourrit, demeure étrangère aux changemens et à la fragilité des choses de ce monde. La vérité est dans l'univers, mais elle ne s'y trouve que parce qu'elle est aussi hors de cet univers. Sortez du lieu où vous marchez dans l'ombre, et vous trouverez infailliblement le soleil. L'ame, se dégageant des liens de la matière, ne peut donc tomber que dans le sein du Dieu qu'elle adore. Elle exerce ici-bas sa fin sublime par l'intermédiaire des organes : ce monde n'étant qu'un vaste symbole où se mire la toute-puissance, l'ame, condamnée à vivre dans ce monde, avoit besoin d'un corps pour apercevoir les images de son Dieu; mais une fois le miroir brisé, quel besoin en a-t-elle, si elle se trouve face à face de la vérité substantielle? L'ame peut donc toujours vivre, si elle peut toujours connoître et aimer la perfection suprême; et la question de son immortalité se réduit à savoir si elle a été formée pour entrevoir Dieu seulement pendant l'espace d'un jour et à travers un voile, ou durant l'éternité, sans énigme ni figure.

Mais la réponse à cette question découle facilement de nos recherches. Nous avons prouvé que la fin de l'ame, déduite rigoureusement de l'observation de sa nature, étoit de posséder l'ensemble de tous les biens célestes, dont elle n'embrasse que l'ombre ici-bas. Comme son bonheur est incomplet dans ce monde, et qu'elle ne peut y accomplir sa loi toute entière, il faut absolument qu'elle obtienne dans une autre vie ces trésors d'activité, de science, de vertu, d'amour, de puissance et d'immortalité, dont elle ne voit briller sur la terre que l'éclat partiel et fugitif.

Insistons sur le même raisonnement. *Ce qui doit être* ou *ce qui est*, c'est la même chose aux yeux de la raison : car *ce qui est* n'est que parce qu'*il doit être*. Or, il est incontestable que, puisque l'homme est soumis en même temps à deux mobiles, dont l'un le pousse vers le bien-être, et l'autre vers le bien-vivre, la loi de l'ame consiste dans la réunion du bonheur et de la vertu. Toute loi est faite pour s'accomplir, puisque *loi* est synonyme de *ce qui doit être*; mais la réunion complète du bonheur et de la vertu n'appartient pas à cette vie. Que dis-je? souvent la vertu ne peut s'y fonder que sur les ruines du bonheur : donc l'harmonie de la sagesse et de la félicité doit se réaliser dans un monde meilleur.

La seule manière de toucher le but de notre création, c'est de se rapprocher toujours de l'Être souverain qui trouve son bonheur à se contempler soi-même, et qui nous fit à son image en nous formant pour l'adorer. Telle est la seule fin de la vie humaine : nous l'avons démontré; mais peut-on s'unir à l'immortalité elle-même, sans participer à cette immortalité? peut-on avoir été créé pour trouver son bonheur dans la possession d'un Dieu infini, sans entrer en partage de sa vie éternelle?

Nous pouvons encore fortifier de plusieurs argumens ces preuves d'un dogme si vénérable.

L'état le plus convenable pour discerner le vrai du faux, c'est la situation de l'homme qui déchire le bandeau de ses passions. Or, la foi dans l'immortalité augmente à proportion que l'ame s'épure. Plus l'homme s'avance dans le chemin de la vertu, plus il s'affranchit de tout intérêt personnel et de tout préjugé humain. Ce moment est le plus favorable à l'intégrité de ses jugemens, et c'est celui où il tressaille de joie, ravi de la grandeur future de son être indestructible. La voix de la nature doit s'échapper de la bouche de tous les hommes qui forment l'élite de la race humaine, et cette voix s'élève pour dire à l'ame : Tu ne périras point! L'intelligence sent croître le sentiment du bonheur qui lui est propre, à mesure qu'elle se détache des sens.

Socrate, tenant le breuvage empoisonné, parloit ainsi à ses disciples : « Il est temps
» que je vous rende compte, à vous qui êtes
» mes juges, des raisons qui me portent à
» croire qu'un homme qui s'est livré sé-
» rieusement à l'étude de la philosophie,
» doit voir arriver la mort avec tranquil-
» lité, et dans la ferme espérance qu'en sor-
» tant de cette vie il trouvera des biens
» infinis. Le vulgaire ignore que la vraie
» philosophie n'est qu'un apprentissage de
» la mort. Cela étant, ne seroit-il pas ab-
» surde, en vérité, de n'avoir, toute sa vie,
» pensé qu'à la mort, et, lorsqu'elle arrive,
» d'en avoir peur, et de reculer devant ce
» qu'on poursuivoit? L'ame ne pense-t-elle
» pas mieux que jamais, lorsque, renfermée
» en elle-même et se dégageant de tout
» commerce avec le corps, elle s'attache
» directement à ce qui est pour le connoî-
» tre? Et cet affranchissement complet de
» l'ame, n'est-ce pas ce qu'on appelle la
» mort? Il est donc certain que le vérita-

» ble philosophe s'exerce à mourir, et que
» la mort ne lui est nullement terrible. En
» effet, s'il déteste le corps et espère à vivre
» de la vie seule de l'ame, n'y auroit-il
» pas une contradiction honteuse à n'aller
» pas très-volontiers où l'on espère obte-
» nir les biens après lesquels on a soupiré
» toute sa vie (1)? »

S'il est vrai que l'amour de Dieu soit la véritable et unique voie où l'homme puisse marcher pour résoudre l'énigme de la vie, il s'ensuit que nous ne pouvons remplir notre vraie destinée que si nous professons la croyance de l'immortalité; car on ne peut diriger ses espérances vers la Divinité, sans avoir foi dans une vie future. Ainsi, non-seulement la croyance de l'immortalité est inspirée par la vertu, mais à son tour elle-même nourrit la sagesse. Si nous montrons maintenant qu'elle forme un élément aussi indispensable de notre bonheur que de notre vertu, nous aurons prouvé, d'une manière complète, que l'homme, ne pouvant

(1) *Phédon*, traduit par M. Cousin, pages 199, 202, 206 et 207.

DE L'AME.

être sans elle ni bon, ni heureux, se trouve obligé de la regarder comme la vérité même.

Mais n'est-il pas évident que l'espoir d'un bonheur éternel est déjà une félicité, et que l'attente d'une destruction entière est à elle seule un malheur? Venez donc à nous, incrédules dans les joies invisibles, matérialistes chargés de prospérités humaines, dites-nous si le sentiment de votre bonheur n'est pas empoisonné par la certitude de le perdre, et si, lorsque l'idée d'un néant prochain traverse votre esprit, vous ne sentez pas tous les biens de la terre aussi légers que les trois grains de poussière dont vous couvrira la bêche du fossoyeur!

Et toi, homme d'espérance, qui te crois l'héritier d'une promesse divine, confesse-nous, au milieu de tes souffrances et de tes misères, la consolation inépuisable que tu reçois de cette seule idée, que tu seras bientôt consolé pour jamais!

La foi dans une autre vie compose donc le plus sûr fondement de notre bonheur dans celle-ci, et le matérialiste est condamné, par son incrédulité même, à n'atteindre jamais le but de ses seuls efforts.

Nous avons déjà placé le dogme de l'immortalité dans une région inaccessible aux objections du sophiste, et nous avons négligé cet argument irrésistible, qui s'autorise de la justice de Dieu, pour démontrer aux défenseurs du néant que leur opinion seule est réduite à ce néant.

Il y a contradiction entre l'idée d'un Dieu et celle d'un Dieu injuste.

Qu'est-ce que l'injustice? L'absence de la justice : l'Éternel ne peut être ce qui n'existe pas. Le supposer capable d'imperfection, c'est le croire sujet à la mort. Si la vérité s'assied à sa droite, la justice marche à sa gauche. Or, je demande si la vie est une journée dans laquelle chaque homme se trouve payé selon ses œuvres? Non : nous savons tous que Dieu fait également lever son soleil sur les bons et sur les méchans, et que le jour de sa justice n'est pas celui que forme ce soleil d'ici-bas. Les ouvriers s'endorment avant que leur part soit faite; et si le maître qui les emploie est un maître juste, il faut qu'ils se réveillent nécescessairement pour assister à la distribution équitable du lendemain.

Songez à cette place de lugubre mémoire où Louis XVI a péri. Fûtes-vous témoin de sa mort ? Sinon, contemplez-la dans votre esprit, et demandez-vous si l'échafaud est le bord de l'abîme où un corps sanglant tombe et roule, sans qu'il n'y ait rien dans ces profondeurs que mort, silence, vide et néant.

ESSAI
SUR L'HOMME.

TROISIÈME SECTION.

DU CORPS ET DE L'AME.

LIVRE PREMIER.

DE L'EXISTENCE

SIMULTANÉE

DE L'AME ET DU CORPS.

CHAPITRE PREMIER.

DU CERVEAU, INSTRUMENT COMMUN DU BONHEUR MORAL ET DU BONHEUR PHYSIQUE.

Nous avons tracé l'histoire respective du corps et de l'ame; nous avons considéré isolément l'être animal et l'être intelligent;

chacun d'eux est soumis à une loi particulière; nous avons constaté les caractères du bien-être corporel et la nature de la félicité de l'ame. Il s'agit de saisir clairement l'existence simultanée de ces deux êtres dont la réunion forme la vie humaine.

L'ame ne peut entrevoir les biens qu'elle poursuit sans l'intermédiaire des sens : toute idée est revêtue d'une image, et les organes ressemblent à un livre où l'intelligence vient interpréter les caractères qui s'y trouvent empreints. Mais ce même cerveau où se dessinent les images de la nature extérieure, devient aussi le siège des sensations du corps, de sorte qu'il faut voir en lui l'instrument commun des plaisirs de l'être intelligent, et des voluptés de l'être animal.

Arrêtons-nous un moment sur ce tableau. Une ame faite pour connoître et aimer le beau, le bien et le vrai, unie à une nature sensible qui est formée pour jouir de la satisfaction de ses appétits physiques! L'ange et l'animal liés ensemble pour un court espace de temps! l'ange empruntant le cerveau de l'animal, comme une toile où sont peintes les idées qu'il adore, et l'animal lui disputant ces mêmes organes dont il a besoin pour goûter ses jouissances matérielles !

Cette manière d'envisager l'existence compliquée de l'homme peut servir à faciliter l'explication d'un grand nombre de phénomènes.

CHAPITRE II.

COMMENT L'AME PEUT SE DÉTACHER VOLONTAIREMENT DU CORPS.

QUAND l'ame, livrée à la profonde contemplation d'une idée, force les nerfs du cerveau à lui offrir l'image sous laquelle se présente cette idée, elle empêche alors les nerfs d'être employés à un autre usage : le corps ne peut plus s'en servir pour en tirer la perception du plaisir, et l'ame règne sur toute la machine, qui n'est plus que l'instrument de son bonheur intellectuel. Voilà comment l'homme qui s'abandonne à une rêverie prolongée se détache de ses impressions sensibles ; toutes les sensations qui viennent pour ébranler ses organes meurent avant qu'il en ait pris connoissance : ce moment est celui d'une rupture véritable entre l'ame et le corps, et nous pouvons tirer de ces réflexions la connoissance du secret de l'héroïsme. L'homme magnanime qui commande à ses douleurs et triomphe des supplices, trouve l'art sublime de se séparer de lui-même : la force de sa volonté retient l'image du devoir sous les yeux de son ame; son cerveau, rempli de cette seule pensée, ne peut plus l'être par la souffrance, et son corps, exposé à la douleur, perd les moyens de la sentir.

CHAPITRE III.

DE L'EXTASE.

L'EXTASE est l'état où se place l'intelligence, lorsqu'elle se préserve, non-seulement de toute succession de sensations, mais encore de toute succession d'idées. Dans cette singulière situation, l'ame aperçoit sa pensée, comme un tout sans limites; la mesure du temps cesse pour elle: l'homme acquiert ainsi les notions d'*unité*, d'*infini* et d'*éternel*.

Toute passion de l'ame, parvenue à son transport le plus vif, peut avoir le même effet que la méditation, et en préoccupant l'ame d'une seule idée, la détacher du monde externe.

CHAPITRE IV.

L'AME SE BORNE A CONNOITRE LES IMPRESSIONS DU CORPS.

Lorsque notre volonté ne se désunit pas des impressions corporelles, notre ame prend connoissance de ces impressions. Examinons bien ce terme : *prend connoissance;* je ne dis pas que l'ame *sent* les impressions, mais les *connoît*. En effet, le plaisir et la douleur physiques ne peuvent être éprouvés par l'ame. Il lui est impossible de jouir ou de souffrir à la manière du corps : tout le rapport qu'elle peut donc avoir avec cette jouissance et cette souffrance, c'est de *savoir* que le corps les éprouve. Tel est l'état de l'homme tout entier jouissant ou souffrant dans ses organes : c'est le corps goûtant une volupté ou ressentant une douleur, et l'ame connoissant cette volupté ou cette douleur; c'est une moitié de lui-même instruite des modifications de l'autre.

Cette explication paroîtra plus satisfaisante encore, si l'on réfléchit sur l'idée que nous nous formons spontanément d'un homme attaqué d'épilepsie, ou plongé dans une léthargie profonde. Encore bien que ses organes soient agités de violentes convulsions, ou que le fer du médecin tire le sang de ses pieds glacés, si quelqu'un vient à nous demander : souffre-t-il ? Non, répondons-nous, il a *perdu connoissance*. Oh ! combien de fois les expressions vulgaires cachent ainsi des vérités profondes ! Il est bien évident que la machine souffre dans cet homme ; mais, comme l'ame est la partie de sa nature qui nous paroît être vraiment lui-même, nous affirmons qu'il ne souffre pas, et nous en apportons cette preuve : savoir, qu'il *n'a plus connoissance* de la douleur. Les observations que nous avions développées sur le rapport de l'intelligence et des organes ne s'échappent-elles pas ainsi naturellement de toutes les bouches, et nous contestera-t-on la vérité d'un système qui paroît être instinctif dans l'esprit de tout le monde ?

CHAPITRE V.

COMMENT LE CORPS SE TROUVE DÉTACHÉ NÉCESSAIREMENT DE L'AME.

Mais comment peut-il arriver que l'intelligence puisse violer sa loi, autrement que par sa volonté? comment peut-elle cesser de connoître, dans cette circonstance, la douleur corporelle, et quelle est cette situation où, sans être livrée à la méditation, elle se trouve détachée des sensations du corps et de ses propres pensées?

Il seroit au-dessus du pouvoir de l'homme d'expliquer la manière dont l'ame prend connoissance et perd connoissance de la douleur des sens : il faut fléchir le genou devant Dieu, et respecter ses secrets en confessant notre foiblesse. Tout ce qu'il nous est permis de connoître à cet égard, c'est que les nerfs du cerveau, agités par l'ébranlement offensif d'une sensation pénible, offrent aux regards de l'intelligence l'image de la douleur, comme ils lui présentent celle de toute autre idée, et que, par cet avertissement, l'ame s'instruit de la modification actuelle qui affecte les organes. Mais faisons attention à ce qui va suivre : ne peut-il pas arriver que la douleur des sens s'élève à un tel degré de force, qu'elle ne permette plus même aux nerfs du cerveau de former l'image de la souffrance sous les yeux de l'ame, et que le corps, soumis à un si grand paroxisme de douleur, emploie exclusivement les fibres de son organisme à percevoir cette sensation tyrannique? Que résultera-t-il de cet état, sinon que l'ame, dépourvue du seul moyen de connoître ce qui se passe dans la partie animale, deviendra étrangère au corps, et qu'il s'effectuera entre elle et lui une véritable rupture, apprentissage de la mort? Dans cette situation, la partie sensible continue à souffrir ; l'ame, privée entièrement des images sous lesquelles se manifestent ses idées, demeure condamnée à l'inactivité, et perd jusqu'à la connoissance de soi-même.

Toutes les passions physiques peuvent

produire un effet semblable, lorsqu'elles arrivent jusqu'à un degré d'énergie tel, que le cerveau se trouve dominé par leurs impressions. La première section de cet ouvrage offre l'exemple d'un transport de colère qui ôte à l'homme la connoissance de ses propres actions. Il en est de même de tout autre accès passionné.

CHAPITRE VI.

L'AME NE PEUT SE SÉPARER D'ELLE-MÊME.

Nous avons vu que l'ame avoit le moyen de se séparer du corps; mais observons qu'elle est dans l'impuissance de se séparer d'elle-même. L'homme, par sa volonté, peut cesser de souffrir, mais non de penser : ce qui nous prouve que le *moi* dans l'homme est vraiment l'ame, et que notre vie propre est la connoissance.

CHAPITRE VII.

COMMENT L'AME SECONDE LES JOUISSANCES DU CORPS.

Il paroît assez difficile d'expliquer comment l'ame, formée uniquement pour une félicité conforme à sa nature immatérielle, peut quelquefois oublier sa propre fin, et non-seulement seconder les organes dans l'accomplissement de leurs besoins, mais même employer son intelligence à raffiner les jouissances physiques. Se contentera-t-on de l'explication suivante? L'ame, qui poursuit elle-même le bonheur, se fait illusion sur le genre de ce bonheur. Instruite des sensations du corps, elle sait qu'il y en a d'une certaine espèce qui doivent procurer aux organes une jouissance sûre : alors frappée de cette idée de bonheur qui la poursuit, elle s'imagine que tout plaisir doit être plaisir pour elle; elle rêve un moment qu'elle est de la même nature que le corps, et place ainsi son espoir de félicité dans une chance de plaisirs matériels. Mais quand le corps goûte cette félicité qu'elle s'est efforcée de rendre plus vive et plus profonde, elle reconnoît alors, pleine de honte et de chagrin, son étrange méprise. Néanmoins il faut reconnoître que les plaisirs physiques ne sont pas tout-à-fait vides pour elle d'une sorte de jouissance. Elle exerce son activité à les connoître; et, quand elle n'a pas d'autre moyen plus noble de s'occuper, il n'est pas étonnant qu'elle emploie tout ce besoin d'action à rechercher et à étendre les voluptés physiques. Aussi remarquera-t-on que l'ignorance et l'oisiveté sont, en général, les deux causes qui engendrent une disposition à la vie sensuelle. D'ailleurs, il est bien rare que les circonstances où nous goûtons un plaisir de ce genre n'aient pas quelque rapport, par un si petit côté que ce soit, avec la nature de l'intelligence. Toutes les passions physiques mènent à leur suite un cortège d'idées, qui les embellit aux yeux de l'imagination, et l'homme s'abandonne à leurs séductions avec une ardeur redoublée par l'alliance des désirs de son corps et de son ame.

Nous avons tracé profondément la ligne qui sépare l'amour intellectuel de l'appétit des sens. Ces deux amours se prêtent une force mutuelle. L'ame ne peut s'attacher qu'à des biens incorporels; mais nous avons vu que ces biens, brillant sous une forme visible, condamnent l'amour intellectuel à se rapprocher toujours de cette enveloppe dont sont revêtues les idées que nous chérissons. Or, quand l'instinct de la matière nous emporte vers cette même forme sensible, les deux parties qui nous composent cèdent alors à une double attraction, qui nous fait courir, à la fois sciemment et instinctivement, vers le même objet. Notre ame s'en réjouit, toute abusée qu'elle est d'atteindre à un hymen plus complet avec l'ame qu'elle cherche.

Les plaisirs que nous tirons des beaux-arts ne sont pas toujours purement intellectuels. Il se mêle une jouissance physique aux charmes de l'éloquence et de la poésie. L'enchaînement harmonieux des périodes, et les accords d'une versification mesurée flattent délicieusement les organes, en même temps que la justesse des pensées et la vérité des peintures délectent l'intelligence. Que dirons-nous de la musique, dont la puissance agit avec tant d'égalité sur l'une et l'autre partie de l'homme, qu'elle semble les réunir, et que l'auditeur, captivé tout entier par la mélodie, devient un être simple dans le moment de sa jouissance?

CHAPITRE VIII.

DE LA VOLONTÉ ET DE LA LIBERTÉ.

Dans cette section, relative à l'alliance de l'ame et du corps, nous ne pouvons pas nous dispenser de marquer une place à ce pouvoir de l'ame connu sous le nom de *volonté*. Nous en avons déjà parlé; mais il convient de lui assigner quelques observations spéciales. La *volonté* n'est autre chose que la puissance accordée à l'ame de veiller sur la conservation des organes, et de les faire servir à l'accomplissement de sa propre destinée. Je veux appeler une image cachée dans mon cerveau, elle accourt; je veux la tenir sous l'œil de ma pensée, elle demeure; je veux la remplacer, une autre lui succède. Je veux mouvoir le corps, il se déplace; je veux le garder immobile, il repose; je veux le diriger vers l'objet de sa jouissance, il obéit; je veux le pousser vers sa ruine, il obéit encore. Comment une pensée invisible peut-elle mouvoir ou enchaîner ce qui est matière? C'est là un nouveau point de contact entre les deux mondes : c'est là le problème éternel. Dieu, qui est esprit, a jeté les astres dans l'espace; notre premier trait de ressemblance avec lui, c'est de vouloir jeter au vent quelques grains de poussière et de les jeter. Cette puissance accordée à une raison bornée qui peut faillir prend aussi le nom de *liberté*.

Je me sens libre, il me suffit.

L'homme invente et perfectionne, donc

il est libre ; l'homme peut se tromper et choisir le pire, donc il est libre ; l'homme est imparfait et perfectible, donc il est libre.

Que nous objectez-vous ? — Qu'on n'est pas libre, parce que la raison, en croyant se déterminer elle-même, obéit toujours à un motif étranger qui la fait vouloir ? — Je réponds que ce motif ne lui est pas étranger, puisque c'est elle qui se le crée à soi-même. Deux motifs préexistent à notre choix. Chacune des deux actions nous sollicite ; mais il nous faut un troisième motif pour choisir entre les deux premiers, et ce nouveau diffère des antérieurs, puisqu'il doit faire préférer l'un à l'autre. D'où viendra-t-il ? de la réflexion. Qu'est-ce ? c'est la liberté en travail.

Vous insistez : — des deux premiers motifs, répondez-vous, l'un nous a paru plus fort que l'autre : telle est la seule raison de notre choix. — Cette objection tourne contre elle-même, et sert justement à prouver l'existence de la liberté. Les choses extérieures ne peuvent rien d'elles-mêmes. L'idée que nous nous en formons constitue leur autorité sur nous. L'un cherche la mort, l'autre la fuit. Pourquoi ces actions diverses? La mort reste la mort. Mais deux hommes la jugent différemment, et voilà qu'ils courent en sens contraire; ainsi du reste. Dire : Tel motif nous *paroît* plus fort, revient à dire : Nous le *jugeons* plus fort; car le motif n'est, de soi, ni fort ni foible. La cause de la détermination est donc le jugement, la pensée, l'acte intérieur et libre de l'intelligence.

D'un côté ce bonheur, de l'autre ce devoir. La pensée, dans un moment déterminé, pèse le plaisir et la défense. Ici telle jouissance, là telle infraction. Elle compare, juge, et se décide. Sans doute, il arrive un moment où la balance est rompue, et où la passion maîtresse ne laisse plus à l'homme la force de lutter; mais ce moment a été précédé de celui où sa raison pouvoit faire résistance. Tout homme coupable a donc dû consentir à l'être; il y a toujours ce premier mouvement décisif d'une tête humaine qui s'incline volontairement sous le joug de la passion.

CHAPITRE IX.

REVENONS A L'EXAMEN DE LA MÉMOIRE.

J'AI montré, dans la première section de cet ouvrage, la réalité des impressions faites sur le cerveau par les objets extérieurs; j'ai fait voir que ces impressions pouvoient être réveillées accidentellement par le mouvement intérieur de nos organes. Je me bornerai ici à citer deux exemples de ces ébranlemens nerveux qui composent les ressorts de la mémoire.

1º Après avoir appris un passage de l'Iliade, et après avoir dormi sur cette leçon confiée à mon cerveau, un matin, lorsque je n'étois plus tout-à-fait assoupi, sans être encore entièrement éveillé, les mots grecs se présentèrent à ma bouche pour se faire prononcer, sans que je les appelasse. J'en étois assiégé; ils devenoient, malgré moi, toute ma pensée. Plus tard, dans le cours de la journée, je voulus réciter les vers appris; mais je ne savois plus où les trouver dans ma mémoire, ils me manquoient. C'étoit donc un mouvement mécanique, un ébranlement d'organes qui, le matin, avoit déroulé la page de mon cerveau où ils se trouvoient transcrits. Mon souvenir avoit été le résultat d'une agitation quelconque dans les nerfs. Le sang avoit peut-être contribué, en circulant dans ma tête, à échauffer la partie qui receloit les vers d'Homère; et, quand ma volonté les chercha pour les réciter, elle eut moins de puissance sur la machine que la machine elle-même.

2° J'ai rêvé, quelques nuits passées, d'un camarade de collège que je n'ai pas vu depuis douze ans, avec lequel je n'ai entretenu aucune correspondance, et dont rien n'a pu, depuis long-temps, me retracer l'image. Je l'ai rencontré tout à coup pendant mon sommeil; il est venu me surprendre, et je ne l'appelois pas. Je me suis étonné, au réveil, de cette visite étrange; j'ai cherché à m'assurer que je n'avois rien vu ni entendu, la veille ou les jours précédens, qui eût le moindre rapport à cet individu oublié, et je n'ai découvert aucune liaison d'idées qui ait pu causer le retour de son souvenir. Y avoit-il dans un coin de mon cerveau quelques nerfs dormans où son image fût empreinte? Est-ce encore le mouvement du sang qui a ramené cette figure? Toujours est-il qu'il y a ici du matériel, et qu'il faut reconnoître la réalité d'une impression faite sur notre cerveau par les objets extérieurs.

Ainsi s'expliquent les songes qui paroissent quelquefois agiter le sommeil de l'animal lui-même; ses impressions peuvent se renouveler durant la nuit.

CHAPITRE X.

COMMENT NOUS DISTINGUONS NOS RÊVES DE NOS SOUVENIRS.

Si, au moment du réveil, une image s'offre à moi; si, par exemple, je vois dans mon esprit un tableau où je suis représenté partant pour la chasse et montant à cheval, je ne peux considérer cette peinture que sous deux rapports, ou comme un souvenir amené subitement dans mon cerveau, ou comme les restes mal effacés d'un rêve récent.

Alors, pour éclaircir mes doutes, je me demande si j'ai pris récemment le plaisir de la chasse; je repasse dans ma mémoire les circonstances du jour où j'ai pu faire une partie de ce genre. Si les souvenirs que j'appelle en témoignage contredisent l'impression dont je contrôle la véracité; si cette dernière ressemble à une pièce hors d'œuvre qui ne peut s'ajuster dans le tissu étroitement lié de mes sensations passées, et que d'ailleurs la vivacité de ses couleurs forme une évidente contradiction avec l'ancienneté de mon souvenir, j'en conclus qu'elle ne fait partie d'aucune sensation réelle, et qu'elle ne peut appartenir qu'aux débris d'un rêve. Mais si toutefois j'avois chassé la veille même de la nuit où j'ai rêvé de chasse, et que mon songe se liât d'une manière vraisemblable aux circonstances de cette journée, je pourrois d'abord avoir quelque peine à démêler le réel du chimérique; et, si l'impression sur laquelle j'ai des doutes s'appliquoit à un fait de peu d'importance, il pourroit arriver même que je fusse dans l'impossibilité entière de vérifier si c'est une vision mensongère du sommeil ou un rapport véridique de ma mémoire.

CHAPITRE XI.

L'AME, DURANT LE SOMMEIL, PREND CONNOISSANCE DE TOUS LES RÊVES, MÊME DE CEUX QUE NOUS NE NOUS RAPPELONS PAS AU RÉVEIL.

L'AME ne connoissant rien que par l'intermédiaire du cerveau, et le sommeil complet étant le repos absolu du cerveau, l'ame est forcée, durant ce sommeil complet, à demeurer inactive; mais dès que l'ébranlement des nerfs réveille une image, il entre dans ses fonctions d'en prendre connoissance. Les songes la forcent donc au travail : aussi n'est-il pas rare de se rappeler un rêve qui porte les caractères d'un certain ordre où la raison a participé. Le sommeil est d'autant moins profond, que le songe est mieux suivi et plus cohérent, et la fidélité de la mémoire, pour nous le reproduire quand nous nous réveillons, se proportionne au degré d'intelligence qui s'y manifeste.

La raison en est facile à saisir. Qu'est-ce que le souvenir ? c'est savoir, en voyant une chose, qu'on l'a déjà vue. Or, cette connoissance n'appartient qu'à l'ame. On ne peut donc se rappeler rien qui n'ait d'abord été connu par l'intelligence, et on se souvient d'autant mieux d'une chose, que l'intelligence a mieux connu cette chose. Voilà pourquoi l'animal, qui manque de raison, ne doit pas se souvenir de ses rêves.

Ainsi, dans l'homme, tout rêve entraîne pour son ame l'obligation d'en prendre connoissance. Si nous ne nous souvenons pas de chaque songe qui occupe notre sommeil, ce n'est pas parce que les uns ont été connus de l'ame, et les autres non ; mais uniquement parce qu'au réveil le mouvement intérieur des organes fait monter accidentellement les images relatives plutôt aux premiers qu'aux seconds, et que ce hasard remet ceux-ci une seconde fois sous les yeux de l'ame, tandis que ceux-là, par le même hasard, en sont tenus éloignés.

CHAPITRE XII.

COMMENT NOUS DISTINGUONS NOS SOUVENIRS DE NOS SENSATIONS PRÉSENTES.

La nature est soumise à des règles inviolables que les sciences physiques peuvent déterminer. L'homme est également gouverné par des principes que la philosophie connoît et révèle. La pierre ne peut se soustraire à la loi qui la fait graviter, ni l'homme à celle qui lui fait chercher le bonheur. Il n'y a pas un fait qui ne puisse s'expliquer par une cause rapportée à une loi physique ou morale. Toute violation de ces lois est appelée miracle.

Cela posé, l'homme voit exactement dans sa mémoire les objets comme il les voit en réalité; seulement il distingue les souvenirs d'avec les sensations, 1° parce que l'image d'un objet rappelé est toujours plus pâle et plus vague que celle d'un objet présent; 2° parce que, lorsqu'il se souvient d'une chose passée, il est en même temps occupé d'autres choses présentes, et que sa raison, apercevant une incohérence contraire aux lois physiques et morales entre les objets présens et les images des objets absens, est naturellement conduite à regarder les derniers comme des souvenirs, et les premiers comme des réalités.

CHAPITRE XIII.

DE LA FOLIE.

Il importe peu de confondre ce qui est passé avec ce qui est également passé, c'est-à-dire, un rêve avec un souvenir; mais il est infiniment dangereux de confondre ce qui est passé avec ce qui est actuel, c'est-à-dire, de prendre un souvenir pour une sensation présente, ou une sensation présente pour un souvenir.

Toutes nos actions réfléchies et tous nos mouvemens instinctifs dépendent, les premières indirectement, les seconds directement, des ébranlemens de notre cerveau, qui nous fournissent les images sur lesquelles notre pensée et notre instinct s'exercent. Or, il étoit bien nécessaire et bien digne de la prévoyance du Créateur de rendre le souvenir plus foible que la sensation présente, puisque, si l'un et l'autre avoient ébranlé le cerveau avec la même énergie, nos actions et nos mouvemens auroient été dirigés par les images fortuites que réveille au hasard notre mémoire, comme par les véritables impressions du dehors; et, semblables à un arbre exposé au souffle de tous les vents, nous aurions été le jouet de toutes les réminiscences vagues qui balancent sans cesse notre esprit.

Si donc un état existoit où le dérangement de l'organisme permît aux souvenirs d'agir sur le cerveau avec plus de force que les impressions réelles, l'intelligence alors se trouveroit exposée à prendre les souvenirs pour des sensations présentes, et les sensations présentes pour des souvenirs; et l'homme se livreroit raisonnablement à tous les mouvemens et à toutes les pensées que lui devroit inspirer la croyance où il seroit que ce qu'il rêve lui arrive, et que ce qui lui arrive n'est qu'un rêve.

Cet état est précisément la *folie*.

Concevez la situation de l'homme qui pense, raisonne, agit conformément, non aux personnes et aux objets qui l'entourent, mais aux personnes et aux objets qu'il aperçoit dans son cerveau. Sa raison et les mouvemens de son corps (je fais ici une réflexion sur laquelle j'ose appeler l'attention) obéissent, comme dans l'état intègre et sain de l'organisation, à toutes les impressions qu'il croit réelles. Sa pensée demeure inaltérable, et le fou n'est pas un homme qui ait perdu la raison. L'homme, en effet, ne se trouve dépourvu de son intelligence que dans le sommeil sans rêves. Mais, dans l'état de folie, la raison le conduit aussi sagement, aussi justement, aussi conséquemment que dans l'état de santé. S'il croit voir un roi, sa raison lui dicte le langage qu'il seroit naturel d'adresser à une majesté. Est-ce un ami qu'il s'imagine retrouver et presser dans ses bras? il puisera dans son ame toute l'éloquence d'une tendresse excitée par le retour de cet ami. Se croit-il exposé à la poursuite d'un lion ou d'un tigre furieux? la peur, aidée par la réflexion, lui suggérera tous les moyens naturels et raisonnables d'assurer son salut. Représentons-nous, en un mot, le fou comme un homme qui regarderoit une perspective à travers un prisme infidèle, et qui, abusé par la réfraction décevante des couleurs et par la décomposition des formes, apercevroit une vallée où s'élèveroit une montagne, une forêt où s'étendroit l'Océan, et des hommes immobiles où croîtroient des arbres. Cet homme, convaincu de la vérité de ces images, raisonneroit juste sur la perspective qu'elles lui offriroient, et ses jugemens ne seroient faux que pour nous qui verrions les objets sous leur véritable forme et avec leurs couleurs naturelles. Lorsque, trompés par les illusions de l'optique, nous prenons, dans l'éloignement, une colline pour une tour; ou lorsque, vers la fin d'un voyage maritime, nous voyons, dans les pointes brumeuses des nuages, les clochers du port où nous tendons, nous sommes entièrement fous : la situation est exactement pareille, nous sentons et nous raisonnons juste d'après ce que nous croyons voir; mais nos sensations et nos jugemens sont faux relativement à l'existence réelle des objets.

Un poète anglais représente une jeune fille dont l'amour égare la pensée. Le trait le plus touchant de sa folie est l'expression d'un sentiment qui ne peut naître qu'à la suite d'un jugement de sa raison. Cette infortunée, dont l'amant a péri dans un naufrage, passe les nuits sur une montagne qui domine les flots, et y ramasse des branches d'arbres qu'elle allume pour éclairer le retour du voyageur adoré. Cette précaution est bien raisonnable, dès qu'on admet la possibilité du retour. Mais ce n'est pas tout. « Ainsi, ajoute le poète, elle prend soin d'éclairer cette barque qui ne peut plus lui ramener son amant, et néanmoins elle attend, retenant à peine ses larmes, lorsqu'elle songe qu'un amant si fidèle peut tarder si long-temps à revenir ! » Cette dernière pensée appartient en même temps à la folie et à la raison : à la folie, parce que son amant est mort ; à la raison, parce qu'elle le croit vivant.

Qu'on cesse donc de s'appuyer sur l'égarement de la raison pour attaquer l'immatérialité de l'ame. Dans la foiblesse de l'enfance, dans l'infirmité de la vieillesse, dans le délire de la folie, elle demeure toujours la même : c'est le soleil que les nuages peuvent cacher, mais non pas détruire. L'ame s'exerce sur les matériaux que les organes lui fournissent : que ces matériaux soient réels ou chimériques, le jugement qu'elle en porte est toujours sain et droit. Si les impressions extérieures sont courtes, languissantes, en petit nombre, comme dans les deux extrémités de la vie, alors l'intelligence ne peut plus travailler que sur des rapports ou sur des oppositions plus foibles et plus rares. Dans ce cas, le cercle de son activité se rétrécit; mais sa nature est incorruptible; ce n'est pas elle qui a perdu sa force, elle ne décline jamais, elle ne manque point aux organes : ce sont eux qui lui manquent. Cet œil intérieur est toujours propre à distinguer la lumière; si la clarté s'affoiblit, il reste ouvert dans les ténèbres, et nous cessons de voir, non parce que nous sommes aveugles, mais parce que la nuit règne.

CHAPITRE XIV.

DES CAUSES DE LA FOLIE.

Le véritable caractère de la folie réside, comme nous l'avons vu, dans une prédominance accordée par un dérangement de l'organisation aux impressions passées sur les impressions présentes. La folie peut donc d'abord résulter d'un accident éventuel éprouvé par les organes du cerveau. Une chute, un coup reçu, les suites d'une maladie, suffisent pour déterminer la lésion de ces organes et leur procurer une mollesse inégale, qui disproportionne la force des sensations. Dans ce cas, la première cause de la folie est purement physique.

D'autre part, comme la volonté agit sur nos sens, et exerce un empire sur nos impressions, elle peut garder sous l'œil de l'ame certaines images, à l'exclusion de toutes les autres, et donner ainsi aux premières une énergie et une intensité qui troublent l'ordre naturel de nos souvenirs et de nos impressions. Dans ce dernier cas, la véritable cause de la folie est entièrement morale. Toutes les passions de l'ame peuvent engendrer une maladie mentale, parce qu'elles forcent le cerveau à conserver perpétuellement la représentation de leur objet. L'amour *proprement dit* est une des sources les plus fécondes de l'aliénation, à cause de son ardeur et de sa concentration sur une seule image. Après l'*amour* vient l'*ambition*, qui peuple aussi de nombreux habitans Charenton et Bedlam. Une émotion subite, un saisissement inopiné de joie ou de chagrin, occasionnent souvent une secousse dans les nerfs du cerveau; ébranlés trop soudainement, ils demeurent lâches, et leurs fonctions ne s'exercent plus avec la même fidélité.

Les caractères mobiles et distraits échappent au péril de la folie : la gravité du caractère, la ténacité des penchans, la profondeur des affections, exposent l'homme à cette fixité dangereuse d'idées qui tourne en démence. Le goût de la société est un préservatif contre cette maladie ; l'amour de la solitude est une pente sur laquelle on y arrive. Tout ce qui nous détache de l'univers extérieur accroît le mouvement du monde interne, et fortifie les souvenirs au préjudice des sensations. Le poète, l'artiste et le métaphysicien habitent cet univers idéal où peut se glisser l'aliénation : le génie n'est souvent qu'une folie sublime.

Le traitement des aliénés devroit se modifier suivant le caractère des circonstances d'où résulte leur maladie. La première cause en est-elle matérielle ? employez un remède principalement physique. La première cause en est-elle morale ? suivez un traitement surtout intellectuel. Appliquez-vous, dans les deux cas, à fortifier les impressions diamétralement opposées à celles qui, par leur prédominance, caractérisent la folie. Ranimez de toutes vos forces l'empire du monde extérieur sur votre malade : entourez-le de bruit, de mouvement, de distractions impérieuses ; fatiguez-le, troublez son repos, employez même la douleur physique pour détourner son attention. Sa pensée ressemble à une eau stagnante : creusez de toutes parts des canaux par où elle puisse s'écouler. Vous pouvez même forcer l'aliéné à seconder vos efforts. Profitez de ses momens lucides, et stimulez sa volonté pour qu'elle se serve d'elle-même; récompensez la première résistance qu'il opposera aux impressions dont il est assiégé, ou punissez vigoureusement sa nonchalance et sa lâcheté. C'est ainsi que pourra se rétablir le rapport naturel de son ame avec la nature et avec ses semblables.

CHAPITRE XV.

L'AME POURSUIT TOUJOURS, MALGRÉ LA FOLIE, L'OBJET DE SA FÉLICITÉ.

Ne négligeons pas, dans l'intérêt de notre système, de faire observer que l'ame conserve toujours, à travers le déréglement de la folie, sa tendance vers sa fin naturelle, et que l'activité, la vertu, la science, l'amour, la puissance et l'immortalité, demeurent les seuls objets de ses désirs immatériels. Sans doute, le fou peut se tromper sur l'enveloppe physique de ces biens qu'il aime : il peut admirer le laid, estimer le méprisable, poursuivre le faux, s'attacher à l'odieux, etc. ; mais s'il admire, estime, poursuit et aime ces choses, c'est parce qu'il les croit belles, vraies, dignes d'estime et d'amour; l'image de ces objets est donc seule altérée, et le but de la félicité de l'ame ne change point.

Les réflexions que nous venons de faire sur la folie s'appliquent à tous les accès de passions violentes, aux chimères de la peur, aux visions du délire, et en général à toutes les maladies du cerveau.

CHAPITRE XVI.

DE L'IVRESSE.

L'état d'ivresse est une folie passagère : les fumées des liqueurs spiritueuses dérangent le cours régulier des esprits vitaux qui montent du cœur au cerveau; les nerfs s'ébranlent confusément; les images se désordonnent, et la machine, soumise à des mouvemens irréguliers, n'est plus même gouvernée par les lois sûres de l'instinct. Toutefois les jugemens de l'ame, si peu nombreux qu'ils soient, conservent leur intégrité, et l'ivrogne, comme le fou, raisonne avec justesse sur des apparences fausses.

CHAPITRE XVII.

DE LA RAGE.

Il est certains états que peut traverser l'être humain, et qui sont faits pour épouvanter. Voyez-vous un homme, la bouche écumante, se traîner sur ses pieds et ses mains, imiter les hurlemens de la bête, et déchirer, comme elle, ceux qui l'approchent ? Toutes les lois de Dieu sont-elles renversées ? O raison ! qu'est-tu devenue ? Je me confonds, je me trouble ; je crois assister à la chute de l'homme tombant du ciel, et mon âme doute d'elle-même.

Mais surmontons l'effet de ces impressions irréfléchies, et réduisons la *rage* à n'être qu'une simple maladie corporelle. Nous avons montré que l'animal tout entier composoit une partie de nous-mêmes : faut-il nous étonner que l'écume d'un chien attaqué de la rage passe dans notre sang comme un poison dévorant, et y introduise le germe d'un instinct furieux? C'est comme le passage de la sève d'une plante vénéneuse dans les rameaux d'un autre arbre sur lequel la première se trouveroit greffée. Notre corps participe alors de la nature de la brute, en gagnant le mal qui la consume. Comme tous les nerfs du cerveau sont employés à sentir les accès de la rage, l'ame perd le moyen de s'exercer, et, pendant les crises violentes, la raison sommeille. Durant ces intervalles funestes, l'homme n'est plus que la brute malade.

CHAPITRE XVIII.

DE LA FOLIE DE L'ANIMAL.

La folie a deux effets chez l'homme : d'abord, comme elle dérange le mouvement régulier du cerveau, et que le cerveau est le guide instinctif du corps, elle expose par là les organes à manquer de cette première règle naturelle, qui nous est commune avec l'animal; de plus, elle empêche également l'ame de conduire utilement le corps, en nous présentant des occasions trompeuses d'exercer notre jugement : de sorte que le corps du fou manque à la fois de ses deux guides, dont l'un est l'instinct et l'autre la raison. La brute, dépourvue de cette dernière, est seulement soumise aux lois de l'instinct : la folie ne peut donc la priver que de ce conducteur; et c'est ce qui arriveroit, si par l'effet d'une maladie, ou par suite d'une impression exclusive, fortement imprimée sur ses nerfs, l'organe de son cerveau se trouvoit lésé.

Les transports soudains du cheval connus sous le nom de *vertigos* ne sont qu'une folie momentanée.

Nous pourrions rendre l'animal entièrement fou, si nous nous attachions à lui faire subir constamment une même impression. Cette sensation unique finiroit par occuper son cerveau, et annulleroit l'effet de toutes les autres. Les soins prolongés que nous prenons de la brute peuvent quelquefois produire cet étrange résultat. Nous voyons un chien mourir fou, lorsqu'après le décès de son maître, il refuse toute nourriture et expire sur sa tombe. En effet, nous avons vu que l'animal n'étoit gouverné que par un mouvement qui consistoit à chercher le plaisir et à fuir la douleur : c'est donc pour lui une violation des lois de la nature, que de renoncer à son instinct et de s'absorber dans une seule impression qui est tellement contraire à ses organes, qu'elle doit les détruire. L'animal est l'égoïsme même ; toute contravention à son amour du bien-être ne peut donc venir que d'un trouble accidentel dans ses impressions.

CHAPITRE XIX.

DU SOMNAMBULISME.

Le *somnambulisme* est une folie incomplète. Le *fou* n'est pas séparé entièrement du monde extérieur : il reçoit des impressions immédiates, mais il les confond avec les images de sa mémoire; il fait un mélange bizarre de ses sensations et de ses souvenirs, et son ame est obligée de tirer ses jugemens de cette combinaison monstrueuse qui se renouvelle et se diversifie à chaque moment. Le *somnambule* ne reçoit aucune sensation réelle, l'organe intérieur est seul éveillé chez lui, et son intelligence ne peut agir que sur les images des sensations passées. Le *fou* habite à la fois deux mondes, et sa maladie consiste à ne pas les distinguer l'un de l'autre; le somnambule n'habite que le monde de son cerveau, et son état est le rêve en action. L'ébranlement de ses nerfs acquiert assez de force pour mouvoir le reste de la machine. La série des actes d'un somnambule n'est, en général, que la répétition d'une certaine suite d'habitudes. Supposez une chaîne non interrompue de mouvemens qu'un homme exécute chaque jour avec régularité; cette chaîne finit par former sur son cerveau un tissu d'impressions qui forment un tout indivisible. La première réveille la seconde, la seconde réveille la troisième; la troisième, la quatrième, ainsi de suite. Nous en faisons nous-mêmes l'épreuve, lorsqu'accoutumés à joindre deux actions l'une à l'autre, nous passons malgré nous à la seconde en terminant la première. Que de fois nous prenons machinalement un chemin que nous avons souvent parcouru! Que de fois nous nous arrêtons devant une porte, où nous montons des degrés au-dessous ou au-dessus du lieu où nous avons l'intention d'entrer! Les *tics* des personnes nerveuses montrent aussi l'empire de la connexion des habitudes; et la manière mécanique dont nous récitons un morceau confié à notre mémoire achève de montrer le choc successif que s'impriment les impressions du cerveau, quand une fois la première est en mouvement. Si vous supposez une sensation réveillée avec force dans un homme dormant, vous ne devez pas être étonné que toutes celles qui s'y joignent habituellement se raniment, et que le corps, fidèle esclave du cerveau, se meuve conformément aux ordres qu'il en reçoit. Le somnambulisme peut être regardé comme le débit animé d'un rôle; l'homme, dans cet état, joue le personnage qu'il a fait la veille, il devient l'acteur de sa propre vie. Quand ses mouvemens nocturnes ne paroissent pas copiés sur ceux du jour, c'est qu'il se mêle à la répétition de ceux-ci l'influence de quelque combinaison accidentelle d'images.

Si l'ame ne demeure pas oisive chez l'homme qui rêve, elle doit l'être encore moins chez celui qui parle, marche et agit en rêvant. Aussi n'est-il pas rare de trouver les traces profondes de l'intelligence marquées sur les faits du somnambulisme.

CHAPITRE XX.

RÉFUTATION DU SYSTÈME QUI NIE L'EXISTENCE DES JOIES ET DES PEINES DE L'AME.

Les organes ne partagent ni les jouissances ni les peines de l'ame, mais ils servent à les peindre au dehors; les nerfs employés à mettre sous les yeux de l'intelligence les images dont sont revêtues nos idées reçoivent le contre-coup de l'agitation de l'ame; sa joie ou son chagrin éclatent visiblement sous la forme du rire ou sous celle des larmes. Ce phénomène ne doit exciter aucun étonnement. Si la volonté met en jeu tous les ressorts de la machine, pourquoi les mouvemens de joie ou de douleur ressentis par l'ame ne pourroient-ils pas communiquer une impulsion aux organes? Cependant plusieurs philosophes, en voyant le corps devenir l'interprète animé des sentimens de l'ame, ont été conduits à le regarder comme le siège unique de nos affections pénibles ou douloureuses; ils ont nié qu'il existât des jouissances ou des douleurs intellectuelles. Cette opinion se réfute d'elle-même, puisqu'elle détruit toute la félicité actuelle et future de l'être intelligent. Ce qui peut l'avoir mise en crédit, c'est l'observation de ce signe extérieur qui manifeste, par les ris ou les pleurs, les joies ou les peines morales. Mais oserai-je représenter à ces philosophes, pour l'opinion desquels je professe d'ailleurs beaucoup de respect, que les organes peuvent retracer un mouvement de l'âme sans avoir en eux-mêmes le principe de ce mouvement? De ce que mon bras suit l'ordre de ma volonté, s'ensuit-il que le siège de ma volonté réside dans mon bras? Non, sans doute; pourquoi donc, en me voyant rire ou pleurer, prétendez-vous que le siège de ma joie ou de ma douleur se trouve dans mes nerfs?

CHAPITRE XXI.

LES APPARENCES EXTÉRIEURES DES ÉMOTIONS DE L'AME SONT QUELQUEFOIS TROMPEUSES.

Plus nos nerfs sont flexibles et irritables, plus l'expression physique de nos sentimens a de force et de vivacité. L'ame peut jouir ou souffrir profondément sans que les organes réveillent avec justesse le degré de ses affections. On auroit donc tort de mesurer l'étendue de notre joie ou de notre peine morale sur leurs caractères visibles. L'énergie des passions de l'ame dépend de la grandeur de ses idées; son désespoir est d'autant plus violent, qu'elle réfléchit davantage sur son malheur.

CHAPITRE XXII.

DE L'ACTION DU CORPS SUR L'AME.

On peut concevoir l'influence de l'organisation sur l'ame en se rappelant le besoin qu'elle a des organes pour atteindre l'objet de sa félicité. Si les fonctions de la vie physiologique deviennent pénibles, contraintes, embarrassées, l'ame ne trouve plus dans le cerveau qu'un instrument rebelle à ses désirs, et un sentiment de tristesse morale doit accompagner le dérangement de la santé. Ainsi, la cause de la mélancolie peut être matérielle, comme celle de la gaîté peut être également matérielle par la raison contraire.

Les esprits vitaux montent avec plus ou moins d'abondance vers la région supérieure du corps; le sang coule avec une rapidité inégale, et l'activité physique dépend des chances de la constitution. Quand l'énergie vitale anime le tempérament, les nerfs semblent aller au-devant des sensations, un instinct secret révèle au corps la force dont il est doué ; de là naît une espèce de courage dont la source est encore physique. L'ame participe à cette activité des sens, et sa confiance dans leurs services devient une fermeté qui, dans les rapports de la vie, est appelée vulgairement le *caractère*. Mais au contraire quand la circulation des esprits est lente, et que le sang manque de chaleur, les nerfs semblent craindre l'action de l'univers extérieur ; fuyant le bruit et le mouvement, ils se resserrent comme les feuilles de la sensitive, et cet état produit une sorte de timidité corporelle qui influe nécessairement sur l'ame, parce qu'instruite des sensations extérieures, elle n'ose se fier à des organes si craintifs.

CHAPITRE XXIII.

DE LA RÉACTION DE L'AME SUR LE CORPS.

Cependant l'ame, à son tour, peut réagir sur les organes. Sa joie intellectuelle ranime la langueur de l'économie animale; son ardeur imprime au sang inactif un véritable mouvement, et sa constance réfléchie triomphe de la foiblesse des organes qui l'enveloppent. C'est là vraiment ce qu'il faut nommer le *caractère*. *Avoir du caractère*, c'est demeurer volontairement fidèle, dans la pratique de la vie, aux règles de conduite adoptées par notre raison. L'homme de caractère, c'est Caton, dont l'ame, au milieu de l'univers dompté, demeure seule invincible. C'est l'homme de bien que les débris du monde écraseroient avant de l'avoir fait pâlir.

Supposez une constitution donnée par

la nature, un certain état moral s'ensuivra ; mais si l'influence de l'éducation, la culture de l'intelligence, les circonstances de la vie, donnent à l'ame un exercice non interrompu dans un sens contraire à la direction primitive que lui avoit imprimée le tempérament, alors l'état moral qui suivoit nécessairement la constitution donnée changera, et, réagissant à son tour sur cette constitution, pourra la modifier elle-même. En effet, puisque l'ame ne pense qu'à l'aide des images fournies par les sensations, on conçoit que le développement de la pensée, dans tel ou tel sens, nécessite telles ou telles sensations, et par conséquent tel ou tel exercice d'organes. Or, les organes exercés dans la même direction, pendant une longue suite d'années, doivent évidemment se modifier. C'est ainsi qu'une disposition colérique, causée par l'ardeur du sang, entraîne d'abord l'ame hors d'elle-même ; mais si l'ame se forme à la douceur par ses propres réflexions, les organes subissent le frein que la raison met à leurs transports ; ils finissent par se calmer, et la chaleur originelle du sang fait place à une tranquillité de tempérament qui est l'ouvrage de l'ame.

Il faut donc reconnoître à la fois l'empire qu'exercent sur notre ame nos organes formés, au moment de la naissance, d'une certaine manière, et la réaction ultérieure que produit sur ces organes le développement de l'intelligence.

Deux enfans, soumis au régime de la même éducation, et participant aux circonstances d'une vie semblable, demeureront assujettis à l'inégalité que l'organisation mettoit entre eux au moment de la naissance, parce que chacune de leurs intelligences faisant les mêmes progrès, la différence primitive des tempéramens subsistera. Mais de deux enfans, dont l'un a reçu de la nature une organisation désavantageuse, et dont l'autre possède un corps éminemment favorisé, le premier, par la culture assidue de son intelligence et l'emploi régulier de son libre arbitre, peut combattre l'influence de son organisme, la vaincre, et améliorer sa constitution physique, tandis que l'autre, plongé dans les ténèbres de l'ignorance, et abandonné volontairement au vice, peut réagir sur ses organes, les détériorer, et finir par retomber dans un état de constitution matérielle bien inférieur à celui de l'autre enfant.

CHAPITRE XXIV.

LE GÉNIE DÉPEND DE L'ORGANISATION.

Si la sensation est vive et ardente, l'image de chaque objet se peindra avec plus de force sur le cerveau, et si cet organe, par l'excellence de ses nerfs, est doué d'une aptitude à retracer à la fois, et pendant longtemps, un grand nombre de ces images, l'ame pourra non-seulement donner aux ouvrages de l'art une couleur vive et naturelle, mais encore elle aura la faculté de considérer à loisir les souvenirs des objets, et de former des idées plus étendues sur leurs rapports et leurs contrastes. Alors le génie dérivera de ces heureux accidens d'organisation cérébrale.

On voit que l'ame, dans ce système, ne perd aucun de ses droits, et qu'étant douée d'une égale capacité chez tous les hommes, c'est l'enveloppe seule à travers laquelle elle regarde les objets qui peut faire varier l'étendue de sa puissance.

CHAPITRE XXV.

NOUS SERONS JUGÉS PAR DIEU RELATIVEMENT A LA MESURE DE NOS LUMIÈRES.

Il n'y a donc que l'exercice de notre liberté qui, en propre, nous appartienne. Les lumières, à l'aide desquelles nous apercevons les principes de la vertu, sont inégalement divisées entre les hommes, et cette inégalité peut dépendre encore des hasards de l'organisation qui nous rend plus ou moins aptes à connoître et à réfléchir; mais qu'importe? Chaque homme exerce son libre arbitre dans les occasions où Dieu lui permet de distinguer clairement le bien et le mal, et le mérite de notre ame s'évalue d'après la mesure de nos lumières. Nous serons jugés conformément à ce principe de justice. Mais, dira-t-on, le défaut d'instruction nous expose à des erreurs qui, bien qu'elles puissent obtenir le pardon du ciel, font varier sur la terre nos destinées respectives. L'homme qui n'auroit jamais commis de fautes, et l'homme qui en auroit commis qui ne lui seroient pas imputées, entreroient en partage d'une même récompense dans l'éternité; mais néanmoins leur sort mortel auroit pu être infiniment divers. L'auteur d'un crime, fruit de l'ignorance ou du fanatisme, peut n'être placé là haut que sur le même échelon de culpabilité où Dieu place l'auteur plus éclairé d'un simple délit; mais les juges d'ici-bas peuvent excuser celui-ci et punir celui-là : si l'égalité est rétablie après son supplice, il n'aura pas moins, dans cette vie, cruellement souffert, et le partage demeurera toujours inégal par ce côté.

Et qui vous a dit que Dieu ne faisoit pas

entrer en ligne de compte les malheurs de cette vie, et qu'il ne les mettoit point dans la balance où il pèse la destinée future de chaque homme? Si ce que nous souffrons dans ce monde nous est compté relativement à ce qu'y souffrent les autres; si un excès de malheur peut devenir, aux yeux de l'Eternel, une expiation de nos fautes, et nous procurer un avantage proportionnel sur les hommes qui, aussi coupables que nous ici-bas, y ont cependant été plus heureux, tout est parfaitement en équilibre. Apprends à connoître le prix de tes larmes, ô infortuné! le ciel est ton débiteur; et vous, heureux de la terre, modérez mieux les transports d'une joie qu'il faudra payer dans le tombeau!

CHAPITRE XXVI.

AVONS-NOUS TERMINÉ L'EXPLICATION DE LA DESTINÉE HUMAINE?

Nous avons décrit la situation d'un être qui est né pour la perfection et le bonheur, et qui est condamné ici-bas à n'être jamais complètement bon, ni complètement heureux. La philosophie ne pourra-t-elle pas nous révéler la cause de cette situation étrange? Essayons de la prendre pour guide jusqu'à cette dernière borne de ses recherches.

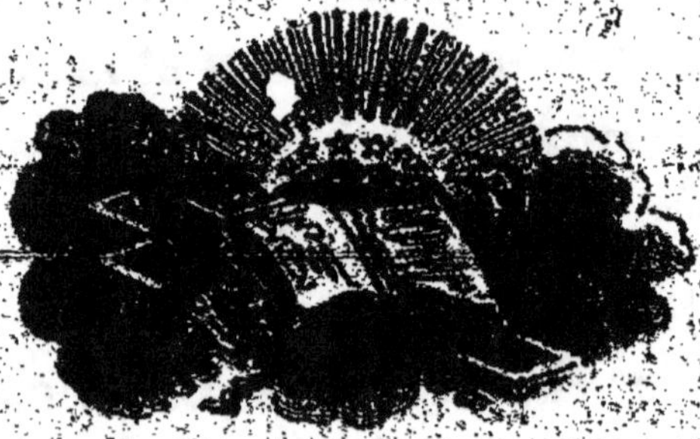

LIVRE SECOND.

DE LA RÉALITÉ D'UNE DÉGÉNÉRATION.

CHAPITRE PREMIER.

DU RAPPORT QUI EXISTE ENTRE L'ÉTAT ACTUEL DE LA NATURE EXTÉRIEURE ET LA SITUATION PRÉSENTE DE L'HOMME.

Intelligence et matière, voilà les deux seuls caractères sous lesquels se manifeste l'existence. Il nous est impossible de rien concevoir qui ne soit pas intelligent ou matériel. Dieu, les esprits incorporels et la pensée de l'homme, voilà les substances purement intelligentes; le corps de l'homme, l'animal, la plante et la pierre, telles sont les formes de la pure matière. Entre ce qui connoît et ce qui ne connoît pas, entre le matériel et l'intellectuel est un intervalle éternellement durable, comme la distance qui sépare deux lignes parallèles. Cependant un lien inexplicable, joignant le ciel et la terre, unit entre eux tous les modes de l'existence, et rattache le dernier degré de la nature morte à la source de l'intelligence. Le grain de sable est à l'extrémité de cette chaîne dont l'autre extrémité est Dieu. Le point où l'abîme entre la pensée et la matière semble comblé se trouve marqué dans l'homme, et il nous a été réservé d'offrir l'alliance de deux mondes opposés, et de réunir dans notre même nature les deux seuls caractères de l'existence toute entière. O prodige! d'un côté, vils, foibles, variables, corruptibles et périssables; de l'autre, forts, sublimes, immuables, simples et immortels, tels nous sommes.

Ces deux faces diverses d'un même être expliquent les deux sentimens contraires qui se partagent notre vie, le désespoir et l'orgueil. Lorsque, nous traînant tout découragés sur cette terre où le frêle arbrisseau occupe plus d'espace que nous, nos yeux viennent à se lever vers ces mondes innombrables qui remplissent les cieux, nous nous sentons accablés; nous reculons devant la matière, et nous disons : Qu'est-ce que l'homme ? Et dans le moment où cette plainte amère nous échappe, notre esprit embrasse l'immensité. Nous ne pouvons être effrayés de ces grands corps de lumière que parce que nous concevons l'infini, et la cause de notre tristesse prouve justement la grandeur de notre ame.

L'homme est une intelligence créée pour connoître et pour aimer les perfections de la puissance absolue et de la beauté suprême. Mais notre ame, destinée à exercer cette faculté de connoissance et d'amour, se trouve enveloppée d'une forme matérielle, et ne peut se procurer que par l'intermédiaire des sens les images de l'objet qu'elle adore. Le monde qui nous environne est dans un rapport exact avec notre double nature. Il offre à nos sens une face matérielle dont les parties diverses, composées de lumières, de sons, de parfums, de couleurs, viennent réfléchir leurs traits variés sur cette glace à travers laquelle notre raison captive regarde l'univers. Si la nature extérieure se bornoit à nous faire percevoir les teintes de toutes les couleurs, à refroidir ou à réchauffer nos membres, à nous faire sentir l'impression de la dureté ou de la mollesse, de la sécheresse ou de l'humidité, de l'harmonie ou du désaccord; si, en un mot, l'univers matériel ne nous offroit que l'ensemble de ses corps, et se bornoit à agir sur les organes du nôtre, il est évident que notre raison, formée seulement pour connoître le vrai, le beau et le bien, ne pourroit exercer ici-bas sa propre activité, et resteroit oisive pendant tout le cours de la vie, laissant l'homme réduit au triste partage de la brute, c'est-à-dire, au sentiment passif de la douleur et du plaisir. Mais il n'en est pas ainsi.

Combinaison merveilleuse de la création! La disposition relative des objets naturels, la diversité des couleurs, la marche du soleil et des astres, les différens aspects que chaque saison vient prêter à la nature, les guirlandes de fleurs attachées par le printemps, la chute des feuilles dispersées par l'automne, la forme des nuages, le bruit de la foudre, le silence des forêts, l'étendue et le mouvement des flots, tous les spectacles enfin que peut nous offrir la terre, éveillent en nous, à propos des sensations qu'ils font naître, les idées qui servent d'aliment à notre ame et apaisent son besoin immatériel de connoître la vérité.

Voilà donc l'homme composé d'une ame purement intelligente et d'un corps entièrement sensible, et voici la terre, enveloppe entièrement physique d'idées tout intellectuelles. L'homme ne peut obtenir la connoissance de la vérité que par l'intermédiaire de ses sensations, et la nature ne peut révéler les notions du vrai qu'en agissant sur nos organes. Quelle admirable relation! Cet être, dans la formation duquel l'intelligence et la matière sont réunies, se trouve placé dans un monde où l'objet de l'intelligence est caché sous la matière. Nous défions qu'on puisse imaginer pour l'homme un autre arrangement possible, une autre situation satisfaisante, un autre lieu habitable. Ces observations nous conduisent à une importante conclusion, c'est que la terre est faite pour l'homme.

CHAPITRE II.

SI LE SORT DE L'HOMME CHANGEOIT, IL FAUDROIT QUE L'ÉTAT DE L'UNIVERS MATÉRIEL CHANGEAT AUSSI.

Le rapport de leur situation respective est tellement étroit, que, si notre destinée actuelle changeoit, l'état présent de l'univers devroit obéir à cette mutation, et que le moindre déplacement dans la relation de notre ame avec nos sens ne permettroit plus au soleil, ni aux flots, ni aux vents de suivre leurs lois accoutumées. Il faudroit une seconde parole pour refaire le monde. Si, par exemple, nous ne devions plus être assujettis à l'impression des intempéries de l'atmosphère; si nous étions moins livrés, de toutes parts, aux accidens, aux besoins et aux souffrances; si le poids de nos misères étoit adouci, alors Dieu auroit à faire respecter la petite portion de matière qui nous couvre, par les tremblemens de terre, par les éruptions de volcan, par les exhalaisons pestilentielles et par le débordement des fleuves, et toute la constitution de la nature devroit être recomposée. La faculté de sentir et de penser compose toute la nature de l'homme; et, lorsqu'on a parlé des sensations et des idées, on a énuméré tout ce que renferme ce monde vivant qui est nous-mêmes. Si une mutation s'introduit dans l'édifice, elle ne peut donc porter que sur l'un de ces deux ordres. Mais il est impossible que l'objet de notre intelligence puisse être autre qu'il n'est maintenant; car l'objet de la raison est toujours quelque chose d'immatériel, et ce qui est immatériel appartient à un monde immuable. Toute idée, étant un jugement, s'applique à un rapport quelconque entre les choses : tout rapport rentre dans les notions du vrai, du beau et du bien, qui sont les trois formes de Dieu. L'objet de la pensée humaine, étant la vérité, ne peut donc subir aucune variation ; la manière de l'apercevoir peut seule changer.

Ainsi l'unique modification dont la condition humaine soit susceptible regarde nos impressions extérieures, et il est bien évident que ces impressions n'étant que l'action de l'univers sur nos sens, si la moindre de nos sensations est altérée, le monde entier doit changer avec elle.

Nous sommes parvenus à cette conséquence, que, si la destinée de nos pères n'a pas été la même que le sort de leur malheureuse postérité qui se nourrit de ses sueurs et de ses larmes, la face de la nature étoit également en harmonie avec une existence plus prospère, et qu'il devoit y avoir équilibre entre les grandes lois physiques de l'univers et les lois intérieures de la destinée de l'homme.

Prouvons maintenant que nous sommes déchus d'une condition plus heureuse.

CHAPITRE III.

LE BUT ÉVIDENT DE LA CRÉATION DE L'HOMME NE PEUT PLUS ÊTRE ATTEINT MAINTENANT.

L'homme paroît évidemment créé pour se servir de la matière comme d'un moyen de connoître. Qui peut nier que la vie soit dans le développement de la pensée? Les affections de l'ame et l'exercice de notre raison, voilà, sans contredit, ce que nous appelons généralement la véritable existence. Nous disons d'un homme qu'il n'a pas vécu, lorsqu'il a consumé sa vie dans le sommeil de l'esprit et dans le seul exercice de l'activité corporelle.

Si la notion juste de la vie s'applique à l'existence de cette partie de nous-mêmes qui n'est pas matière, quel est cet étrange renversement dans notre destinée, et cette impossibilité actuelle de remplir entièrement le but de l'existence? Les sens, formés pour favoriser la vie intérieure, sont devenus l'obstacle qui nuit à l'exercice de notre intelligence. Ils ont tourné contre leur fin, et d'esclaves ils se sont changés en ennemis. Ce corps, fait pour servir l'ame, a connu la souffrance, la débilité, les maux de toute espèce : l'obligation de veiller perpétuellement à la conservation de son frêle mécanisme ne permet plus à la pensée de s'en servir comme de l'instrument matériel destiné à lui offrir les images de la vérité. Est-ce là le tableau de l'homme tel qu'il nous apparoît dans l'ordre intelligible de la création? Jamais l'ame n'exerce, dans aucun homme, toutes les facultés dont nous la voyons douée, et nous expirons tous sans avoir mis en œuvre cette plénitude d'existence dont nous nous sentions dépositaires. Que devient ce rayon du ciel, ce don de la pensée, ce pouvoir de comprendre, d'admirer et d'agir, sous l'enveloppe du sauvage grossier et du noir habitant de la Guinée? Que leur revient-il du présent que Dieu leur fit d'une ame, puisque leur raison ne jette, dans tout le cours de leur vie, qu'une si foible lumière? Ils meurent sans avoir existé; ils étoient nés hommes, ils n'ont pas vécu hommes, et ils ont manqué à la fin évidente de leur nature. Il en seroit ainsi de quiconque seroit élevé parmi nous au plus haut degré de vertu et de génie, puisque cet homme resteroit encore bien en deçà de la perfection que l'ame nous paroît susceptible d'acquérir, et s'arrêteroit si loin du développement que l'intelligence est capable d'atteindre.

La vie actuelle est comme un travail pour reconquérir les anciens privilèges de notre race; l'idée et le sentiment du but de l'existence nous sont restés, et nous nous consumons en efforts pour nous rapprocher d'une félicité qui nous paroît l'objet de cette vie. C'est pourquoi nous écoutons si difficilement les leçons austères de la religion, qui nous avertit d'abjurer ici-bas l'espoir du bonheur. Nous avons la conception d'une destinée meilleure appliquée à notre condition sur la terre. C'est une vie animée, riche, pleine, entière, que nous concevons possible sous les conditions positives de notre nature; une vie dont nous portons tous en nous l'image secrète, et que nous comparons sans cesse avec un sentiment amer à la réalité froide, pauvre, aride et incomplète de notre existence : preuve du souvenir confus d'un autre état et du sentiment de notre première destination !

La beauté idéale découverte par les beaux-arts prouve encore le souvenir et le besoin d'un monde meilleur. La poésie nous représente une nature supérieure à la nature réelle, et s'élève au-dessus de la conception des choses présentes. N'est-il pas évident que nous étions formés pour jouir de la beauté toute entière revêtue des formes de la nature, et que l'art cherche à rassembler les traits épars de cette beauté première, pour nous reporter en rêve vers le bonheur des premiers jours ?

CHAPITRE IV.

LE PREMIER HOMME OU LES PREMIERS HOMMES, PRIVÉS DU SECOURS DE TOUTE ÉDUCATION HUMAINE, ONT DU RECEVOIR L'ASSISTANCE D'UNE ÉDUCATION DIVINE.

Si nous n'étions pas déchus d'une destinée plus parfaite, l'ame n'auroit exercé, dans aucun temps, l'activité convenable à la nature humaine, et le moment où le souffle de Dieu l'auroit animée eût été précisément celui où elle eût sommeillé davantage. En effet, si l'homme n'est pas dégénéré, au jour qu'il naquit pour la première fois, sans sortir du sein d'une mère, les premiers développemens de sa vie ont dû suivre le même cours auquel notre foiblesse nous assujettit maintenant; et, comme nous devons la conservation de notre vie et l'acquisition de nos premières connoissances aux soins et aux bienfaits de l'éducation, l'homme, échappé des mains du Tout-Puissant et pourvu de cette intelligence qui, pour l'animer, s'étoit détachée de la vertu de Dieu ; l'homme eût été réduit à sa propre foiblesse et privé du fruit des travaux de toute une race qui n'existoit pas encore. Ainsi l'espèce humaine, dans toute la fraîcheur de son origine, soit qu'elle eût été créée dans la foiblesse de l'enfance, ou immédiatement élevée à la force de l'âge mûr, auroit été dans l'impuissance de conserver par elle-même le don de l'existence ; et tous ces premiers hommes, qui ne connoissoient d'autre père que Dieu, auroient infailliblement péri en se débattant en vain contre les besoins d'une misère inévitable.

On sent toute l'absurdité d'une pareille conséquence ; or, si les ancêtres du genre humain, privés des secours de leurs semblables et dépourvus de toute éducation humaine, ont reçu, pour exister, une éducation quelconque du ciel même, il est prouvé que la race mortelle, abandonnée maintenant à elle-même, est déchue d'un état primitif, et qu'elle a cessé de jouir de toute l'activité d'intelligence qui lui étoit nécessaire dans les premiers jours du monde pour entretenir un commerce glorieux avec la Divinité.

Alors tout s'explique : le mystère de la vie se découvre, l'ame a été condamnée, pour une faute quelconque, à souffrir la révolte des sens et les douleurs du corps; mais, comme il auroit fallu l'anéantir pour lui ôter l'amour du beau et du vrai, elle a conservé sa fin sublime, et elle subit, dans les misères de la vie, une expiation qui lui permet de reconquérir, sous une autre forme, au-delà du tombeau, sa grandeur première et sa félicité perdue.

CHAPITRE V.

SOUVENIR UNIVERSEL D'UN AGE D'OR.

TRADITIONS populaires de toutes les nations antiques, vieilles archives du monde, transmises d'âge en âge pour nous instruire des rêves qui ont paru charmer les misères de nos aïeux, je vous interroge, et vous aussi, vous comparoissez pour nous prouver le souvenir que le genre humain a conservé des jours de son enfance ! Age d'or, forme poétique d'une vérité profonde, tu nous instruis de ce besoin que les hommes éprouvèrent toujours d'imaginer au moins une époque où le bonheur n'étoit pas encore rappelé ni espéré, mais senti. La terre alors, si nous en croyons les chants de ces historiens qui racontent, la lyre en main, les croyances de la race humaine ; la terre n'exigeoit pas que le soc entr'ouvrît son sein ; des ruisseaux de lait serpentoient dans les vallons, et le miel étoit distillé par les rameaux en fleur. Nous retrouvons ici, sous les formes brillantes du poète, l'harmonie des lois de la nature avec l'innocence, la paix et le bonheur de l'homme nouveau-né; mais l'homme déchu a entraîné dans sa ruine le reste du monde, et ce puissant effet de sa chute montre combien il étoit né grand. La terre, comme l'ame, a été soumise à de nouvelles lois; celles qui la gouvernoient sont devenues opposées les unes aux autres, comme le sont entre eux les mobiles des actions humaines, et le combat des élémens a été d'accord avec la lutte de l'ame contre les passions. Si l'on traite de blasphème contre la puissance et la justice de Dieu cette opinion, que le trouble règne dans la nature, c'est qu'on oublie que le désordre physique est devenu une condition de l'ordre moral, et que, destiné à souffrir, l'homme tombé n'avoit plus d'autre moyen pour rentrer dans le bien, que de lutter contre le mal.

Certes, l'état actuel de l'univers et du genre humain trouve sa raison dans les principes de la toute-sagesse, et, sous ce rapport, la situation présente est conforme aux règles absolues du bien. Mais nous concevons que l'ordre et la paix pourroient régner à la fois dans la nature et dans notre cœur. Nous imaginons que l'ordre physique et la tranquillité de l'ame pourroient s'accorder à la fois avec les lois immuables de la justice et de la vérité. Sans doute, la situation où un pareil accord se réaliseroit n'est pas la nôtre; elle a dû exister autrefois, mais maintenant le mal est entré dans la vie humaine, parce que le bien, dans l'état actuel des choses, ne pouvoit plus exister sans le mal. Nous remontons vers notre destinée primitive quand nous triomphons du désordre, soit hors de nous, soit en nous. L'intelligence humaine est obligée de rétablir la paix dans la nature pour la forcer de satisfaire à nos besoins, et lorsque la terre, dépouillant son aspect sauvage et désordonné, se fertilise et s'embellit, c'est que l'homme est parvenu à la pacifier, à vaincre l'opposition de ses lois contraires, et à la ramener vers l'unité première. Ainsi, nous assurons également dans notre ame la paix et le bonheur, lorsqu'y faisant cesser la division, nous confondons ensemble les mobiles qui se disputoient l'empire sur notre volonté. Dès que nos efforts cessent de maintenir cette double paix, d'un côté, la terre reprend sa rudesse inculte; elle se trouble, la guerre des élémens recommence, et les traces de la malédiction reparoissent; de l'autre part, nos passions se déchaînent contre nous; elles traînent à leur suite les souffrances, les larmes et le désespoir, et l'homme prouve, en invoquant la mort, que la vie n'est plus qu'un présent de la colère céleste.

LIVRE TROISIÈME.

DE LA NÉCESSITÉ D'UNE RÉDEMPTION.

CHAPITRE PREMIER.

SI L'HOMME EST DÉCHU, C'EST QU'IL A MÉRITÉ UNE PUNITION.

Je considère cette image d'un supplice ignominieux, cette croix, signe révéré de la foi.

C'est un Dieu qui, offert en holocauste pour le salut des hommes, a subi la peine d'un crime commis par le père du genre humain, et qui, ayant satisfait ainsi à la justice du Créateur, nous a rendu, en nous rachetant, nos premiers droits au bonheur éternel. Ce sauveur du monde est le Fils de Dieu : engendré de toute éternité, il est égal à son père; c'est sa parole, la manifestation de sa sagesse, son verbe.

Voilà ce que nous enseigne l'autorité de la religion. Appliquons-nous à méditer profondément sur l'immensité de ce mystère.

D'abord nous concevons l'homme comme déchu d'une situation plus heureuse. Nous n'insisterons ici que sur l'un des argumens dont nous nous sommes servis pour autoriser notre croyance à cette dégénération.

L'homme, en tant qu'ouvrage du Créateur, doit être parfait. Le sceau des œuvres de Dieu est l'impossibilité où elles sont d'être mieux faites. D'où vient donc que l'ame ni le corps n'atteignent jamais la limite de perfection et de beauté où nous concevons qu'ils pourroient atteindre? Nous avons de ce que l'homme pourroit être, une idée supérieure à ce qu'il est réellement. L'ouvrage de Dieu n'est que l'exécution de la pensée de Dieu. Si donc nous concevions un ouvrage plus parfait, il s'ensuivroit que la pensée humaine s'élèveroit plus haut que la pensée divine. Or, la perfection et la beauté idéales que nous imaginons surpassent infiniment la perfection et la beauté réelles. Nul homme n'a jamais été revêtu d'un si beau corps que la statue de l'Apollon du Belvédère, et jamais l'ame d'aucun mortel n'est parvenue à la perfection où elle pourroit s'élever par l'entier accomplissement des lois morales. L'homme peut donc être mieux qu'il n'est ici-bas; et, s'il n'a jamais été mieux, il est sorti imparfait des mains du Créateur. Cette conséquence est inadmissible, puisque l'existence d'un Dieu implique celle d'un être qui agit toujours parfaitement. Notre raisonnement ne souffre aucune atteinte, même lorsqu'on nous répond que l'excellence de l'homme consiste précisément à être imparfait, et à tendre, par son libre arbitre, vers la perfection; car l'homme n'atteint jamais cette perfection qu'il est capable de rêver. Il sent bien que l'homme de la terre n'est pas conforme à l'idée qu'il se forme de l'homme de la terre; ce type de perfection qu'il porte en soi est applicable à une destinée mortelle. Ainsi, notre objection conserve toute sa vigueur; notre raisonnement porte spécialement sur le syllogisme suivant : l'homme pourroit être mieux qu'il n'est; mais il est impossible qu'il soit ou qu'il devienne maintenant ce qu'il pourroit être. Si donc la fin évidente de la création de l'homme ne peut plus se réaliser, ni dans le présent ni dans l'avenir, elle a dû être réalisée dans le passé; car on ne peut pas supposer que l'œuvre de Dieu n'ait jamais été et ne soit jamais conforme en fait à l'intention évidente que Dieu eut en la formant. Donc il faut nécessairement supposer un temps où l'homme étoit mieux qu'il n'est aujourd'hui; donc maintenant il est déchu. S'il est déchu, il a mérité de déchoir, puisque Dieu est la justice; s'il a mérité de déchoir, il a été criminel, et s'il a été criminel, en vertu de cette même justice infaillible de Dieu, il a dû être puni.

CHAPITRE II.

SI L'HOMME A MÉRITÉ D'ÊTRE PUNI, COMMENT PEUT-IL PRÉTENDRE A UN BONHEUR ÉTERNEL?

Mais quelle est cette punition? consiste-t-elle seulement dans la déchéance? La dégénération ne peut être considérée comme un châtiment, que parce qu'elle nous a privés du bonheur, de sorte que la question est de savoir si, l'évidence d'un crime primitif étant admise, on peut légitimement regarder les souffrances d'ici-bas comme la punition de ce crime. Mais la philosophie parvient à nous démontrer l'immortalité de l'âme, et le bonheur éternel réservé à l'homme de bien dans une seconde vie. Si nous sommes héritiers des joies célestes, comment les misères de ce monde peuvent-elles expier un crime antérieur? il faut que toute violation des lois de Dieu soit punie.

Si les tribulations mortelles servent de châtiment pour une grande faute passée, comment les fautes actuelles qui souillent notre vie seront-elles lavées? Il n'est pas d'homme si vertueux qui n'irrite sans cesse la justice divine par ses péchés individuels. En supposant que ses souffrances n'expient que le crime primitif de l'humanité, comment pourroit-il prétendre à ce poids de gloire et de félicité que la philosophie lui démontre nécessairement attaché à son avenir? car ses péchés personnels, méritant aussi une punition, devroient l'exclure d'une béatitude infinie. Cette éternelle félicité, avec laquelle tous les maux d'une destinée mortelle sont hors de proportion, prouve évidemment que, si l'homme a été puni, il a été pardonné.

J'arrive à la même conséquence par cet autre raisonnement : Tout péché contre Dieu doit participer à l'infinité de l'être qu'il offense; car, même dans ce monde, le rang de la personne outragée détermine la gravité de l'injure. Si l'homme a primitivement péché contre son Créateur, comme nous avons prouvé qu'il l'a fait, sa punition a dû être infinie; mais il se trouve qu'il est au contraire héritier d'une félicité sans bornes. Ici apparoît la nécessité d'un pardon également sans limites comme Dieu même. Cependant la justice imprescriptible de cet être absolu ne peut pas ne pas avoir été satisfaite : comment donc l'a-t-elle été?

CHAPITRE III.

CONCILIATION DE LA JUSTICE ET DE LA CLÉMENCE DE DIEU.

Je tourne de nouveau mes regards vers le signe de notre religion, et un rayon de lumière semble sortir, à mes yeux, de l'abîme des conseils du Tout-Puissant.

Voici le Rédempteur; c'est le Fils de Dieu; mais il a souffert comme homme : et, de même qu'Adam auroit été dans son crime le type de la race mortelle, Jésus seroit, dans son expiation, le représentant de tous les humains.

Mais comment Dieu a-t-il désigné son Fils unique pour victime du péché des hommes, et exercé ainsi contre soi-même, dans l'objet de son amour, la vengeance encourue par l'espèce humaine?

O profondeur ineffable des miséricordes célestes! Gardons-nous d'appliquer à la nature divine les étroites conceptions de la terre.

Dieu auroit peut-être tiré vengeance du premier homme, soit en l'anéantissant ou en le condamnant à d'éternels supplices; mais sa miséricorde égale sa justice: il voulut à la fois punir et sauver. Cette volonté entraînoit après soi la nécessité d'une autre victime expiatoire; car, si sa vengeance fût tombée sur l'homme, le châtiment proportionné au crime n'auroit laissé aucune place au pardon, et puisque nous avons la preuve évidente de ce pardon, la justice de Dieu a dû recevoir une autre satisfaction.

CHAPITRE IV.

COMMENT DIEU PEUT-IL SE VENGER SUR LES HOMMES EN SE VENGEANT SUR J.-C.?

Mais, dira-t-on, Dieu, en se vengeant sur Jésus-Christ, ne se venge pas sur les hommes, et la raison résiste à concevoir comment les humiliations, le supplice et la mort de son Fils ont pu apaiser sa colère offensée par le péché de la race humaine. Là est le mystère.

Jésus-Christ, devenu homme, s'est identifié à notre nature. C'étoit cette nature qui devoit être punie; or, Dieu l'a trouvée dans Jésus-Christ, et a exercé contre elle sa terrible vengeance. Ce n'est pas Jésus-Christ qui a été châtié, mais la nature humaine en lui.

C'est ce qu'il importe de bien comprendre; car c'est toucher du doigt le secret de notre salut. La nature humaine avoit péché, et la nature humaine devoit être punie. Dieu ne vouloit pas punir tel ou tel homme, mais *l'homme*. Or, qu'un homme ou que plusieurs hommes aient péché, comme ils sont tous identiques les uns aux autres, c'est toujours la même nature qui est coupable. Qu'est-ce que l'homme? L'ame et le corps réunis. Comme cette nature se retrouve dans chacun de nous, elle pouvoit être punie dans un seul comme dans tous. Mais cet homme dans lequel la nature humaine pouvoit être punie ne devoit pas être un homme déjà créé; car cet homme, si juste qu'il fût, ayant participé à la dégénération, eût mérité la colère de Dieu par ses fautes personnelles.

Il falloit donc nécessairement que Dieu créât de nouveau une nature humaine qui n'eût pas puisé dans le sang de nos pères la corruption originelle, et qui fût capable d'expier le crime de la race mortelle. Elle devoit être d'autant plus propre à expier le péché des hommes, que le péché lui seroit plus étranger à elle-même. Puisque le degré de perfection de cette victime devoit déterminer le degré de miséricorde que

Dieu pouvoit nous accorder, s'il est manifeste que cette miséricorde a été infinie, il est évident que Dieu s'est choisi une victime d'une perfection infinie. Or, la philosophie nous prouve que nous pouvons prétendre, après la mort, à une éternelle félicité, donc la miséricorde de Dieu a été infinie, donc il s'est choisi une victime d'une perfection infinie; or, la perfection infinie n'appartient qu'à la nature divine, donc la victime choisie a été de cette nature.

La religion nous enseigne, en effet, que Dieu a créé une âme et un corps par une autre voie que la naissance ordinaire de l'homme, et a uni son Verbe à cette âme. Pour concevoir cette union, rappelons-nous ce que c'est que le Verbe de Dieu. Le Verbe est la manifestation de l'intelligence infinie; il s'échappe de Dieu comme la lumière s'échappe du soleil, et ses rayons éclairent l'intelligence de tout homme venant en ce monde. Le Verbe n'est autre chose que la raison éternelle. Notre âme seroit comme si elle n'étoit pas, si elle étoit privée de cette lumière; car la vie de l'âme est la connoissance, et la connoissance n'a lieu que lorsque la raison nous éclaire. Voici la différence entre l'esprit de l'homme et l'esprit de Dieu : l'esprit de l'homme est une substance créée pour connoître, et qui ne connoît rien que par le Verbe; le Verbe est la substance qui connoît tout, et qui fait tout connoître. L'âme juste qui renonce à toute volonté personnelle, et qui laisse parler et agir en soi le Verbe seul, se confond, pour ainsi dire, avec lui ; elle meurt à elle-même ; les limites de sa personnalité s'effacent ; elle ne se voit plus exister que dans le sein de Dieu, et le sentiment de sa vie n'est plus que la connoissance de la vérité même.

Toutes les ames pures peuvent goûter à la fois, sur la terre, les délices de cette union ineffable avec le Verbe de Dieu, parce que ce Verbe, étant infini, peut se donner à chacun d'eux sans se diviser ni s'affoiblir. Cette union, qui n'est que le fruit de l'amour, peut nous aider à concevoir le mystère par lequel le Verbe tout entier a été joint à l'ame du Rédempteur. Jésus-Christ est le Verbe lui-même rendu visible. L'esprit de Dieu est entré dans un corps de chair; mais, se soumettant aux conditions de l'humanité, il s'est joint à l'ame qui, dans l'ordre de la nature, devoit animer ce corps. Ainsi, à proprement parler, le Verbe s'est fait ame, en se faisant chair; et l'on conçoit que l'ame, étant esprit comme Dieu est esprit, a pu s'identifier dans ce mystère avec le Verbe lui-même.

Si on nous demande comment il pouvoit à la fois se trouver dans le ciel et sur la terre, nous répondrons que, lorsque Jésus-Christ souffroit ici-bas, c'étoit l'ame humaine qui gémissoit en lui. Le Verbe ne faisoit qu'un avec cette ame; mais, se trouvant partout à la fois, il étoit assis à la droite de son père dans la gloire du ciel, en même temps que, manifesté sous la forme humaine, il prêchoit l'Evangile sur les bords du Jourdain. Rappelons que le Verbe ne peut pas souffrir comme Verbe, mais comme homme, et qu'ainsi la douleur n'atteignoit que l'ame qui le rendoit visible. Quand Jésus-Christ consoloit ses disciples, en leur disant : « Je retourne à mon père qui m'a envoyé; » c'étoit l'ame qui, renfermée dans les limites de l'humanité, se sentoit confondue avec le Fils de Dieu. Lorsqu'attaché sur la croix, il s'écrioit dans le fort de son agonie : « Mon père, mon père, m'avez-vous abandonné? » Jésus-Christ se plaignoit alors comme Fils de Dieu, mais comme Fils de Dieu fait homme. C'est ici le nœud. Il faut soigneusement distinguer ce qui appartient à Jésus-Christ, comme Verbe infini ou comme Verbe incarné. Jésus-Christ, comme Verbe infini, ne peut ni souffrir, ni se sentir séparé de son père; mais Jésus-Christ, comme Verbe incarné, est uni à une ame, et c'est cette ame qui, bien qu'identifiée avec lui, ne conserve des attributs de la Divinité que celle de la sainteté. Il est donc naturel que cette ame, soumise aux conditions du temps et de l'espace, sente sa séparation d'avec Dieu, et que le Verbe incarné tienne un langage qui participe à la fois de la nature divine et de la nature humaine.

CHAPITRE V.

VÉRITÉ DU MYSTÈRE DE LA RÉDEMPTION, PROUVÉE PAR L'IMPOSSIBILITÉ D'EN IMAGINER UN AUTRE PLUS CONFORME A LA SITUATION DE L'HOMME ENVERS DIEU.

On confessera maintenant l'impossibilité d'imaginer un mystère plus conforme au grand dessein que Dieu se proposoit pour concilier sa justice et sa miséricorde. Si l'on suppose que le crime de la nature humaine, dans Adam, ait été de vouloir usurper le rang du Créateur, Dieu pouvoit-il châtier cette nature humaine d'une manière mieux appropriée à son crime, que de la joindre à la nature divine, et de la rabaisser, dans cet état, au niveau de l'homme? Pouvons-nous mesurer toute l'humiliation de cette ame qui, se sentant confondue avec la substance de Dieu, et sachant qu'elle étoit le Verbe lui-même, s'est vue condamnée au traitement le plus ignominieux qu'ait jamais pu subir l'ame du dernier des hommes?

Les profondeurs du mystère semblent moins impénétrables.

La justice de Dieu étoit de plus en plus satisfaite, à mesure que Jésus-Christ buvoit avec humilité et obéissance le calice amer que son père lui avoit préparé. Son dernier soupir a été la consommation de la peine infligée contre le péché d'Adam; et la nature humaine, en ressuscitant dans Jésus-Christ à la gloire et à la félicité, a reçu le gage d'un éternel pardon. Une vie nouvelle a commencé pour l'homme, comme s'il naissoit une seconde fois. Le baptême est le signe de sa régénération.

Le dessein de Dieu attachoit notre salut à la punition de la nature humaine, et Jésus-Christ étoit précisément l'homme d'opprobres et de douleurs qui devoit rassasier la vengeance de Dieu. L'amour de la pauvreté, le mépris des grandeurs, le triomphe sur l'orgueil, peuvent seuls faire mourir en nous le vieil homme, et nous conduire à la perfection entière. Jésus-Christ n'auroit donc pas rempli la mission de Sauveur, s'il n'eût pas soutenu la doctrine de la rédemption par l'exemple de sa propre vie. Aucune gloire humaine ne pouvoit convenir à la nature divine. Si Dieu avoit pris les caractères de la puissance, il seroit descendu entouré de ses anges; et les hommes n'auroient pu regarder sa gloire sans mourir. La sainteté étoit donc le seul attribut qu'il pût conserver ici-bas, et qui demeurât digne de lui. La crèche et la croix sont justement les marques auxquelles je reconnois un Dieu.

FIN.

TABLE.

CONSIDÉRATIONS GÉNÉRALES.

	Pages
PREMIÈRE PARTIE.	1
SECONDE PARTIE.	57

PREMIÈRE SECTION. — DU CORPS.

LIVRE PREMIER. — DU POINT DE DÉPART DE LA PHILOSOPHIE.

Chap.	Ier. Première question.	57
	II. De la sensation.	59
	III. Anatomie du corps.	Ib.
	IV. Deux espèces de nerfs.	63
	V. Correspondance des premiers avec les seconds.	Ib.
	VI. De la cause des rêves.	65
	VII. C'est au cerveau que se perçoit l'impression du plaisir ou de la douleur.	67
	VIII. Utilité de l'étude précédente.	69
	IX. Du plaisir et de la douleur.	70

LIVRE II. — DE L'INSTINCT.

Chap.	Ier. De la loi organique de l'homme.	73
	II. Exemples d'actions instinctives.	74
	III. De la mémoire de l'animal.	76
	IV. De la peinture des images sur le cerveau.	77

TABLE.

Pages

Chap. V. Différence entre les impressions réelles et les impressions reproduites. 80

VI. Des passions de l'animal. 83

VII. Du désir physique. 84

VIII. Suite des réflexions sur le mouvement instinctif. 87

IX. De l'amour physique. 89

X. De la haine physique. 90

XI. De la crainte physique. *Ib.*

XII. De la colère physique. 91

XIII. De la jalousie physique. 92

XIV. Un mot sur la différence de l'homme et de l'animal. 93

LIVRE III. — DE LA STUPIDITÉ DE L'ANIMAL.

Chap. Ier. Résumé des recherches précédentes. 97

II. Ce que c'est que l'animal. 99

III. Des chevaux du Corso, à Rome. 106

IV. L'animal obéit à son instinct, lorsqu'il paroît obéir à l'homme. 110

V. Des fourmis et des abeilles. 112

VI. Il y a de l'intelligence dans les actions de l'animal, mais non pas dans l'animal. 113

VII. Des chiens du mont Saint-Bernard. 116

VIII. De l'héroïsme de l'homme, opposé à l'instinct de l'animal. 118

TABLE.

SECONDE SECTION. — DE L'AME.

LIVRE PREMIER. — DE LA MANIFESTATION DE L'AME.

Chap. Ier. Nous allons procéder par exemples. ... 125
II. Le martyr. ... 126
III. Archimède. ... 129
IV. Pythagore. ... 131
V. Comment l'ame dépend du corps. ... 134
VI. L'existence d'un être intérieur prouvée par le jugement et le sentiment du beau. ... 137
VII. Vernet. ... 140

LIVRE II. — DES DÉSIRS ET DES CRAINTES DE L'AME.

Chap. Ier. Nous allons procéder plus philosophiquement. ... 143
II. Des six passions de l'ame. ... 144
III. Du désir intellectuel. ... 146
IV. De l'activité, objet du désir intellectuel. ... 147
V. Des cinq causes du désir de l'activité de l'ame. ... 148
VI. De l'amour, objet du désir intellectuel. ... 151
VII. De la vertu, objet du désir intellectuel. ... 153
VIII. Du savoir, objet du désir intellectuel. ... 160
IX. Mungo-Park. ... *Ib.*
X. Parry. ... 163

	Pages
Chap. XI. Newton.	164
XII. De l'historien et du philosophe.	166
XIII. Du désir de savoir, considéré comme la source du plaisir que nous donnent les arts et la nature.	167
XIV. Conjecture sur le bonheur d'une autre vie, tirée du désir de savoir.	169
XV. De la puissance, objet du désir de l'ame.	170
XVI. De la puissance dans ses quatre applications.	174
XVII. De la puissance sur soi-même.	Ib.
XVIII. De la puissance sur les autres hommes.	175
XIX. De la puissance sur les animaux.	187
XX. De la puissance sur les choses.	190
XXI. De la disposition secrète de l'ame qui produit le désir de la puissance.	193
XXII. De l'immortalité, sixième objet du désir de l'ame.	197
XXIII. Du désir de la renommée.	Ib.
XXIV. De la disposition secrète de l'ame qui produit le désir de la renommée.	202
XXV. Comment l'homme peut-il désirer les éloges de la postérité, dont il ne jouira pas?	204
XXVI. Du désir de l'estime, comme faisant partie de celui de la renommée.	209

TABLE.

Chap. XXVII. De la disposition secrète de l'ame qui produit le désir de l'estime. 213

XXVIII. Différence qui existe entre le désir de la renommée et celui de l'estime. 215

XXIX. De quelques autres désirs de l'ame qui prouvent celui de l'immortalité. 216

XXX. D'un désir de l'ame qui n'a pas été compris dans notre liste. 218

XXXI. Différence entre le désir intellectuel et le désir physique. 219

XXXII. Le désir intellectuel prouve l'existence d'un être intelligent. 221

XXXIII. De l'unité de l'ame. 223

XXXIV. Caractères opposés du désir intellectuel et du désir physique. 225

XXXV. De la destination future de l'ame, fondée sur une induction tirée de nos recherches. 227

XXXVI. De la crainte intellectuelle. 231

XXXVII. La crainte intellectuelle prouve l'existence d'un être intelligent. 233

XXXVIII. L'être intelligent qui désire est le même que l'être intelligent qui craint. 234

XXXIX. Caractères opposés de la crainte intellectuelle et de la crainte physique. 236

LIVRE III. — DE L'AMOUR INTELLECTUEL.

Chap. Ier. Des caractères de l'amour intellectuel. 239
II. Définition de l'amour intellectuel. 242
III. Des effets de l'amour intellectuel. 243
IV. Induction à tirer de ces effets touchant l'immortalité de l'ame. 247
V. Caractères de l'amour que fait éprouver le beau. 250
VI. Exemple du mouvement qui porte l'ame à se confondre avec la beauté. 255
VII. Ce besoin d'union se fait sentir avec tous les autres objets de l'amour intellectuel, et il est inutile de le prouver. 258
VIII. Résumé de nos recherches. 259
IX. De l'amour proprement dit, et de l'amitié. 260
X. De la sympathie. 265
XI. Une réflexion sur le degré de force des affections de l'ame, et sur leur imperfection. 266
XII. De l'amour maternel. 268
XIII. De l'amour paternel. 280
XIV. De l'amour filial. 281
XV. De l'amour fraternel. 285
XVI. Hiérarchie des affections du sang. 287
XVII. De l'amour du prochain, ou de la pitié. 288

TABLE.

Chap. XVIII.	De l'amour de soi-même, ou de l'orgueil.	290
XIX.	De l'attachement à l'animal.	293
XX.	De l'attachement aux choses.	299
XXI.	Quel est le but de toutes ces analyses ?	303
XXII.	Continuation de l'avant-dernier chapitre.	304
XXIII.	De l'amour de la patrie.	307
XXIV.	De l'amour rapporté à son principe, à Dieu.	312
XXV.	Réfutation radicale du déisme.	324
XXVI.	Opposition de l'amour intellectuel à l'amour physique.	342
XXVII.	De l'identité de l'ame dans les trois états successifs de désir, de crainte et d'amour.	344

LIVRE IV. — DE LA HAINE, DE LA COLÈRE ET DE LA JALOUSIE INTELLECTUELLES.

Chap. Ier.	Définition de la haine.	347
II.	Le mal n'est que la privation du bien.	351
III.	L'erreur n'est que la privation de la vérité, la foiblesse n'est que la privation de la puissance, etc.	353
IV.	Comparaison à l'aide de laquelle l'idée de substance se fait mieux comprendre.	354
V.	La haine n'est qu'une négation de l'amour.	355
VI.	De la vengeance.	369

Chap. VII. Liste de toutes les haines.	362
VIII. De la haine contre le manque de bien-être physique, 1° dans les autres, 2° en nous-mêmes.	363
IX. De la haine contre le manque d'activité, 1° dans les autres, 2° en nous-mêmes.	364
X. De la haine contre le manque de vertu, 1° dans les autres, 2° dans nous-mêmes.	367
XI. De la haine contre le manque de vérité, 1° dans les autres, 2° en nous-mêmes.	369
XII. De la haine contre le manque d'amour, 1° dans les autres, 2° dans nous-mêmes.	372
XIII. De la haine contre le manque de puissance, 1° dans les autres, 2° en nous-mêmes.	375
XIV. De la haine contre le manque d'immortalité, 1° dans les autres, 2° en nous-mêmes.	377
XV. De l'antipathie.	379
XVI. Comment la religion triomphe de la haine.	380
XVII. Un mot sur la haine de soi-même, considérée en général, ou sur l'humilité.	381
XVIII. De l'indifférence.	382
XIX. De la colère intellectuelle.	384
XX. De la jalousie intellectuelle.	386

TABLE.

Chap. XXI. Identité de l'ame dans les six états successifs de désir, de crainte, d'amour, de haine, de colère et de jalousie. 387

XXII. Tout démontre que le besoin de l'ame est d'aimer Dieu et de s'unir à lui. 388

LIVRE V. — DU BEAU, CONSIDÉRÉ COMME LE CARACTÈRE DE LA SUBSTANCE.

Chap. Ier. Le beau est une idée. 391
II. Du beau envisagé dans la nature. 394
III. De la beauté du corps humain. 396
IV. De la beauté de l'animal. 404
V. De la beauté des actions de l'homme. 405
VI. De la beauté de l'art. 406
VII. En définitif, le beau est un nom donné à la vérité. 408
VIII. Comment le beau est absolu. 409
IX. Du beau idéal. 420
X. Du génie. 423

LIVRE VI. — CONCLUSION DE NOS RECHERCHES SUR LA VÉRITABLE FIN DE L'AME.

Chap. Ier. De l'origine de toutes nos idées. 427
II. Nous avons découvert une formule qui explique la destinée de l'ame. 432
III. L'ensemble des biens que l'ame adore est la manifestation de Dieu même. 433
IV. Sous quelle forme Dieu pourroit-il se rendre entièrement visible? 434

TABLE.

	Pages
Chap. V. De l'éternité de la substance.	435
VI. De son existence à part de toute forme.	436
VII. De l'immortalité de l'ame.	437

TROISIÈME SECTION. — DE L'AME ET DU CORPS.

LIVRE PREMIER. — DE L'EXISTENCE SIMULTANÉE DE L'AME ET DU CORPS.

Chap. Ier. Du cerveau, instrument commun du bonheur moral et du bonheur physique.	449
II. Comment l'ame peut se détacher volontairement du corps.	451
III. De l'extase.	453
IV. L'ame se borne à connoître les impressions du corps.	454
V. Comment le corps se trouve détaché nécessairement de l'ame.	456
VI. L'ame ne peut se séparer d'elle-même.	458
VII. Comment l'ame seconde les jouissances du corps.	459
VIII. De la volonté et de la liberté.	462
IX. Revenons à l'examen de la mémoire.	466
X. Comment nous distinguons nos rêves de nos souvenirs.	468
XI. L'ame, durant le sommeil, prend connoissance de tous les rêves, même de ceux que nous ne nous rappelons pas au réveil.	470

Chap. XII. Comment nous distinguons nos souvenirs de nos sensations présentes.	472
XIII. De la folie.	474
XIV. Des causes de la folie.	480
XV. L'ame poursuit toujours, malgré la folie, l'objet de sa félicité.	483
XVI. De l'ivresse.	485
XVII. De la rage.	486
XVIII. De la folie de l'animal.	487
XIX. Du somnambulisme.	490
XX. Réfutation du système qui nie l'existence des joies et des peines de l'ame.	493
XXI. Les apparences extérieures des émotions de l'ame sont quelquefois trompeuses.	495
XXII. De l'action du corps sur l'ame.	496
XXIII. De la réaction de l'ame sur le corps.	498
XXIV. Le génie dépend de l'organisation.	501
XXV. Nous serons jugés par Dieu relativement à la mesure de nos lumières.	502
XXVI. Avons-nous terminé l'explication de la destinée humaine ?	505

LIVRE II. — DE LA RÉALITÉ D'UNE DÉGÉNÉRATION.

Chap. Ier. Du rapport qui existe entre l'état actuel de la nature extérieure et

la situation présente de l'homme.	508
CHAP. II. Si le sort de l'homme changeoit, il faudroit que l'état de l'univers matériel changeât aussi.	512
III. Le but évident de la création de l'homme ne peut plus être atteint maintenant.	515
IV. Le premier homme ou les premiers hommes, privés du secours de toute éducation humaine, ont dû recevoir l'assistance d'une éducation divine.	519
V. Souvenir universel d'un âge d'or.	521

LIVRE III. — DE LA NÉCESSITÉ D'UNE RÉDEMPTION.

CHAP. Ier. Si l'homme est déchu, c'est qu'il a mérité une punition.	525
II. Si l'homme a mérité d'être puni, comment peut-il prétendre à un bonheur éternel ?	529
III. Conciliation de la justice et de la clémence de Dieu.	531
IV. Comment Dieu peut-il se venger sur les hommes en se vengeant sur J. C. ?	533
V. Vérité du mystère de la rédemption, prouvée par l'impossibilité d'en imaginer un autre plus conforme à la situation de l'homme envers Dieu.	539

FIN DE LA TABLE.

www.ingramcontent.com/pod-product-compliance
Lightning Source LLC
Chambersburg PA
CBHW060756230426
43667CB00010B/1590